"Você já se perguntou como o batismo 'funciona'? O livro que você tem em mãos responde a essa pergunta. Tanto uma humilde caridade para com aqueles que possuem outras posições quanto uma clareza cristalina marcam este livro. O livro está repleto de exegese convincente, resumos simples e excelentes ilustrações. Clara, concisa e mais construtiva do que argumentativa, a prosa de Bobby Jamieson é suave, seu raciocínio é simples, sua leitura da cena contemporânea é cuidadosa. Invista na leitura deste livro para que você (e outros que você ajuda) possa seguir melhor a Cristo".

Mark Dever, Pastor da Igreja Batista Capitol Hill,
Washington, DC;
Presidente do Ministério 9Marks

"Para a maior parte da história batista, a ideia de que o batismo éa necessário para a membresia da igreja e para a participação na Ceia do Senhor tem sido a visão da maioria, consagrada em várias confissões batistas e declarações de fé. Mas na última geração, muitos abandonaram a exigência do batismo para participar da Ceia do Senhor (mudando para a Ceia aberta) e menos, mas alguns, deram o próximo passo e abandonaram a exigência do batismo para a membresia da igreja (um movimento para abrir a membresia). Eu acho que o ímpeto para essas mudanças tem sido em grande parte cultural, com pouca consideração pelas razões teológicas e eclesiológicas que levaram os batistas anteriores a seus pontos de vista. É por isso que tenho o prazer de elogiar o trabalho de Bobby Jamieson. Não conheço nenhum outro trabalho que considere tão completamente as questões eclesiológicas, teológicas e bíblicas que conectam o batismo à membresia da igreja e à participação na Ceia do Senhor e o fazem de maneira clara, legível e apaziguadora. Não é que eu concorde com todas as respostas que ele dá; nós diferimos em vários pontos. Mas ele está levantando as questões certas, e são perguntas que poucos estão levantando. Espero que receba uma ampla leitura e estimule muitas discussões construtivas."

John Hammett Professor de Teologia Sistemática e Reitor associado de estudos teológicos, Southeastern Baptist Theological Seminary

"Desde a época da Reforma, o batismo tem sido uma questão de contenda entre os crentes, e não apenas entre os credobatistas e os pedobatistas. Entre os crentes batistas, especialmente nos séculos XVII e XIX, houve um desacordo significativo sobre a relação entre o batismo e a Ceia do Senhor e entre o batismo e a membresia da igreja local. Não é de surpreender que nos últimos cem anos os batistas muitas vezes tenham contornado essas questões para evitar controvérsias. Mas recusar-se a tocar na questão por medo de ser controverso ou mesmo fechado demais não é útil, como este novo ensaio aponta corretamente. Jamieson nos orienta nas questões relacionadas a essa controvérsia, e embora nem todos concordem com suas conclusões, ele não pode ser criticado por não ter uma reflexão bíblica e histórica completa".

Michael A. G. Haykin
Professor de História da Igreja e Espiritualidade Bíblica e diretor do Andrew Fuller Center para estudos Batistas no Southern Baptist Theological Seminary

"Muitos livros percorrem a superfície da eclesiologia sem mergulhar nas profundezas da doutrina da igreja. Com as habilidades de um mergulhador mestre, Bobby Jamieson traz uma percepção única combinada com graça e cortesia ao explorar assuntos práticos que todo pastor fiel enfrentará. Este livro vai desafiar e aguçar sua compreensão do batismo. Se você leva o batismo e sua relação com a membresia da igreja e a Ceia do Senhor à sério, você deve ler este livro."

Thomas White
Presidente e professor de Teologia Sistemática da Cedarville University

```
J32b    Jamieson, Bobby, 1986-
        Batismo: a porta de entrada na membresia da igreja /
        Jamieson Bobby ; [tradução: Mayssa Keese]. – São Paulo,
        SP: Fiel, 2022.

        Inclui referências bibliográficas.
        Tradução de: Going public : why baptism is required
        for church membership.
        ISBN  9786557231548 (epub)
              9786557231555 (brochura)

        1. Batismo. 2. Batismo – Ensino bíblico. I. Título.

                                                   CDD: 234.161
```

Catalogação na publicação: Mariana C. de Melo Pedrosa – CRB07/6477

Batismo: a porta de entrada na membresia da igreja.

Traduzido do original em inglês
"Going Public: Why baptism is required for church membership"

Copyright C 2015 por Bobby Jamieson
B&H Publishing Group
Nashville, Tennessee

Copyright Editora Fiel: 2017
Primeira edição em português: 2022

Todos os direitos em língua portuguesa reservados por Editora Fiel da Missão Evangélica Literária.

Proibida a reprodução deste livro por quaisquer meios, sem a permissão escrita dos editores, salvo em breves citações, com indicação da fonte.

∎

Diretor: Tiago J. Santos Filho
Editor: Tiago J. Santos Filho
Supervisor editorial: Vinicius Musselman
Coordenação editorial: Gisele Lemes
Tradução: Mayssa Keese
Revisão: Gabriel Oliveira dos Santos
Diagramação: Wirley Correa - Layout
Capa e Arte-final: Rubner Durais
ISBN: 978-65-5723-155-5
ISBN ebook: 978-65-5723-154-8

Caixa Postal 1601
CEP: 12230-971
São José dos Campos, SP
PABX: (12) 3919-9999
www.editorafiel.com.br

BATISMO
A PORTA DE ENTRADA NA MEMBRESIA DA IGREJA
BOBBY JAMIESON

Para Mark e Jonathan,
por me incumbirem desta tarefa.

SUMÁRIO

Agradecimentos 11
Introdução 13

PARTE 1. ASSUMINDO NOSSAS POSIÇÕES
Capítulo 1. Montando o cenário 21
Capítulo 2. Preparando o terreno 47

PARTE 2. CONSTRUINDO UM ARGUMENTO
Capítulo 3. Quando a fé se torna pública: uma teologia do batismo (uma boa parte dela) 73
Capítulo 4. O sinal de juramento iniciador da Nova Aliança 105
Capítulo 5. O passaporte do Reino 151
Capítulo 6. Um só pão, um só corpo: A Ceia do Senhor e a Igreja Local 195
Capítulo 7. Credenciais de Pertencimento: A membresia da Igreja e seus sinais efetivos 245

PARTE 3. O CASO DECLARADO, DEFENDIDO, APLICADO
Capítulo 8. Por que o batismo é necessário para a membresia da igreja? Um resumo 283
Capítulo 9. Respondendo às objeções 297
Capítulo 10. Virando a mesa 337
Capítulo 11. Praticando o batismo, a Ceia do Senhor e a membresia da igreja 363

Apêndice: Explicando por que o batismo é necessário para a membresia em três minutos 393

AGRADECIMENTOS

Tive grande prazer em escrever este livro e espero que isso transpareça em seu conteúdo. Mas o que o leitor provavelmente não pode ver é a riqueza do apoio que recebi ao escrevê-lo. Em primeiro lugar, tive o privilégio de escrever este livro como parte do meu trabalho para o 9Marks. Por isso, sou grato a Ryan Townsend por liderar o 9Marks para produzir não apenas um pequeno conteúdo, mas também jantares completos no Dia de Ação de Graças. Espero que este livro seja digno da entrada! Também sou grato pela incumbência de Mark Dever e Jonathan Leeman da escrita do livro, e pela liberdade que os diretores do 9Marks me deram para dedicar tanto tempo a ele. Obrigado, também, a toda a equipe do 9Marks por trabalharem juntos para construir igrejas saudáveis, e aos doadores que permitem que este trabalho aconteça.

Foi um grande prazer trabalhar com o pessoal da editora B&H. Agradecimentos especiais a Chris Cowan e Chris Thompson, que prontamente e alegremente orientaram o manuscrito para a publicação.

Jon Pentecost, Austin Suter, Chris Bruno e John Hammett leram todo o manuscrito e forneceram um feedback crítico e perspicaz. Mike Carnicella, Justin Dillehay, Sam Emadi, Philip Van Steenburgh e Will Pareja também leram e comentaram algumas partes. Obrigado, irmãos, pelo seu generoso investimento neste livro e seu autor.

Obrigado, finalmente, à minha esposa, Kristin, e nossas filhas, Rose e Lucy, pelo amor transbordante que vocês trazem ao nosso lar.

INTRODUÇÃO

Este livro provavelmente não é exatamente o que você pensa. O subtítulo A porta de entrada na membresia da igreja apesar de ir direto ao ponto, esconde muita coisa. Ele nomeia o destino, mas pouco fala a respeito da jornada.

O livro inteiro aponta para a conclusão de que as igrejas deveriam exigir que aqueles que desejam ser membros sejam batizados — dizendo com isso, batizados como crentes — para tornarem-se parte da membresia. Entre os cristãos que concordam que somente crentes que professam publicamente a sua fé devam ser batizados, esta questão é fervorosamente discutida, e essa discussão deixa algumas dúvidas no ar. Por isso este livro. Mas para responder a questão que proponho, precisei ir mais fundo do que havia planejado. Cavei fundo, por assim dizer, para lançar um fundamento em que pudesse construir um argumento convincente.

Portanto, este livro é uma tentativa de reconstrução a partir dos escombros da eclesiologia evangélica contemporânea — inclusive da eclesiologia Batista. Pela graça de Deus, cada vez mais evangélicos estão recuperando mais e mais a eclesiologia. Contudo, dizer que a nossa casa eclesiológica está em ordem seria algo generoso demais. A eclesiologia evangélica tende a ser consumida pela questão em torno "do que funciona". O pragmatismo não está somente se movendo para o centro do nosso sistema solar eclesiástico, mas, como uma estrela cadente, está abalando e tragando tudo o que há na órbita. Por isso, tendemos a reduzir a eclesiologia a um tema teológico, ou, na melhor das hipóteses, a um simples rascunho do que uma igreja nascida do evangelho e firmada na autoridade final das Escrituras deveria parecer.

A nossa negligência com a eclesiologia caminha passo a passo com a tendência individualista e anti-institucional do Ocidente pós-moderno. O resultado é que, tanto na teologia quanto na prática, temos dissociado quase que completamente as ordenanças do batismo e da Ceia do Senhor da igreja local. O batismo é uma profissão de fé pessoal — ora, o que isso tem a ver com a igreja ou com a membresia da igreja? E a Ceia do Senhor? É um memorial e proclamação da morte de Cristo — assim, uma reunião de crentes não deveria ser capaz de celebrá-la?

Penso que a inabilidade de articular o que distingue qualquer reunião de crentes de uma igreja local é a raiz da confusão que envolve a relação entre batismo e membresia da igreja. Não conseguimos definir muito bem o que faz da igreja uma igreja, então lutamos para compreender por que pessoas interessadas na igreja que até parecem ser cristãs deveriam ficar de fora do corpo. No entanto, como argumentarei no decorrer do livro, o batismo e a Ceia do Senhor são o elo entre os "cristãos" e a "igreja". Juntos eles identificam a igreja como o corpo local, visível e unificado de crentes. Em termos teológicos, eles dão à igreja ordem e forma institucional.[1]

A tese deste livro é, portanto, a de que *o batismo e a Ceia do Senhor são sinais efetivos da membresia da igreja: eles criam a realidade social e eclesiástica para a qual apontam*. Por causa da sua complementaridade às regras constitucionais da igreja, o batismo deve preceder a Ceia do Senhor e a posição na membresia da igreja, que é o que concede acesso a ela. Por conseguinte, o que este livro oferece não é meramente uma resposta à questão de o batismo ser ou não exigido para a membresia. Em lugar disso, oferece uma descrição completa

---

1. Esta linguagem é emprestada de Oliver O'Donovan, in: *The desire of the nations: rediscovering the roots of political theology* (Cambridge: Cambridge University Press, 1996), p. 172. Ver o capítulo 7.

de como o batismo e a Ceia do Senhor transformam um grupo disperso de cristãos em uma igreja local reunida. Este livro traça a trajetória do nascimento de uma igreja, de como pessoas evangélicas constituem uma comunidade evangélica. Nesse sentido, ele oferece muito mais do que a resposta da questão implícita no subtítulo e estabelece fundações teológicas para entendermos o que a igreja local é desde o princípio.

Mesmo com toda essa jornada, o destino principal deste livro ainda é a conclusão de que o batismo é necessário para a membresia em uma igreja local. Isso significa que o livro tem um propósito polêmico. Cem anos atrás, B.B. Warfield era professor de teologia didática e polêmica em Princeton. Nos dias de hoje, esse primeiro adjetivo é motivo de suspeita e o segundo de censura. Não precisaria defender minha tese tão firmemente se não houvesse cristãos argumentando que o batismo *não é* necessário para a membresia. Assim, estou tentando provar uma posição e desaprovar outra.

Então, proponho que este livro seja percebido como um debate saudável entre irmãos. Não duvido de forma alguma da integridade ou piedade daqueles de quem discordo. Dois dos meus primeiros interlocutores, John Bunyan e John Piper, exerceram profunda influência em minha vida e teologia. Portanto peço aos leitores que estendam a mim a mesma gentileza que tento mostrar aos meus interlocutores: peço ser ouvido com a paciência conduzida pelo amor que suaviza qualquer discordância..

Ainda que esse livro tenha um propósito polêmico, isso é em grande parte positivo. A sua maior parte não é destinada a dirigir críticas ou objeções à visão dos outros.

Ao contrário, como disse, esforcei-me por construir um entendimento eclesiológico das ordenanças. Em tese, este livro é um relatório teológico detalhado de como o batismo e a Ceia do Senhor formam a estrutura da igreja. As Escrituras ensinam que o batismo é a porta da frente da igreja e a Ceia do Senhor, sua refeição familiar.

Excluir da membresia cristãos que se consideram batizados, mas não são, é profundamente triste. Acredite em mim, não me alegro com o pensamento de me recusar a aceitar bondosos e frutíferos cristãos pedobatistas na membresia da igreja, porém seria muito pior não observar uma ordem de Cristo e, então, aprovar a desobediência de um cristão, o que significa apagar o sinal visível da nossa união com Cristo. Remover o batismo da membresia da igreja seria o mesmo que remover uma das fundações da igreja local. Remover o batismo da membresia da igreja é apagar a fronteira que o próprio Jesus estabeleceu entre a igreja e o mundo. De início, isso pode aparentar compaixão, mas a longo prazo enfraquece a igreja. O batismo é a maneira pela qual os crentes testemunham publicamente sua fé. Permitir que cristãos não professem a sua fé da maneira que Cristo designou, é o mesmo que consentir que eles sussurrem o que Deus quer que eles gritem de um carro de som. Reconheço que uma porta pode deixar as pessoas de fora, mas o seu primeiro propósito é mostrar o acesso.

PARTE UM

ASSUMINDO NOSSAS POSIÇÕES

CAPÍTULO 1

MONTANDO O CENÁRIO

Por que alguém escreveria um livro inteiro argumentando que o batismo é necessário para a membresia da igreja? Esse é, ao menos, um debate proveitoso? Nem todos os debates são proveitosos. Algumas vezes, é melhor deixar questões polêmicas pra lá e seguir adiante. "Foge da presença do homem insensato, pois nele não acharás palavras de conhecimento" (Pv 14.7). Outras vezes, porém, é o próprio evangelho que está em jogo, e quando isso acontece somos chamados para o embate público: "quando, porém, Cefas chegou à Antioquia, eu o enfrentei abertamente, pois merecia ser repreendido" (Gl 2.11).

Mas a questão deste livro fica em algum lugar entre "apenas seguir adiante" e "o evangelho está em jogo". Não se trata aqui de uma reflexão sobre a Trindade ou tampouco sobre a cor do carpete da sua igreja. Ela fica em algum lugar, neste terreno vasto e o espinhoso, entre "essencial para a salvação" e "não merece a nossa preocupação". Você está lendo esse livro, então presumo que sua opinião não é que esta questão seja uma total perda de tempo, mas que ela ajuda a considerar o que está em jogo antes de nos aprofundarmos. Portanto, neste capítulo pretendo dar algumas razões para mostrar que esta é uma questão que vale a pena ser discutida.

Esse é um dentre os passos da montagem do cenário que ocupará nossa atenção nesse capítulo. Em primeiro lugar, esclarecerei sobre o que este livro é e o que ele não é. Em segundo lugar explicarei os motivos pelos quais este livro é um debate que vale a pena e por que estou entrando nele. Em terceiro lugar, explicitarei várias posições no debate, esclarecendo alguns termos chave, bem como descrevo a minha posição. Em quarto lugar, considerarei duas questões teológicas que presumo serem cruciais para resolver a questão e que não estão recebendo a devida atenção. Em quinto lugar, comentarei a forma com que todo o livro traz à luz seu esforço em reconstruir fundamentos eclesiológicos. Finalmente, apontarei a direção que seguiremos no restante do livro.

UM LIVRO DE UM PONTO SÓ

Sobre o que é este livro? Em único ponto: *neste livro defendo que, de acordo com as Escrituras, o batismo é necessário para a membresia da igreja e para a participação na Ceia do Senhor, que é um constante e efetivo sinal da membresia.* E isso é tudo.

Assim, não estou argumentando a favor dos credobatistas e contra os pedobatistas. Muitos outros têm falado bem sobre o assunto.[1] Neste livro, presumo, ao invés de tentar provar, que o batismo de um crente professo em Jesus Cristo é o único batismo verdadeiro. Suponho que praticamente todos os que lerão esse livro são credobatistas, isto é, que acreditam que somente os crentes professos em Jesus deveriam ser batizados. Por que? Porque a igreja, ao longo de sua história, tem mantido uma unanimidade quase inquestionável sobre o batismo ser um pré-requisito para a Ceia do Senhor e para a membresia da igreja. Os únicos que não seguem esse consenso são uma pequena parcela de credobatistas.

Não é preciso ir muito longe para explicar isso. Todos reconhecem que nós, credobatistas, somos batizados. Além dos Quakers, ninguém nega que o que chamamos de batismo é batismo. Por outro lado, entendemos que um grande número de cristãos simplesmente não foi batizado, porque aspergir uma criança não é o que Cristo e

---

1. Um excelente e aprofundado estudo deste assunto é o estudo de Stephen Wellum "Baptism and the relationship between the covenants", in: *Believer's baptism: sign of the new covenant in Christ*, ed. Thomas R. Schreiner and Shawn D. Wright (Nashville: B&H, 2007), 97–161. Bruce Ware também oferece um excelente argumento em *Baptism: three views*, ed. David F. Wright (Downers Grove, IL: InterVarsity Press, 2009).

os apóstolos queriam dizer com *batismo*. Aí está uma assimetria. Muitos batistas poderiam unir-se a uma igreja presbiteriana, mas se o batismo é um pré-requisito para a membresia, os mesmos presbiterianos não poderiam unir-se a uma igreja batista. Mas é justamente isso que acontece muitas vezes: presbiterianos que desejam se tornar membros de igrejas batistas. É aí que surgem as dificuldades. A maneira como alguns credobatistas têm buscado resolver o problema é permitir que aqueles que foram "batizados"[2] quando crianças se unam à sua igreja, uma posição que vou chamar de "membresia aberta".

Em outras palavras, este é um peso que somente os batistas carregam. Irmãos e irmãs pedobatistas, vocês são bem-vindos acompanhar esta conversa, só quero que saibam que não estou me dirigindo exatamente a vocês. Mais uma nota para os leitores deste livro: este debate não é limitado àqueles que chamam a si mesmos de "Batistas". Se você acredita que somente crentes professos deveriam

---

2. Estou colocando a palavra "batizados" entre aspas aqui e farei isso frequentemente referindo-me ao batismo infantil, uma vez que acredito que o batismo infantil não é batismo de modo algum. Não estou fazendo isso para ser um estraga-prazer. No decorrer da história do debate sobre batismo e membresia, defensores da membresia aberta tem usado "não foi batizado de maneira apropriada" ou "não foram batizados como entendemos a ordenança" para evitar se referirem às pessoas que eles admitem na membresia como "não batizados". Algumas vezes isso preserva uma evidente distinção, na qual alguns defensores da membresia-aberta admitem aqueles "batizados" quando infantes na membresia, mas não aqueles que não foram batizados de modo algum. Enfim, sejam quais forem as diferenças, acredito que este ponto envolve mais do que mera semântica.

ser batizados, então este assunto é relevante para você, seja qual for o nome da sua igreja ou de qual denominação faz ela parte.[3]

Voltando ao tema sobre o que este livro não é. Este livro não define de forma abrangente o que constitui um batismo válido. Tampouco digo tudo o que há para dizer sobre o batismo, Ceia do Senhor e membresia. Finalmente, não é minha intenção fornecer um manual pastoral completo sobre essas três coisas, apesar de esboçar algumas diretrizes práticas no último capítulo.

Reiterando, minha intenção é uma só neste livro: defender que o batismo é necessário para a membresia da igreja e para a Ceia do Senhor. Ao longo do caminho, indicarei a reconstrução de um entendimento bíblico coerente da função que as duas ordenanças têm na formação da igreja. E, na medida do possível, indicarei fontes bibliográficas sobre assuntos que não trato com profundidade. Por fim, espero que o foco do livro neste assunto o torne mais valioso para pastores, presbíteros, seminaristas e para todos aqueles para os quais este assunto é tão relevante.

---

3. No decorrer do livro utilizarei os termos *credobatista* e *batista* (note a letra b minúscula) para me referir à cristãos e igrejas que sustentam que o batismo de crentes é o único verdadeiro. Fizemos essa distinção por uma questão de conveniência, jamais com a intenção de recrutar, quem quer que seja, para uma denominação em particular. Algumas vezes uso Batista, com B maiúsculo, quando os crentes em questão conscientemente se identificam como tal.

UM DEBATE QUE VALE A PENA

Por que então este é um debate que vale a pena? Por cinco motivos. Primeiro, ainda que esse assunto não pareça relevante para você ou sua igreja, em algum sentido ele sempre será. Toda igreja precisa ter uma posição a respeito. Não existe meio termo: ou você admite pessoas não batizadas na membresia ou não. E se você é um pastor que adotou ou herdou a exigência do batismo para a membresia, não precisa que eu te diga sobre os problemas que isso pode causar. Assim, esse é um debate que vale a pena, uma vez que não há possibilidade de escapar dele.

Segundo, esse é um debate que vale a pena por causa do custo de sustentar a posição que defendo. Se você vai exigir o batismo como um pré-requisito para a membresia, é melhor ter algumas boas razões para isso. Excluir da sua igreja pessoas que você acredita que são cristãs não é um problema pequeno e tende a gerar bastante resistência. Se você assume essa posição, é melhor se acostumar a ser chamado de divisionista ou pior — seja pela tia Maria, membro da igreja metodista, ou pelos colegas pastores que concordam com você em praticamente tudo, exceto nesse assunto. Com isso em mente, se você está inclinado a ver o batismo como necessário para a membresia, mas está relutante por causa do custo social, espero que os argumentos bíblicos e teológicos deste livro te ajudem a fortalecer suas convicções.

O terceiro motivo pelo qual esse debate vale a pena é que esse assunto se encontra na crucial conjuntura entre a nossa eclesiologia restrita e os ventos correntes da cultura. Como discutiremos no próximo capítulo, por diversas razões a membresia aberta nos parece, de maneira instintiva, o mais correto nos dias de hoje. Parece profundamente errado ter de manter alguém como R. C. Sproul ou Kevin De Young fora da membresia de nossa igreja pelo simples fato de não terem sido batizados da maneira como entendemos essa ordenança. Além do mais, esse instinto parte de um consenso quase universal de toda a igreja através da história. Portanto, sugiro que se seu instinto diz "membresia aberta", você deve se abrir para uma conversa antes de fechar completamente a questão.

Quarto motivo, se manter uma posição histórica na maioria das vezes traz um certo custo social, adotar membresia aberta cria por si só uma série de problemas, tanto práticos quanto teológicos. Do ponto de vista prático, muitas igrejas que adotam membresia aberta colocam algum tipo de restrição em como os membros não batizados podem servir. Mas que restrições você estabeleceria e com que fundamentos? Se sua igreja é congregacional, os membros não batizados podem votar? Em todos os assuntos ou somente em alguns? Eles podem servir como presbíteros? Por que sim e por que não? E se permite que eles sirvam como presbíteros, como lida com a divisão que isso traz para o seu presbitério?[4] A membresia restrita acarreta um custo social inicial, mas a membresia aberta também tem seu preço etiquetado. A única diferença é que nela está escrito "Pague-me depois".

Do ponto de vista teológico, como você escapa da conclusão de que você nega, na prática, o que afirma acreditar sobre o batismo? Como você escapa da conclusão de que sua igreja está efetivamente fazendo do batismo uma opção em lugar de uma ordem? Francamente, não acredito que você possa escapar dessas conclusões, como argumentarei no capítulo 10. Por ora, é suficiente reconhecer que, sejam quais forem os problemas que ela parece resolver, a membresia aberta cria seus próprios problemas. E esses problemas deveriam, em primeiro lugar, levantar a questão a respeito do caráter bíblico dessa posição.

Quinto e último motivo, a questão sobre o batismo como um pré-requisito para a membresia da igreja é um debate que vale a pena por causa das questões relacionadas ao governo da igreja. A maneira como uma igreja é estruturada, governada e constituída é importante para o Senhor da igreja: Ele falou muito sobre isso em sua Palavra.[5] O governo da igreja não é o evangelho, mas o protege e preserva.

---

4. Retomarei questões dessa natureza no capítulo 10, em especial, no quarto ponto.
5. Ver meu artigo, "Why new testament polity is prescriptive," *9Marks Journal* no.4 (2013), disponível em http://www.9marks.org/journal/why-new-testament-polity-prescriptive. [disponível em português em: http://www.ministeriofiel.com.br/artigos/detalhes/1011]

Ele não é o diamante, mas, sim, as garras que prendem o diamante ao anel, tornando-o visível a todos. Portanto, o que a sua igreja diz sobre o batismo, tanto no ensino como na admissão de novos membros, é importantíssimo.

Este também é um debate que nós, Batistas, temos tido por aproximadamente 350 anos. Assim, seria compreensível que você perguntasse o que mais poderia ser dito sobre isso. Embora o terreno esteja muito bem coberto, penso que algumas questões poderiam ganhar nova atenção. Vou apresentá-las mais adiante, mesmo porque grande parte do livro se ocupará em explorá-las e analisá-las. Não sendo a história do debate um ponto crítico para entender as principais questões envolvidas, não resumirei os debates sobre este tema dos últimos quatro séculos. Em vez disso, simplesmente me basearei em alguns dos argumentos mais fortes de ambos os lados, enquanto construo e defendo minha posição. De fato, meu trabalho de construção teológica no decorrer do livro rega sementes que já estão plantadas na melhor defesa do batismo como uma exigência para a membresia.

Mas esse não é apenas um debate histórico. Trata-se, também, de uma questão que está recebendo renovada atenção nos dias de hoje. Por exemplo, John Piper causou um alvoroço quando se posicionou a favor da membresia aberta na Igreja Batista Bethlehem em 2005.[6] Piper defendeu sua posição com seu habitual entusiasmo, e, por este motivo, ele será o meu principal parceiro de diálogo. Piper é um herói da fé para mim e muitos outros, então, por favor, não confunda crítica com condenação. Curiosamente, este assunto tem chamado muito a atenção de uma variedade de evangélicos batistas, ao menos nos Estados Unidos e no Reino Unido. Então, esse é um debate que claramente já está acontecendo, e na minha opinião é um debate que vale a pena.

Admitindo que se trata, afinal, de um debate proveitoso, por que eu pessoalmente escolhi entrar nele, escrevendo um livro inteiro sobre isso? Primeiro, permita-me dizer as razões pelas quais eu não escreveria este livro. Não o escrevi, na medida em que posso discernir, porque amo controvérsia. Não estou escrevi porque quero ganhar pontos para o meu "time", seja ele qual for. Resolvi entrar neste debate precisamente porque estou no mesmo time daqueles que discordam de mim nesse assunto. E se estamos no mesmo time, deveríamos ser capazes de ter uma conversa franca sobre como o jogo deve ser jogado. Certamente não estou escrevendo porque considero os batistas a única grande

---

6. Em última análise, os presbíteros da Igreja Batista Bethlehem decidiram retirar sua recomendação para a revisão de seus estatutos para permitir que aqueles que foram "batizados" na infância se tornassem membros. Portanto, a igreja continua a praticar membresia "fechada".

esperança deste mundo perdido. E não estou escrevendo porque penso que os pedobatistas devam ser preteridos - longe disto. Como muitos batistas, muitas de minhas grandes influências teológicas – assim como muitos amigos e parceiros de ministério – são pedobatistas. E não os amo menos por isso.

Por que, afinal, estou escrevendo? Porque esta é uma questão urgente para muitos pastores e igrejas, e acredito que há uma maneira bíblica para respondê-la. E, a menos que esteja muito enganado, exigir o batismo para a membresia é uma posição cada vez mais impopular, e esse livro poderia ser uma nova defesa.

Minha esperança e oração é que esta nova defesa sirva a muitos pastores e suas igrejas de forma concreta. Penso que tratar deste assunto corretamente na verdade resulta em mais unidade, e não em mais divisão. Além disso, colocar o batismo, a Ceia do Senhor e a membresia juntos de forma correta, é um passo crucial na construção de uma eclesiologia bíblica. Por outro lado, remover o batismo da membresia, produz efeitos significativos. Sugiro que resolver esta questão biblicamente, em última análise, ajuda as igrejas a preservarem o evangelho de geração em geração.

Certo, mas por que escrever um livro inteiro sobre este assunto? Uma ou duas postagens em um blog não seriam suficientes? Iremos retornar a essa pergunta mais adiante. Por enquanto, direi simplesmente que muitos argumentos precisam ser feitos e muitas questões precisam ser respondidas. Não faz muito tempo, os evangélicos lutavam bravamente pelos fundamentos bíblicos da prática e estrutura da igreja. Entendo que nossa crescente disposição em fazer isso mais uma vez é um sinal de saúde. Pela graça de Deus, o centro está cada vez mais seguro. E se fizermos do centro tudo, e do resto nada, acabaremos por nos perder do centro. Este livro é uma tentativa de reforçar algumas fronteiras territoriais em um esforço, em última análise, de tornar a capital um pouco mais segura.

TERMOS E CONDIÇÕES

O próximo passo da montagem do cenário é estabelecer alguns termos e conceitos chaves para ter em mente durante esse debate. A história demonstra que esse debate tem sido conduzido nos termos de "ceia aberta" e "ceia restrita". Isto é, alguns têm defendido que pessoas não batizadas (ou, mais especificamente, "batizadas" quando infantes) deveriam ser admitidas na Ceia do Senhor. E outros têm defendido que somente pessoas batizadas (isto é, batizadas como crentes) deveriam ser bem-vindas na Ceia do Senhor. Todavia, esses termos mascaram algumas das questões fundamentais.

A primeira questão que estes termos podem obscurecer é que a maioria dos historiadores Batistas considera que os "termos da Ceia", isto é, o que é necessário para participar, são os mesmos termos da membresia. Quando John Bunyan,

Robert Hall Jr. e outros defenderam que pessoas não batizadas deveriam ser admitidas na Ceia do Senhor, eles *não* estavam defendendo que tais crentes deveriam ser admitidos na Ceia e excluídos da membresia. Em vez disso, eles consideraram que pessoas não batizadas deveriam ser aceitas completamente na membresia, o que incluía e era mais claramente percebido na participação da Ceia do Senhor. Ambos os lados do debate assumiram que, a princípio, ser qualificado para a Ceia é ser qualificado para a membresia.[7] Portanto, ainda que este debate tenha sido definido em termos de Ceia aberta ou restrita, estes termos foram destinados a incluir, e não excluir, a ideia de membresia da igreja.

Entretanto, algumas igrejas exigem o batismo para a membresia, mas deliberadamente permitem que pessoas não batizadas participem da Ceia do Senhor. Por exemplo, Ray Van Neste defende o que ele chama de "Ceia aberta", porém a sua igreja não admite pessoas não batizadas na membresia.[8] Quando tal igreja celebra a Ceia do Senhor, delimita a mesa, isto é, declara quem é bem-vindo a participar, dizendo

---

7. John Dagg, por exemplo, defendeu que qualquer pessoa que possa ser admitida na Ceia uma vez, pode ser admitida à membresia; nenhuma barreira pode ser posta entre os dois elementos. (John L. Dagg, *An essay in defense of strict Communion* [Penfield, GA: Benj. Brantley, 1845], 45–46).

8. Ver Ray Van Neste, "The Lord's Supper in the context of the local church," em *The Lord's Supper: remembering and proclaiming Christ's death until he comes* (Nashville: B&H, 2010), 379–86. Esta posição não é sem precedentes na história batista, especialmente no século passado. Ver Anthony R. Cross, *Baptism and the baptists: theology and practice in twentieth-century britain, studies in baptist history and thought 3* (Milton Keynes: Paternoster, 2000), 418–26.

algo como: "Se você se arrependeu dos seus pecados, e confia em Jesus Cristo para a sua salvação, você é bem-vindo para tomar parte dos elementos conosco", ou, "Se você é um membro em comunhão com uma igreja evangélica, você é bem-vindo à mesa".[9] Porém, se um indivíduo que não foi batizado ou que foi "batizado" quando infante se candidatasse à membresia da igreja, ele não seria aceito até que fosse batizado. Isso significa que alguns que defendem a Ceia aberta, também mantém a membresia aberta, enquanto outros não. Apesar de ser um pouco estranho, chamarei a visão de Ceia aberta / membresia restrita de posição "aberta-restrita".

Outro problema com os termos *Ceia aberta* e *Ceia restrita* é que, ao menos no meio Batista, alguns fazem distinção entre Ceia ultra-restrita e restrita.[10] Neste contexto, Comunhão "ultra-restrita" refere-se à posição de que somente os membros de uma igreja local podem celebrar a Ceia do Senhor. Nenhum visitante, seja ele batizado ou não, é convidado para a mesa. E, como somente cristãos batizados são membros, o batismo é exigido tanto para a membresia quanto para a Ceia.

A Ceia restrita, por outro lado, também admite membros de outras igrejas evangélicas que foram batizados como crentes. Nesta visão, o batismo é um pré-requisito tanto

---

9. A igreja de Van Neste delimita a Mesa segundo as últimas linhas. Ver Van Neste, "The Lord's Supper," 386.
10. Para uma discussão sobre Ceia "ultra-restrita", "restrita" e "aberta", ver Gregg R. Allison, *Sojourners and strangers: the doctrine of the church*, foundations of evangelical theology (Wheaton, IL: Crossway, 2012), 400–6.

para a membresia da igreja, como para Ceia "ocasional" ou "para visitante". Essas posições, Ceia restrita ou ultra-restrita diferem apenas em se a mesa deve ser aberta para não membros que são membros batizados de outras igrejas verdadeiras. Nenhuma das visões permite que uma pessoa não batizada participe da Ceia do Senhor.

Meu principal objetivo neste livro não é julgar entre a Ceia ultra-restrita e restrita. Defendo a segunda, ainda que a primeira possa fornecer elementos para um debate. Tratarei desta questão no capítulo 6. Meu ponto aqui é que essa distinção torna os termos *Ceia aberta* e *Ceia restrita* muito mais difíceis de usar.

Além disso, os termos do debate hoje têm provocado mudanças na membresia da igreja. Uma razão para isso se deve ao fato de que falar sobre membresia deixa claro que não estamos simplesmente discutindo Ceia ocasional. Outra razão é que, como muitas igrejas estão recuperando o significado da membresia, o questionamento de quem pode se tornar membro surge naturalmente. Dada a forma como o debate provocou mudanças, e devido às ambiguidades nos termos históricos "Ceia *aberta* e *restrita*", se fosse necessário abreviar, eu usaria "Membresia aberta" e "Membresia restrita". Porém, me referirei com bastante frequência à minha própria posição apenas a explicando, em parte porque o adjetivo "restrita" não é particularmente agradável ou justo.

Mas, o que dizer sobre exigir o batismo para a membresia, mas não para a Ceia do Senhor? A posição aberta-restrita soa como uma encantadora concessão e uma agradável válvula que alivia a pressão. No entanto, como argumentarei, o batismo é o sinal inicial de juramento do novo pacto, e a Ceia do Senhor é a renovação do sinal de juramento. Por definição, o primeiro deve preceder o segundo. Além disso, a Ceia do Senhor e a membresia da igreja estão muito intimamente ligadas para permitir que o batismo seja um pré-requisito para uma, e não para a outra. Assim, no devido tempo defenderei que a posição aberta-fechada não suporta a água, por assim dizer. A lógica nos impulsiona a decidir por um caminho ou por outro.[11]

ALGUNS TERMOS CHAVE	
Membresia Aberta/ Membresia restrita	Se o batismo é ou não exigido para a membresia na igreja
Ceia restrita / Ceia aberta	Se o batismo é ou não exigido para a participação na Ceia do Senhor
Ceia ultra-restrita / Ceia restrita	Se membros de outras igrejas podem participar da Ceia do Senhor (restrita), ou somente membros de uma igreja local (ultra-restrita).
Comunhão Ocasional ou para visitantes	Participante da ceia do Senhor de uma igreja quando é membro de outra.
A POSIÇÃO	
aberta-restrita	Exigência do batismo para a membresia, mas não para a Ceia do Senhor

---

11. Hammet escreve. "Além disso, apoio a comunhão restrita porque não estou disposto a seguir a lógica da comunhão aberta para a membresia aberta" (John S. Hammett, *Biblical Foundations for Baptist Churches: A Contemporary Ecclesiology* [Grand Rapids: Kregel, 2005], 287). Retornarei a esse assunto no capítulo 6.

DUAS QUESTÕES CENTRAIS

No final, a posição membresia aberta baseia-se em um principal e poderoso argumento: que as igrejas locais não devem excluir ninguém que eles consideram como um genuíno irmão ou irmã em Cristo. Existem outros argumentos que, partindo deste, elaboram essa afirmação, mas em suma, este é o principal. Nesta visão, usando a frase de John Piper, a membresia restrita é culpada de "excomungar preventivamente" genuínos irmãos e irmãs pelo simples fato de não terem sido batizados, e isso não se deve à rebelião consciente, mas à sua interpretação das Escrituras.

Exploraremos a membresia aberta em detalhes mais tarde. Por ora, simplesmente fiz um esboço para introduzir dois problemas centrais, aos quais daremos especial atenção no decorrer do livro. Esses são dois problemas que, a meu ver, não estão recebendo a atenção que merecem neste debate.

O primeiro problema é se o batismo é o rito de iniciação para entrar na igreja, e como ele está relacionado à membresia da igreja. O batismo tem uma forma eclesial? Isto é, ele sustenta qualquer relação intrínseca teológica com a igreja local? De forma geral, os defensores da membresia aberta afirmam, bem como assumem, que o batismo não possui nenhuma relação particular com a igreja. Em vez disso, é simplesmente um problema pessoal de obediência a

Jesus[12]. Por outro lado, os defensores da membresia restrita sustentam que o batismo é a cerimônia de iniciação na igreja visível, e que este é o motivo decisivo pelo qual pessoas não batizadas não devem ser admitidas na membresia.[13]

De qualquer modo, em ambos os lados, este ponto crucial tende a ser mais afirmado do que provado. Portanto, após estruturar o máximo de uma teologia do batismo no capítulo 3, nos capítulos 4 e 5 investigarei se as Escrituras dão ao batismo uma forma eclesial, isto é, se ele está intrinsecamente ligado à membresia da igreja. [14] Examinarei o problema partindo de dois diferentes ângulos: em primeiro lugar o pacto, e em seguida o reino. Como ficará

---

12. Por exemplo, John Bunyan, *differences in judgment about water-baptism, no bar to communion*, in *The miscellaneous works of John Bunyan*, vol. 4, ed. T. L. Underwood (Oxford: Clarendon Press, 1989), 200–1; John Brown, *The house of God opened and his Table free for baptists and paedobaptists* (London, 1777; repr. ECCO Books), 2.

13. Uma amostragem: William Kiffin, *A sober discourse of right to church communion* (London, 1681; repr. Paris, AR: Baptist Standard Bearer, 2006), 67; R. B. C. Howell, *The terms of communion at the Lord's table* (Philadelphia: American Baptist Publication Society, 1846; repr., Paris, AR: Baptist Standard Bearer, t006), 101; John S. Hammett, "Membership, discipline, and the nature of the church," em *Those who must give an account: a study of church membership and church discipline*, ed. John S. Hammett and Benjamin L. Merkle (Nashville: B&H, 2012), 19; Gregg Allison, *Sojourners and strangers*, 349.

14. Quando falo da "forma eclesial" do batismo no decorrer do livro, me refiro ao fato de que esta ordenança por si só tem uma dimensão eclesiástica e até mesmo constitucional. Ao dizer que o batismo tem uma "forma eclesial", não quero dizer meramente que ele é realizado pela igreja ou de alguma maneira acontece no contexto da igreja, apesar de ambas as afirmações serem verdadeiras. Em vez disso, quero dizer que o batismo inicia um relacionamento de um indivíduo que passa a pertencer à uma igreja particular, e legaliza a afirmação da igreja de uma profissão de fé de um crente em Cristo. Dizer que o batismo é moldado à igreja, é dizer que ele não pode ser entendido corretamente ou praticado como ordenança sem considerar a sua relação com a igreja local.

claro, acredito que os batistas que advogam a membresia restrita estão certos em conferir uma forma eclesial ao batismo.[15] Essa forma eclesial do batismo é decisiva para estabelecer que ele é necessário para a membresia da igreja.

Um segundo problema, intimamente ligado ao primeiro, é a relação – ou melhor, inter-relação – teológica entre o batismo, a Ceia do Senhor e a membresia da igreja. Abordei brevemente esse tema quando perguntei se as exigências para a Ceia do Senhor podem diferir legitimamente daquelas para a membresia da igreja. Mas essa questão tem muito mais perspectivas. Por exemplo, o que é exatamente membresia da igreja? Onde vemos isso na bíblia? O que mais implica a membresia da igreja que a distingue das outras duas ordenanças? O batismo e a Ceia do Senhor, podem, em qualquer hipótese, ser legitimamente separados da membresia da igreja? A igreja deveria batizar alguém que *não está se unindo ao corpo local*? E, teologicamente falando, uma coisa como a membresia da igreja, pode ao menos existir sem o batismo?

---

15. Ver, por exemplo, Joseph Kinghorn: "Se, segundo os textos inspirados, [o batismo] estava destinado a ser um reconhecimento público da nossa fé em Cristo, e um ostensivo ato de sujeição a ele, da forma como ele prescreveu, era como um juramento de fidelidade na entrada do serviço ao nosso país, ou como se matricular ou ser admitido como membro de um órgão público: um ato que é necessário, pois é exigido por lei" (Baptism, a term of communion [Norwich, 1816; repr., Paris, AR: Baptist Standard Bearer, 2006], 30–31). Ver também a citação e discussão de William Kiffin da declaração de John Owen que o batismo é "a forma solene da nossa iniciação ao Pacto com Deus," (sober discourse, 14; citing John Owen, PNEUMATOLOGIA or A discourse concerning the holy spirit, in the works of John Owen, ed. William H Gould, vol. 3 [repr.; Edinburgh: Banner of Truth Trust, 1965], 72).

As respostas para estas questões, e muito mais do que isso, dependem da descrição teológica da relação entre o batismo, a Ceia do Senhor e a membresia da igreja. Então, após considerar o batismo e a Ceia do Senhor em suas próprias perspectivas nos capítulos 3 a 6, no capítulo 7 descrevo a membresia da igreja à luz do papel formador da igreja nas outras duas ordenanças. Veremos que o batismo e a Ceia do Senhor são sinais efetivos da membresia da igreja: eles criam a realidade eclesial para a qual apontam. O batismo une um a muitos, e a Ceia do Senhor faz com que muitos se tornem um.

Veremos então que não somente o batismo possui a forma eclesial, mas a membresia da igreja tem uma forma batismal (e eucarística). O primeiro nos conduz ao segundo. Através da forma eclesial do batismo percebemos a forma batismal da membresia. De algum modo, esses dois problemas são simplesmente dois lados de uma mesma moeda: a relação entre as ordenanças e a membresia, e até mesmo a existência de uma igreja local. Argumentarei que essa relação possui uma perceptível forma teológica, e essa forma faz do batismo uma exigência para a membresia na igreja.

RECONSTRUINDO AS FUNDAÇÕES

Espero que esteja claro agora o motivo pelo qual estou dedicando um livro inteiro a este assunto. Trazer um grande volume de textos provas não será suficiente para resolver este problema. As igrejas não possuem comandos bíblicos explícitos para admitir somente pessoas batizadas na membresia, ainda que existam ordenamento para que todos os cristãos sejam batizados, e as Epístolas do Novo Testamento refiram-se a todos os membros da igreja como tendo sido batizados (Rm 6.1-4; Gl 3.27). Portanto, reafirmo que o caminho a seguir encontra-se em uma descrição teológica holística do relacionamento entre as ordenanças e a membresia da igreja.

Por um lado, creio que a forma eclesial do batismo e a forma batismal da membresia têm sido simplesmente pouco examinados. Temos sido condicionados a não olhar para isso, então não vemos. E há alguma verdade na acusação frequente de que os batistas têm dito muito mais sobre o que o batismo não é, do que sobre o que ele na verdade é. Mas por outro lado, penso que nossas lentes culturais predispõem-nos contra o discernimento dos laços entre as ordenanças e a igreja que nos encaram pelas páginas das Escrituras. Se pensarmos na vida cristã em termos individuais, pensaremos nas ordenanças em termos individuais. Veremos o batismo como uma profissão de fé intensivamente individual e a Ceia do Senhor como uma experiência pessoal, quase como um ato devocional particular da cruz. O que não veremos é como essas ordenanças nos unem à igreja e unem a igreja como um todo. Assim, por uma perspectiva, esse livro é uma tentativa de reconstruir fundações eclesiológicas que a chuva ácida do individualismo queimou.[16]

Por causa da minha tentativa de reconstruir fundações, o argumento levará um tempo para ser apresentado. Os capítulos 3 a 8 prosseguem a reflexão de um modo mais construtivo do que polêmico. Coloquei todas as minhas cartas na mesa antes de defender minha posição em contraste com as posições contrárias. Sendo assim, peço paciência aos leitores que discordam da posição que estou defendendo. Dediquei um capítulo inteiro respondendo às objeções, para depois construir a estrutura na qual as minhas respostas farão sentido. Por causa dessa abordagem predominante construtiva, leitores que não estão convencidos dos aspectos do meu caso – ou mesmo da afirmação principal – devem se beneficiar com a exposição bíblica e teológica que forma o coração do livro. Enquanto meu principal objetivo é estabelecer que o batismo é necessário para a membresia, a pintura teológica que faço também aponta para muitas outras direções práticas. Espero que até mesmo leitores que discordam do direcionamento dado sejam grandemente enriquecidos em nossa jornada.

---

16. Pode-se também dizer que no momento há uma escassez de pensamento institucional, que enfraquece a nossa habilidade de pensar bem sobre as dimensões institucionais da igreja. Para breves reflexões sobre essa escassez, ver Hugh Heclo, "Thinking institutionally," Em *The oxford handbook of political institutions*, ed. R. A. W. Rhodes, Sarah A. Binder, and Bert A. Rockman (New York: Oxford University Press, 2008), 740–41.

O QUE TEMOS PELA FRENTE?

Acabo de apresentar o quadro geral do livro, todavia quero concluir este capítulo com um mapa mais detalhado, incluindo um esboço dos meus argumentos. No próximo capítulo, prepararei o terreno para a construção de nosso projeto eclesiológico, ao considerar porque a membresia aberta simplesmente parece mais correta para a nossa geração de evangélicos. Em termos teológicos, questionarei várias estruturas de plausibilidade da membresia aberta.[17] No capítulo 3, esboçarei uma teologia concisa do batismo, examinando o significado teológico da cerimônia menos que a sua forma eclesial. Veremos que o batismo é onde a fé se torna pública, o que estabelece a fundação para uma teologia coesa do batismo, da Ceia do Senhor e da membresia da igreja.

No capítulo 4, olhamos pela primeira vez para a forma eclesial do batismo e descobrimos que ele é o início do juramento da nova aliança. Deus deseja que o seu novo povo da aliança seja visível, e que a única entrada desse povo seja pelo batismo. Isso significa que quando a igreja pergunta "Quem é um membro da nova aliança?" para estender a membresia a eles, uma necessária parte da resposta é perguntar "Quem realizou o juramento da aliança?" – ou seja "Quem foi batizado?".

---

17. O termo "estrutura de plausibilidade" é de Peter L. Berger *The sacred canopy: elements of a sociological theory of religion* (New York: Doubleday, 1967). [edição em português: *O dossel sagrado: elementos para uma teoria sociológica da religião* (São Paulo: Ed. Paulinas, 1985)].

No capítulo 5, olharemos novamente de forma complementar para a forma eclesial do batismo, desta vez através das lentes do reino. Quando Jesus inaugurou o seu reino na terra, deu à igreja as "chaves do reino": a autoridade de falar sobre o céu na terra, para representativamente declarar quem pertence a ele. (Mt 16.18-19; 18.18). O ponto de partida pelo qual a igreja faz isso é o batismo. O batismo, então, é tanto o passaporte para o reino como a sua cerimônia de juramento. É como a igreja identifica alguém como um cristão publicamente e une esta pessoa a si mesma. Portanto, ele é essencial para – e normalmente *confere* – a membresia da igreja.

No capítulo 6 considero a forma eclesial do batismo na Ceia do Senhor. Veremos que enquanto o batismo une um a muitos, a Ceia do Senhor une muitos em um (1Co 10.17). Enquanto o batismo é o juramento inicial da nova aliança, a Ceia do Senhor é a renovação do juramento da nova aliança. O que significa que o primeiro deve preceder o segundo.

Como já mencionei acima, uma maneira de resumir a forma eclesial do batismo e da Ceia do Senhor é dizer que eles são sinais efetivos da membresia da igreja: eles criam a realidade para a qual apontam. Assim, o capítulo 7 analisa teologicamente a membresia da igreja à luz desses dois sinais efetivos. Uma conclusão, tão drástica quanto pode soar, é que falar de membresia da igreja sem batismo é como falar de casamento sem votos: tal coisa na verdade não existe.

No capítulo 8, sintetizo o argumento como um todo, e extraio alguns pontos que podemos ver mais claramente quando todas as peças do quebra-cabeça são montadas. No capítulo 9, respondo as sete principais objeções que tenho encontrado à exigência do batismo para a membresia. No capítulo 10, exponho minhas sete objeções à posição membresia-aberta. Finalmente, no capítulo 11 ofereço um esboço prático de como a teologia do batismo, da Ceia do Senhor e da membresia devem se desenvolver na vida da igreja.

CAPÍTULO 2

PREPARANDO O TERRENO

Para muitos cristãos hoje, parece quase óbvio afirmar que nenhum cristão verdadeiro deve ser excluído da membresia da igreja porque foi "batizado" quando infante, e não como crente. Argumentar contra isso parece limitado e arbitrário. Mas, por quê? Este é o assunto deste capítulo.

Na sequência, esboço seis razões por que a membresia aberta parece, de maneira intuitiva, a mais correta, e a membresia fechada, da mesma forma, a errada. Tento mostrar por que esses fatores não devem decidir a questão de forma precipitada. Este capítulo prepara o terreno para assegurar que obtenhamos um plano suave e nivelado, e então construir um caso bíblico e teológico para o motivo pelo qual *o batismo é necessário para a membresia*.

SEIS RAZÕES QUE FAZEM A MEMBRESIA ABERTA PARECER CORRETA

Primeiro, permita-me esclarecer que as seis razões a seguir não são, necessariamente, o argumento usado por quem defende a membresia aberta. Também não estou acusando ninguém de deixar a emoção ou o instinto conduzir a sua teologia, embora eu entenda que é um perigo do qual todos precisamos nos proteger neste debate. Em vez disso, ofereço algumas razões para que esta posição seja tão plausível hoje, e registro algumas críticas sobre essas estruturas de plausibilidade.

Assim, este capítulo é um exercício de análise crítica dos aspectos da cosmovisão evangélica predominante, da cultura geral que a dissemina e das pressões únicas que os batistas sentem por causa de ambas. É uma tentativa de ajudar o peixe a notar as condições da água em que vive, e que para ele são as mais adequadas.

As seis estruturas de plausibilidade para a membresia aberta que gostaria de contestar são: (1) A cultura atual de tolerância; (2) um pêndulo se movendo entre a disciplina da igreja e as divisões denominacionais; (3) o DNA cooperativo dos evangélicos; (4) essencialismo evangélico; (5) o avanço do secularismo e a necessidade de união; (6) ninguém gosta de ser o excluído. Essas seis estruturas de plausibilidade interligam-se de muitas maneiras, algumas das quais examinarei enquanto prosseguimos.

1. A cultura da tolerância

Não é uma grande revelação dizer que a nossa cultura valoriza a tolerância, ou talvez eu deva dizer "tolerância". Por outro lado, no Ocidente existe hoje uma preocupação generalizada pelos direitos dos indivíduos, liberdade da opressão e igualdade de tratamento diante da lei. Tudo isso é uma bênção, um presente da graça perfeita de Deus. Por outro lado, a própria tolerância ironicamente tornou-se um regime opressivo e hostil. Como diz D. A. Carson:

> Embora algumas coisas possam ser ditas a favor da nova definição, a triste realidade é que essa nova tolerância contemporânea é intrinsecamente inerente. É cega para suas próprias deficiências porque erroneamente pensa que detém a moral elevada; não pode ser questionada porque se tornou parte da estrutura de plausibilidade do Ocidente. Pior, esta nova tolerância é socialmente perigosa e certamente debilitante intelectualmente.[1]

Quando a tolerância se torna absoluta, passa a ser pecado excluir alguém de qualquer coisa por qualquer motivo. É claro que os cristãos se opõem a essa tolerância totalitária de inúmeras formas, uma vez que servimos a um Deus

---

1. D. A. Carson, *The Intolerance of Tolerance* (Grand Rapids: Eerdmans, 2012), 2; [Disponível em Português: D. A. Carson. A intolerância da tolerância. São Paulo: Cultura Cristã, 2013].

que tanto julga como salva e, de fato, salva através do julgamento. No entanto, seria tolice presumir que a cultura mais ampla de tolerância não ajustou a nossa bússola moral.²

Mas qual a relação disso com a exigência do batismo para a membresia? Nossa cultura considera praticamente qualquer ato de exclusão injusto. Portanto, a menos que exercitemos deliberadamente os músculos morais que a nossa cultura nos inclina a negligenciar, deixar alguém de fora da membresia de uma igreja por algo aparentemente tão trivial quanto o batismo parecerá não apenas intolerante, mas mesquinho.

Além disso, o regime de tolerância enfraqueceu o próprio conceito da palavra, ao passo que a tolerância não pode coexistir com qualquer grau de desaprovação.³ Por exemplo, se você desaprova a homossexualidade por motivos morais, você é intolerante, e ponto final. Transferindo para o nosso debate eclesiológico, essa tolerância instintiva torna a membresia fechada uma opressão, e não uma consequência justa de discordância baseada em princípios. As gerações anteriores de cristãos podiam tolerar as opiniões uns dos outros, como era comumente dito, ""concordamos em discordar,

---

2. Para um estudo aprofundado de como a cultura contemporânea distorce o conceito de amor dos Cristãos – uma visão complementar do que descrevo aqui — ver o capítulo 1 de Jonathan Leeman, *A igreja e a surpreendente ofensa do amor de Deus: reintroduzindo as doutrinas sobre a membresia da igreja*. São José dos Campos, SP: Editora Fiel, 2013.
3. Para uma discussão esclarecedora sobre a recente transformação da "tolerância" em algo diferente do seu antigo ser, ver Carson, *The Intolerance of Tolerance*, chapters 2–3.

mas a amizade continua."". Mas a tolerância moderna não ficará satisfeita até que as cercas caiam completamente. Somente a aceitação e a aprovação completas farão isso.

Desta forma, um motivo para que a exigência do batismo para a membresia pareça intuitivamente intolerante, é que muitos de nós absorveram uma noção redefinida de tolerância. Porém, assim como não podemos permitir que a acusação de intolerância de nossa cultura determine nossa ética sexual, não devemos permitir que um julgamento semelhante nos prejudique contra a exigência do batismo para a membresia. Se você quer argumentar em bases bíblicas que exigir o batismo para a membresia é divisivo, assim seja. Abordarei esses argumentos no devido tempo. Por enquanto, basta observar que os conceitos de tolerância culturalmente herdados não devem se antecipar a uma discussão bíblica sobre as qualificações para a membresia da igreja local. Se algo cheira intolerante, é possível que fale mais sobre nosso senso de tolerância do que sobre a coisa em si.

2. Um Pêndulo se movendo da Disciplina à Divisões Denominacionais

Um segundo fator que contribui para um apelo intuitivo à membresia aberta é um pêndulo histórico se movendo dos Batistas da Convenção do Sul a outros evangélicos acerca da disciplina da igreja e das divisões denominacionais. Como Gregory Wills habilmente narra em seu livro *Democratic*

Religion, a disciplina da igreja era uma característica definidora das igrejas Batistas do Sul durante a maior parte do século XIX. Desvios da verdade e da santidade requeriam correção, e, em alguns casos, correção pública. E o pecado impenitente ou escandaloso resultava na excomunhão - exclusão da igreja. Como Wills documenta, as igrejas batistas na pré-guerra civil da Geórgia excomungaram quase 2% de seus membros todos os anos, porém cresceram mais que o dobro da taxa da população. No entanto, após a Guerra Civil, a disciplina da igreja declinou até praticamente desaparecer da vida batista do sul no final do século XIX.[4]

Em que sentido esse declínio é um pêndulo? Eu penso que ao longo do período dos escritos de Will, os batistas mudaram de muito rígidos para muito negligentes, de exclusivos demais para inclusivos demais. É possível perceber isso em duas frentes relacionadas, a primeira delas é a moral. Os primeiros batistas do Sul, junto com os presbiterianos e metodistas, excomungavam os membros por dançar, o que era visto como uma "diversão vã". No entanto, à medida que a dança se tornava cada vez mais popular, especialmente entre os jovens, as igrejas se tornaram mais hesitantes em excomungar seus membros por esse motivo. Acrescente à mistura uma preocupação crescente com eficiência e progresso, e o resultado foi que a

---

4. Gregory A. Wills, *Democratic Religion: Freedom, Authority and Church Discipline in the Baptist South 1785–1900* (New York: Oxford University Press, 1997), 9, 22.

prática exclusiva da disciplina da igreja, foi discretamente descartada.⁵ E, nos últimos cem anos, a disciplina da igreja continuou a desaparecer até o ponto em que, até recentemente, encontrar uma igreja que a praticava era como entrar no Jurassic Park. Se disciplinar por dançar pode ter sido muito rigoroso, abandonar totalmente a disciplina é a definição de extrema negligência.

Esta negligência à disciplina da igreja, que caracteriza não somente os Batistas do Sul, mas a maioria das igrejas evangélicas de hoje, é um fator muito importante para que a membresia aberta simplesmente pareça correta. Se não temos o hábito de excluir ninguém da igreja por qualquer motivo, por que excluiremos por causa do batismo? Se um adúltero pode ficar, por que manter um pedobatista fora?

Uma outra frente na qual os Batistas do Sul talvez estejam se movendo de exclusivos demais para inclusivos demais, é a questão das divisões denominacionais. Batistas do Sul consistentemente excomungaram membros que procuravam se unir a igrejas presbiterianas ou metodistas, já que "deixar uma igreja batista era deixar a fé". Esses batistas consideravam que permitir que um membro se juntasse a um desses corpos era "endossar os erros de outras denominações.⁶" Contudo, na década de 1920, seguindo o exemplo anterior de suas contrapartes do Norte, a maioria

---
5. Ibid., 119–38.
6. Ibid., 95.

dos Batistas do Sul simplesmente retirou alguém do rol de membros quando eles se juntaram a outra denominação, ao invés de excomungá-los.[7]

Hoje, é mais fácil morrer do que tirar seu nome do rol de membros de uma Igreja Batista do Sul. Entre outras coisas, isso quer dizer que as igrejas Batistas do Sul de hoje normalmente não têm um grande interesse em saber para que tipo de igreja os membros que saem estão indo, e se estão indo para alguma.

Embora a relação possa ser distante para alguns, os credobatistas americanos contemporâneos são todos, em algum sentido, descendentes de batistas anteriores, seja do Norte ou do Sul[8]. Com isso em mente, acredito que as atitudes atuais sobre a unidade da igreja e a comunhão pegam a mesma trajetória e a levam adiante. Enquanto os batistas anteriores viam os distintivos eclesiásticos como dignos de excomunhão, os credobatistas contemporâneos relutam em torná-los uma condição para a membresia. Após gerações de guerra interdenominacional, os credobatistas contemporâneos são cautelosos em erigir quaisquer limites entre as igrejas. Em suma, uma transição semelhante ocorreu com divisões denominacionais e disciplina. O fato de essas duas questões terem

---

7. Ibid., 95–96.
8. Para uma discussão detalhada sobre as relações dos Batistas britânicos com outras denominações, ver Anthony R. Cross, *Baptism and the Baptists: Theology and Practice in Twentieth-Century Britain, Studies* in Baptist History and Thought 3 (Milton Keynes: Paternoster, 2000), capítulos. 3–8.

mudado na mesma direção praticamente ao mesmo tempo deve ao menos nos fazer parar e pensar.

Tanto a antiga exclusividade quanto a nova inclusão tem seus problemas. A posição anterior dos Batistas fracassa, por desconsiderar um irmão genuíno, ainda que errante. Excomungar alguém em questões de batismo e governo é implicar que as visões Presbiteriana ou Metodista sobre esses assuntos são equivalentes à heresia, que são incompatíveis com uma profissão cristã[9]. E os batistas do século XIX alegaram que, por causa de sua doutrina falsa do batismo, as "igrejas" presbiterianas e metodistas não eram verdadeiras igrejas.[10] Os batistas contemporâneos estão certos em rejeitar o raciocínio que implica que presbiterianos não são cristãos e suas congregações não são igreja.

Todavia, acredito que o pêndulo se moveu para longe demais. Se os batistas anteriores se recusaram a reconhecer um corpo presbiteriano como uma igreja verdadeira, alguns batistas contemporâneos parecem sentir que é errado termos igrejas separadas. Se os batistas mais antigos eram rápidos demais para chamar os Presbiterianos de anátemas, alguns batistas de hoje são rápidos demais para jogar nossos distintivos ao mar.

---

9. Como isso difere de recusar pessoas não batizadas na membresia da igreja será tratado no decorrer deste livro, em particular no capítulo 9.

10. Uma prova disto é a prática comum mais antiga de se referir às congregações Presbiteriana e Metodista como "sociedades eclesiásticas" ou alguma outra circunlocução para evitar chamá-las de igrejas.

Considere uma reação comum à Conferência bienal "Together for the Gospel", cujos líderes incluem ministros batistas, presbiterianos e não-denominacionais. Um dos objetivos da conferência é mostrar a unidade que esses irmãos podem desfrutar no evangelho. No entanto, muitos consideram tal unidade uma farsa, uma vez que esses homens não podem se sentar juntos à mesa do Senhor. Em outras palavras, a unidade parcial não é unidade. No entanto, Ligon Duncan, o presbiteriano do grupo, está feliz por ter comunhão com os batistas que não o admitem na Ceia do Senhor:

> Eu valorizo a convicção de um batista que (...) argumenta vigorosamente que as pessoas que não foram batizadas como adultos crentes não são realmente batizadas e, portanto, não devem ser recebidas na membresia e na Ceia da igreja porque, nos dias de hoje, isso não soa bem para muitas pessoas. Somos inclusivos. Esse Batista que não me deixa ser membro de sua igreja é o Batista com quem eu quero ter comunhão.[11]

Em resposta a este exemplo específico, bem como ao contexto histórico mais amplo, considero que a unidade deve ser fundamentada na verdade. A unidade entre os cristãos é um bem e um dever, mas esse dever vem com condições.

---

11. "The Priority of Distinctives, the Primacy of the Gospel," *Towers: A News Service of the Southern Baptist Theological Seminary* (April 2012) 15. Disponível em http://issuu.com/sbts/docs/ towers_2012_april/15

Não devemos nos unir com os falsos irmãos (1Co 5.11). Não devemos ter nada a ver com aqueles que pregam um evangelho diferente (Rm 16.17; 2Jo 10-11). Portanto, a união não é um comando geral, um imperativo categórico. Para isso há uma condição, que é a verdade.

Aqueles que dizem que o tipo de união do "Together for the Gospel" é uma farsa, estão simplesmente levantando a questão. Em vez disso, primeiro precisamos perguntar: dado um desacordo convicto sobre as questões que afetam a constituição de uma igreja, até que ponto a unidade é possível? Se a unidade não é fundamentada na verdade, ela ocorre às custas da verdade. E a unidade que sacrifica a verdade não é uma unidade cristã.

Os Batistas do Sul não são os únicos que passaram de extremamente rigorosos a extremamente negligentes, de exclusivos demais para indiscutivelmente inclusivos demais. Se perdemos o hábito de excluir os pecadores não arrependidos da membresia, tornar o batismo uma condição para ela parecerá triplamente estranho. E se os nossos antepassados batistas talvez tenham construído as paredes denominacionais muito altas, estamos relutantes até mesmo em construí-las, mesmo quando os blocos de construção são convicções bíblicas sobre assuntos de importância inescapável para as igrejas locais.

Para muitos, uma certa postura prática sobre a unidade da igreja é simplesmente aceita como determinação, não necessitando de justificação. No entanto, assim como muitas igrejas estão recuperando corretamente a prática da disciplina na igreja, também devemos dar nova atenção aos distintivos da igreja que podemos ter lançado com muita rapidez ao mar.

3. DNA cooperativo dos evangélicos

A terceira razão para que a membresia aberta pareça intuitivamente correta é que a cooperação interdenominacional está ligada ao DNA dos evangélicos. Na medida em que se pode falar do evangelicalismo como um movimento, a expressão mais recente desse movimento foi decisivamente moldada pelo surgimento do que foi então chamado de "novo evangelicalismo" no pós-Segunda Guerra.[12] Esses "novos evangélicos" construíram um *ethos* cooperativo como base de seu movimento em reação ao hiperseparatismo do fundamentalismo do qual emergiram. Como

---

12. Se o último ponto foi focado nos Batistas do Sul, com referência secundária ao evangelicalismo mais amplo, este ponto inverte a ordem. Olhando para apenas um contexto não americano, a forma como estas questões se desenvolveram no Reino Unido é, obviamente, muito diferente. Mas, como observador amador, parece-me que um *ethos* um tanto semelhante se desenvolveu, embora por diferentes razões. Isto é confirmado por Stanley Fowler, que escreve que a crescente prática de associação aberta dos Batistas Britânicos ao longo do século XX "parece ter raízes mais fortes na sociologia da vida eclesiástica britânica do que na teologia do sacramentalismo Batista". Os laços historicamente estreitos dos Batistas Britânicos com os inconformistas (pedobatistas), seu status de minoria contra a igreja estabelecida, e os compromissos ecumênicos dos principais líderes da União Batista da Grã-Bretanha. Veja Stanley K. Fowler, *More than a symbol: the british baptist recovery of baptismal sacramentalism*, Studies in Baptist History and Thought 2 (Carlisle: Paternoster, 2002), 105.

tal, eles enfatizaram os fundamentos evangélicos que eles tinham em comum e não os distintivos eclesiásticos que os dividiam. Isto deu forma concreta à grande quantidade de instituições paraeclesiásticas que surgiram após a guerra e definiram a paisagem do evangelicalismo por décadas: Fuller Seminary, NAE, Youth for Christ, Campus Crusade for Christ, InterVarsity Christian Fellowship, entre outros.[13] E ainda que muito tenha mudado em setenta anos de história evangélica, a trajetória básica da cooperação, do terreno comum e do ativismo paraeclesiástico ainda permanece.

Um evangelicalismo que prioriza as "doutrinas centrais" e opera extensivamente através de organizações paraeclesiástcas tem pouca paciência para os distintivos da igreja que causam divisão. Ainda que não tenham essa intenção, os cristãos criados neste contexto podem ver quaisquer fontes de divisão como distrações contraprodutivas da missão real. Como tal, a membresia aberta se encaixa perfeitamente no *ethos* evangélico contemporâneo. De forma negativa, dividir "o que não é essencial" tornou-se um pecado fundamental para o evangelicalismo. Fechar a porta da igreja para pedobatistas que concordam conosco sobre praticamente todas as outras doutrinas? Não é esse

---

13. Para uma história envolvente do surgimento do "novo evangelicalismo" com foco em sua escola principal, veja George M. Marsden, *Reforming fundamentalism: fuller seminary and the new evangelicalism* (paperback ed.; Grand Rapids: Eerdmans, 1995).

o tipo de divisão que nos fez mudar da casa dos nossos pais fundamentalistaspara nos distanciarmos dessa atitude?

Uma armadilha desse tipo de pensamento é que ele define a identidade cristã em termos de algum "movimento" nebuloso, e não em termos de igreja local. E não há capítulo e versículo para o "evangelicalismo", mas há muitos para a igreja local. A igreja local é onde nós cumprimos o "uns aos outros" bíblico. É o primeiro lugar onde provamos nosso amor a Cristo amando seu povo (1Jo 4.19-21). É onde nos submetemos e imitamos os presbíteros piedosos (1Ts 5.12; Hb 13.7, 17). É o corpo - eu diria o único corpo - que tem autoridade para declarar ao mundo quem pertence ou não ao reino de Cristo (Mt 16: 18-19; 18: 17-20).[14] É onde celebramos as ordenanças do batismo e da Ceia do Senhor. A igreja local é a base para o discipulado cristão e a Grande Comissão. Se as prioridades bíblicas para as igrejas locais conflitarem com o que promoverá um "movimento", as igrejas devem ajustar o movimento em vez de fazer o contrário.

É claro que isso está relacionado à nossa discussão anterior sobre um pêndulo na questão das divisões denominacionais. A mudança da separação fundamentalista para a cooperação evangélica é em si mesma uma oscilação de um pêndulo que espelha a trajetória Batista do Sul nas divisões

---

14. Para mais sobre este assunto, ver capítulo 5.

denominacionais. E pouquíssimos evangélicos têm pensado seriamente sobre se esse movimento do pêndulo é de fato uma hipercorreção.[15]

4. Essencialismo Evangélico

Uma quarta estrutura de plausibilidade da membresia aberta é o essencialismo evangélico que nosso DNA cooperativo nutre naturalmente. Por essencialismo evangélico, quero dizer o impulso de reduzir nossos compromissos doutrinários ao mínimo que é "essencial para a salvação" e prestar pouca atenção em qualquer outra coisa, muito menos causar divisão por outros motivos. Às vezes, a categoria "doutrinas essenciais" abrange uma gama ligeiramente mais ampla de crenças consideradas necessárias para preservar o próprio evangelho. Em suma, a inspiração e a inerrância da Escritura, a divindade de Cristo, a Trindade, a expiação substitutiva, a justificação pela fé somente, e a exclusividade e segunda vinda de Cristo tendem a fazer o corte. Muitos de nós, porém, destinam todo o resto para uma velha e empoeirada prateleira no sótão marcada como "não essencial".

---

15. Dois trabalhos provocativos que fazem exatamente isso, com alguns diferentes pontos de vantagem, são Iain H. Murray, *Evangelicalism Divided: A Record of Crucial Change in the Years 1950 to 2000* (Edinburgh: Banner of Truth, 2000); e Roland McCune, *Promise Unfulfilled: The Failed Strategy of Modern Evangelicalism* (Greenville, SC: Ambassador International, 2004). Em relação ao último, parece que o diagnóstico é melhor que a receita do remédio.

Por que somos essencialistas? Primeiro, porque a cooperação tende a exercer pressão para minimizar as diferenças. São raras a humildade e a graça para estabelecer uma parceria próxima, ainda que com fortes discordâncias. Um teste crucial de parceria é como você lida com as diferenças, e ignorá-las não é a marca de um relacionamento próspero. Em todo caso, nosso instinto cooperativo como evangélicos pode nos levar a pensar: "Se os homens bons discordam sobre uma doutrina, quão importante ela pode ser? Certamente não é importante o suficiente para dividirem-se." Contudo, se o desacordo entre os evangélicos professos exclui a possibilidade de usar uma doutrina para qualquer uso prático, em breve ficaremos sem nenhuma doutrina que possamos efetivamente usar.

Outra razão pela qual somos essencialistas é que, em um grau ou outro, todos nós absorvemos de nossa cultura uma mentalidade profundamente pragmática. Os americanos modernos, e muitos de nossos vizinhos em todo o Ocidente pós-industrial, valorizam a eficiência. Para nós, o que importa é o que funciona. Se um compromisso doutrinário não parece ter um retorno prático imediato, descartamos isso, como se simplesmente excluíssemos um e-mail que não contenha "item de ação" aparente.

Uma razão final pela qual somos essencialistas é que reagimos de forma exagerada àqueles que ficam obcecados por questões que pouco importam. Vemos um cara com dois metros de gráficos de escatologia na parede do escritório e dizemos: "Não, obrigado. Eu só me importo com o evangelho." É claro que o equilíbrio é importante. Se você pegar gripe, não aja como se estivesse sofrendo um ataque cardíaco. No entanto, se você foi ao seu médico com sintomas de gripe, você não gostaria de ouvir: "Não me envolvo em questões secundárias. Decidi tratar apenas ataques cardíacos." Equilíbrio não significa ignorar completamente as doutrinas secundárias, mas colocá-las em seu devido lugar.

O essencialismo evangélico pressupõe a membresia aberta como certa, já que entende o batismo como um item na lista de doutrinas "não essenciais" que não devem causar divisões. Para um essencialista, exigir o batismo para ser membro de uma igreja é nada menos do que elevar o batismo acima do evangelho. Se você concorda com o evangelho, mas deixa que o batismo atrapalhe a comunhão da igreja, então, por padrão, você tem suas prioridades fora de sintonia.

O problema básico com esse tipo de essencialismo é que o evangelho não é a única coisa que Deus nos diz em sua Palavra. O evangelho é o centro das Escrituras, o objetivo, o batimento cardíaco e muito mais. No entanto, o evangelho não é tudo o que Deus tem a dizer. As chamadas "questões secundárias" importam por si mesmas porque são importantes para Deus. Portanto, buscar obedecer fielmente aos mandamentos de Deus sobre questões secundárias não representa uma ameaça inerente aos problemas primários. Não é uma ameaça à sua saúde que você não apenas coma direito e se exercite, mas também use fio dental antes de dormir.

Além disso, o batismo não está desconectado do evangelho. Em vez disso, como veremos, o batismo é uma figura do evangelho e desempenha um papel na sua confirmação para o cristão, para a igreja e para o mundo. Dizer que precisamos sacrificar o batismo em prol do evangelho é como dizer que eu preciso negligenciar meus filhos para amar minha esposa. Assim, as chamadas "questões secundárias" são frequentemente importantes não apenas por direito próprio, mas também pelo papel de apoio que desempenham na preservação e propagação do próprio evangelho.

5. O avanço do secularismo e a necessidade de união

Outra razão pela qual a membresia aberta é particularmente atraente hoje é que o secularismo continua o seu avanço militante, empurrando os cristãos evangélicos para mais longe das margens da sociedade. Numa cultura em que os cristãos são cada vez mais vistos como inimigos do bem comum, o batismo parece um peixe terrivelmente pequeno para ser frito. Não deveríamos estar procurando por alguma maneira possível de manter uma frente unificada? Não devemos valorizar trabalhar juntos mais do que brigar sobre quem está certo no batismo?

Para algumas igrejas, essa questão pode afetar sua sobrevivência. No Reino Unido, congregações pedobatistas e batistas da mesma cidade, ocasionalmente se fundiram porque, por conta própria, nenhuma delas podia pagar um pastor. Da mesma forma, se uma igreja batista pudesse apoiar apenas um ministério do evangelho em tempo integral aceitando membros pedobatistas, não serviria ao evangelho simplesmente flexionar o batismo? Isso não é um mal menor do que permitir que uma igreja fracasse por causa da insistência obstinada em princípio?

Claro, isso simplesmente suscita a reflexão no assunto. O batismo é ou não necessário para a membresia da igreja. Se não for, não devemos exigi-lo para a membresia se estamos cercados pelo secularismo ou escondidos no que resta do "Cinturão da Bíblia"[16]. E se for, então devemos confiar que Deus é capaz de construir uma igreja de acordo com o projeto que ele mesmo escreveu. "Distorcer" um princípio em prol dos resultados pressupõe que finalmente está em nosso poder fazer a igreja crescer. No entanto, se você puder simplesmente apertar um botão que resulte no crescimento da igreja, então esse "crescimento" nunca será do tipo que realmente importa. Por isso, o crescimento e a força de uma igreja dependem da bênção soberana de Deus do começo ao fim. Não devemos ter medo de obedecer a um princípio bíblico que parece limitar o tamanho de nossas igrejas. E não

---

16. N. do E.: "Cinturão da Bíblia" é uma tradução da expressão "Bible Belt", que faz referência a uma região amplamente evangélica, principalmente de igrejas Batistas do Sul, que abrange vários estados, localizada no sudeste dos Estados Unidos.

devemos pensar que descartar um princípio bíblico resultará no tipo de crescimento que Deus está procurando.

Certamente devemos nos esforçar por uma frente comum à medida que o secularismo se fecha ao nosso redor. No entanto, não devemos idolatrar a unidade. Se a unidade exige que sacrifiquemos uma convicção bíblica, é nosso conceito de unidade que precisa ser repensado, e não nossas convicções.

6. Ninguém quer ser o "excluído"

A última estrutura de plausibilidade para a membresia aberta que eu quero contestar é que ninguém gosta de ser o estranho excluído. O que quero dizer é que essa questão coloca os batistas em uma posição única e pouco invejável. Para muitos de nossos irmãos pedobatistas, nossa postura tradicional sobre essa questão parece inexplicavelmente exclusiva. Dentro da tradição protestante tradicional, somos os únicos que têm a ousadia de sair por aí excluindo todos os outros das nossas igrejas só porque achamos que eles não estão batizados. Os batistas traçam uma linha mais estreita em torno da comunhão da igreja do que qualquer outra denominação. E o que nos dá o direito de fazer isso?

Então nós, batistas, somos *o homem estranho*, e ninguém gosta de ser esse cara. Uma coisa é ser intolerante por ser cristão, e esse é um fardo que todos podemos suportar juntos.

Mas ser chamado de intolerante com o batismo começa a fazer com que a membresia aberta pareça bastante atraente.

Lidarei com essa questão mais detalhadamente no capítulo 9, quando responder a argumentos contra a exigência do batismo para a membresia. Por enquanto, farei apenas duas observações. A primeira é que, se o credobatismo é verdadeiro, os que são "batizados" como bebês não foram batizados. O batismo infantil, portanto, não é algum tipo de versão defeituosa do batismo, como um braço quebrado ainda é um braço. Em vez disso, o batismo infantil simplesmente não é batismo. Novamente, isso significa que nós, batistas, achamos que uma grande porção do mundo cristão não é batizada, ao passo que ninguém contesta que somos batizados. A assimetria aqui é apenas uma consequência necessária de nossas visões diferentes sobre o batismo. Para ser franco, isso não deveria nos surpreender.

Segundo, os pedobatistas que nivelam essa acusação são culpados precisamente do mesmo exclusivismo que condenam. Praticamente todas as igrejas pedobatistas exigem o batismo antes de receber os novos membros, contudo eles entendem que o "batismo" infantil é o batismo legítimo. Então poderíamos virar a mesa. Leitores pedobatistas, se mesmo depois de ter sugerido que esta não é exatamente uma leitura direcionada a você, você tenha resolvido ficar e continuar lendo (para o que é bem vindo), considere a situação de um membro do Éxercito da Salvação que queira se juntar à sua igreja. . Ele acredita no mesmo evangelho que você. Ele vive uma vida piedosa. Você está convencido de que ele é um crente genuíno. Ele entende que foi batizado pelo Espírito, na conversão tornando desnecessário um ato de batismo nas águas. O que poderia justificar mantê-lo fora da sua igreja? Por que você bateria a porta na cara dele em razão de um desacordo de segunda ordem? Ele não está deliberadamente desconsiderando o mandamento do Senhor — longe disso. Com base em sua interpretação das Escrituras, ele está absolutamente convencido de que foi fiel ao ensinamento de Jesus. Então, por que você insiste em fazer do batismo uma condição para a membresia da igreja quando claramente não é essencial para a salvação?[17]

Eu entendo que nós, batistas que defendemos a membresia restrita, não estamos fazendo nada diferente do que alguém de igreja pedobatista faz com alguém que acredita ser batizado, mas que a igreja está convencida que de fato não é. Os resultados parecem diferentes, mas o princípio é o mesmo. Então, a acusação de divisão pode doer, mas não se sustenta.

HORA DE COMEÇAR A CONSTRUIR

Dediquei um bom espaço deste livro preparando o terreno porque esse debate tende a gerar calor emocional em excesso. Os ânimos normalmente não se exaltam quando se

---

17. Inúmeros Batistas argumentaram sobre isso. Para um representante com boas referências, ver Abraham Booth, *An Apology for the Baptists* (London, 1778), in *A Defense of the Baptists* (Paris, AR: The Baptist Standard Bearer, 2006), 10–11, 15.

trata da autoria de Hebreus, mas quando exigimos batismo para a membresia da igreja a história é diferente. Portanto, neste capítulo, tentei desconectar algumas das fontes desse calor, além de abrir o caminho para meus argumentos, chamando a atenção para o apelo instintivo da membresia aberta. Este capítulo não substitui a dedicação aos argumentos da membresia aberta, todo o capítulo 9 é dedicado a essa tarefa. Em vez disso, procurei abordar reflexos intuitivos mais do que argumentos fundamentados. Se uma posição parecer errada, é fácil ignorar os argumentos a seu favor. Então, antes de expor o que eu acho que são argumentos convincentes em favor de exigir o batismo para a membresia na igreja, eu tentei garantir que não o rejeitássemos pelos motivos errados. Agora que o terreno está limpo, é hora de começar a construir. Primeiro, lançamos a fundação: *uma teologia do batismo* (uma boa parte dela).

PARTE DOIS

≈≈≈

CONSTRUINDO UM ARGUMENTO

CAPÍTULO 3

QUANDO A FÉ SE TORNA PÚBLICA:
UMA TEOLOGIA DO BATISMO (UMA BOA PARTE DELA)

Tornar-se um cristão não é um ato privado. É pessoal, mas nunca privado.

É evidente que alguns dos nossos métodos evangelísticos mais conhecidos contrariam essa afirmação. — "Apenas curve a cabeça", diz o pregador. — "Feche seus olhos. Afaste tudo e todos ao seu redor. Este momento é somente entre você e Deus. Se você está pronto para aceitar a Jesus como seu salvador, então, no silêncio do seu coração, ore estas palavras comigo." E assim você faz. — "Se você orou neste momento para aceitar a Jesus como seu Salvador, você é um cristão agora. Você passará a eternidade com Jesus no céu." E o que acontece a seguir? Talvez você seja encorajado a falar com alguém logo após a reunião. Talvez você seja convidado para a igreja no domingo. Talvez você simplesmente desapareça.

Se isso te soa familiar, você tem motivos para pensar que tornar-se um cristão é meramente uma transação invisível entre sua alma invisível e um Deus invisível. Mas o que Jesus diz? "Portanto, todo aquele que me confessar diante dos homens, também eu o confessarei diante de meu Pai, que está nos céus; mas aquele que me negar diante dos homens, também eu o negarei diante de meu Pai, que está nos céus." (Mt 10.32-33). Isso não parece muito privado.

Jesus está dizendo que não há cristãos secretos. Ser cristão é ser uma testemunha pública de Cristo. Naturalmente, nosso testemunho de Cristo é, em última análise, uma questão de fidelidade vitalícia à sua palavra: "se perseveramos, também com ele reinaremos; se o negamos, ele, por sua vez, nos negará" (2Tm 2.12). E alguns cristãos testemunharão em situações de alto risco: "Por minha causa sereis levados à presença de governadores e de reis, para lhes servir de testemunho, a eles e aos gentios" (Mt 10.18). Mas se todos os cristãos são testemunhas públicas de Cristo, quando essa vida de testemunho começa? É quando começamos a evangelizar nossos amigos e familiares? Quando caminhamos pelo corredor até a frente da igreja? De acordo com o Novo

Testamento, a resposta é não. No Novo Testamento, é pelo batismo que a fé se torna pública.

BATISMO: ONDE A FÉ SE TORNA PÚBLICA

Este capítulo esboçará a maior parte de uma teologia do batismo, como uma fundação sobre a qual estabeleceremos a relação do batismo com a membresia da igreja, deixando a forma eclesial do batismo para os próximos dois capítulos. Não podemos avaliar se o batismo é necessário para a membresia da igreja até sabermos o que é o batismo.

Primeiro, veremos que, de acordo com o Novo Testamento, o batismo é onde a fé se torna pública. Em segundo lugar, vamos considerar o que isso quer dizer sobre a forma que falamos sobre o batismo e como nos tornamos cristãos. Terceiro, veremos como o batismo representa todo o processo de conversão em várias passagens importantes do Novo Testamento, pois é onde a fé se torna visível. Quarto, examinaremos brevemente várias das facetas mais proeminentes do significado teológico do batismo. Quinto e último, veremos duas implicações práticas desse esboço teológico: a obrigação do batismo e o status teológico do batismo infantil.

A FÉ TORNANDO-SE PÚBLICA NO PENTECOSTES

E se, ao invés de ouvir o evangelho em uma conferência evangelística moderna, você o ouvisse do apóstolo Pedro no Pentecostes?

Apenas algumas semanas antes, o enigmático profeta Jesus foi executado pelo governo romano. Parece que ele escolheu a época errada do ano para provocar os líderes judeus, que recorriam aos romanos para fazer o seu trabalho sujo. Mas, três dias depois, esse Jesus ressuscitou da sepultura e apareceu a seus seguidores – assim eles dizem. Agora, apenas algumas semanas depois, seus seguidores estão juntos na festa de Pentecostes, e a coisa mais estranha acontece: fogo do céu cai sobre cada um deles, e eles começam a pregar sobre Jesus em línguas que não poderiam ter aprendido da maneira convencional.

"Parece que eles estão abrindo os odres velhos um pouco antes da hora", seu amigo Tiago murmura. Então Pedro, seu líder, se levanta e começa a falar em alta voz para todos. Ele diz que essas pessoas não estão bêbadas, mas estão cheias do Espírito Santo, assim como o profeta Joel disse que aconteceria (At 2.14-21). Pedro diz que tudo isso tem a ver com Jesus: Sendo este entregue pelo determinado desígnio e presciência de Deus, vós o matastes, crucificando-o por mãos de iníquos; ao qual, porém, Deus ressuscitou, rompendo os grilhões da morte; porquanto não era possível fosse ele retido por ela" (vv. 23-24). Pedro explica que o próprio rei Davi previu que Jesus seria ressuscitado dentre os mortos (vs. 25-31). E ele alega que essa profecia e o espetáculo do fogo e das línguas são a prova de que Jesus é o tão esperado Messias (vv. 32-35), indicando o seguinte:

"Esteja absolutamente certa, pois, toda a casa de Israel de que a este Jesus, que vós crucificastes, Deus o fez Senhor e Cristo" (v. 36).

A princípio você se sente tão cético quanto seu amigo Tiago. Mas, enquanto Pedro explica as Escrituras, as palavras começam a se enraizar. Você pensa em quando Jesus estava sendo julgado, e você gritou para ele ser crucificado como todo mundo fez, só para acabar com o problema. A convicção do seu pecado começa como uma gota e se transforma em uma inundação. No momento em que Pedro termina seu sermão improvisado, você grita para ele e seus amigos: "Irmãos, o que devo fazer?"

Pedro responde: "Respondeu-lhes Pedro: Arrependei-vos, e cada um de vós seja batizado em nome de Jesus Cristo para remissão dos vossos pecados, e recebereis o dom do Espírito Santo. Pois para vós outros é a promessa, para vossos filhos e para todos os que ainda estão longe, isto é, para quantos o Senhor, nosso Deus, chamar." (vv. 38-39). Pedro está pedindo para você crer em Jesus e ser batizado agora. Ele está pedindo para você sair da multidão, deixar seu amigo Tiago para trás e se alinhar publicamente com Jesus e seus seguidores. Pedro continua exortando a multidão: "Salvai-vos desta geração perversa" (v. 40). Assim como ele, você acredita no que ele está dizendo, vira as costas à sua vida anterior e é batizado por um dos discípulos, junto com outras 3.000 pessoas (v. 41).

Pense no que o batismo significa nesse cenário. Você está em uma multidão de judeus, alguns dos quais pediram a execução de Jesus apenas algumas semanas atrás. Os discípulos de Jesus estão causando um espetáculo público. E eles estão chamando outras pessoas para se juntarem a eles, crendo em Jesus descendo às águas bem na frente de todos. Voltar-se para Jesus com fé e batismo é identificar-se com ele e seus seguidores e distanciar-se daqueles que o rejeitam. [1] Você está sendo chamado a tomar uma decisão pública de seguir a Cristo, e essa decisão é selada publicamente através do batismo. O batismo é a maneira pela qual você vai a público com a sua fé recém-descoberta em Cristo.[2]

BATISMO E O TORNAR-SE CRISTÃO

Este padrão estabelecido pelo Pentecostes é confirmado de forma explícita e implícita em todo o Novo Testamento. De forma explícita, no restante do livro de Atos, onde lemos repetidas vezes pessoas aceitando o evangelho e sendo

---

1. G. R. Beasley-Murray, Baptism in the New Testament (repr.; Grand Rapids: Eerdmans, 1973), 98.
2. O contexto de Atos 2.38, que nos dá o primeiro exemplo de batismo de um cristão verdadeiro, parece implicar que o testemunho público é um componente intrínseco do batismo. Dito isso, crentes em contextos mais hostis normalmente experimentam isso de maneira mais intensa do que nós, no Ocidente mais cristianizado. Will Willimon conta a história de um amigo que visitou a Geórgia Soviética: "Um batista georgiano estava mostrando a ele sua igreja. "Ser cristão aqui, ser batizado, significa tornar-se órfão", disse o homem. "Quando essa pessoa sai da água, perdeu a pátria, os pais, perdeu tudo." William H. Willimon, *Peculiar speech: preaching to the baptized* (Grand Rapids: Eerdmans, 1992), 114; citado em Anthony R. Cross, *Recovering the evangelical sacrament: baptisma semper reformandum* (Eugene, OR: Pickwick, 2013), 39 n. 163.

imediatamente batizadas, como o fez o eunuco etíope, ao ouvir o evangelho de Filipe: "Eis aqui água; que impede que seja eu batizado?" (At 8.36; cf. 10.48; 16.15, 33; 19.5). De forma implícita, ao longo das epístolas de Paulo, que presume que todos os cristãos para os quais ele escreve foram batizados: "Ou, porventura, ignorais que todos nós que fomos batizados em Cristo Jesus fomos batizados na sua morte?" (Rm 6.3; cf. 1Co 12.12-13; Gl 3.26-27; Cl 2.11-12).

No Novo Testamento, todos os cristãos foram batizados e todas as evidências que temos nos mostram que as pessoas foram batizadas assim que abraçaram o evangelho. O batismo é a primeira coisa que a fé faz. É como a fé se mostra diante de Deus, da igreja e do mundo. O batismo é onde a fé se torna pública. Como Robert Stein argumenta: "No Novo Testamento, a conversão envolve cinco componentes ou aspectos integralmente relacionados, os quais ocorreram ao mesmo tempo, geralmente no mesmo dia. Esses cinco componentes são: arrependimento, fé e confissão do indivíduo, regeneração ou doação do Espírito Santo por Deus e batismo por representantes da comunidade cristã".[3]

Dada a forma como esses componentes da conversão estavam invariavelmente ligados, Stein sugere que um

---

3. Para uma abordagem clara desta ideia baseada em Atos, ver Robert H. Stein, *"Baptism and becoming a christian in the new testament,"* in Southern Baptist Journal of Theology 2, no. 1 (1998): 6.

cristão do primeiro século poderia se referir à sua conversão mencionando qualquer um deles. A menção de um deles implica os demais.⁴

Portanto, de acordo com o Novo Testamento, o batismo é parte do processo de tornar-se cristão. Nós, batistas, por sua vez, estamos acostumados a falar sobre o batismo como algo que você faz depois de se tornar um cristão. Nós não batizamos bebês. Batizamos somente as pessoas que já professam sua fé. E há um motivo para que isso seja correto: somente aqueles que professam fé em Jesus Cristo devem ser batizados. E, em um nível teológico mais preciso, com certeza é correto ver a regeneração - o ato do espírito Santo de Deus, através do qual um pecador recebe uma nova natureza e passa a acreditar em Cristo – tomando forma em um momento específico no tempo.⁵ A regeneração permanece um ato preciso, por mais tempo que leve uma pessoa para chegar à fé e quão incerta ela possa estar quanto ao exato momento em que ela começou a crer.

Além disso, é crucial afirmar que, em circunstâncias excepcionais, uma pessoa pode chegar à fé em Cristo, não ser batizada e ser eternamente salva. Considere o ladrão

---

4. Ibid., 12-13.
5. Ver John Murray, *Redemption accomplished and applied* (Grand Rapids: Eerdmans, 1955), 100–106. Murray escreve que a regeneração "se registra imediatamente no ato consciente de uma pessoa envolvida no exercício da fé, do arrependimento e da obediência" (ibid., 105).

na cruz, a quem Jesus disse: "Em verdade te digo que hoje estarás comigo no paraíso" (Lc 23.39–43). [6] O batismo por si só não salva ninguém, já que o ladrão na cruz foi para o céu sem ele e Simão, o mago, foi para o inferno com ele (cf. At 8.14-24).

E ainda, o apóstolo Pedro pode vir e dizer algo que a maioria dos evangélicos contemporâneos jamais sonhariam em dizer: "A qual, figurando o batismo, agora também vos salva, não sendo a remoção da imundícia da carne, mas a indagação de uma boa consciência para com Deus, por meio da ressurreição de Jesus Cristo" (1Pe 3.21). Para ter certeza, Pedro qualifica a afirmação de que o batismo salva de duas maneiras cruciais. Primeira, não é a lavagem externa, mas a súplica interior a Deus, que possibilita a salvação. Segunda, o poder que salva no batismo é a ressurreição de Jesus. Dessa forma, de acordo com essas duas qualificações, Pedro ainda pode usar o "batismo" como o sujeito do verbo "salvar". A conclusão? Seja o que for que ele esteja fazendo, nesta passagem, Pedro fala do batismo como parte de se tornar um cristão. E ele não é o único que faz isso. Considere as seguintes passagens de Paulo:

---

6. Após comentar sobre o ladrão na cruz ao longo dessas linhas, Stein acrescentou: "Se o carcereiro filipense tivesse morrido de um ataque cardíaco antes de chegar às águas do batismo naquela noite memorável, ele teria sido um segundo exemplo. Se alguém tem fé, mas não tem acesso ao batismo, a pessoa tem a Cristo! Por outro lado, se alguém tem batismo, mas não tem fé, não tem nada (1Co 10.1-5)!" ("Baptism and Becoming a Christian," 14–15).

Ou, porventura, ignorais que todos nós que fomos batizados em Cristo Jesus fomos batizados na sua morte? Fomos, pois, sepultados com ele na morte pelo batismo; para que, como Cristo foi ressuscitado dentre os mortos pela glória do Pai, assim também andemos nós em novidade de vida (Rm 6.3-4).

Mas, tendo vindo a fé, já não permanecemos subordinados ao aio. Pois todos vós sois filhos de Deus mediante a fé em Cristo Jesus; porque todos quantos fostes batizados em Cristo de Cristo vos revestistes (Gl 3.25-27).

Nele, também fostes circuncidados, não por intermédio de mãos, mas no despojamento do corpo da carne, que é a circuncisão de Cristo, tendo sido sepultados, juntamente com ele, no batismo, no qual igualmente fostes ressuscitados mediante a fé no poder de Deus que o ressuscitou dentre os mortos (Cl 2.11-12).

Paulo diz que fomos batizados na morte de Cristo, enterrados com ele no batismo. Batizados em Cristo, nos revestimos de Cristo no batismo e fomos ressuscitados com Cristo no batismo. Em face disso, todas essas declarações sobre o batismo não se referem a algo que aconteceu depois que nos tornamos cristãos, mas falam precisamente do que aconteceu conosco no momento em que nos tornamos cristãos.

Como eu disse, quando buscamos fazer uma descrição completa dos ensinamentos das Escrituras, certamente precisamos levar em conta os casos excepcionais em que alguém pode ter sido salvo sem nunca ter sido batizado. E, como uma questão de descrição sistemática-teológica, é apropriado identificar a regeneração como um momento distinto, que deve preceder o batismo. Quando consideramos nesses termos, podemos falar de "tornar-se um cristão" antes de sermos batizados. No entanto, para todos esses refinamentos necessários, precisamos ter certeza de que ainda podemos falar como a Bíblia fala. E o Novo Testamento tende a não aproximar tanto o foco. Como resultado, pode considerar a conversão como compreendendo um conjunto que inclui o batismo.

De acordo com o Novo Testamento, o batismo é onde a fé se torna pública, o que significa que é parte integrante de se tornar um cristão. Para alinhar nosso vocabulário com o Novo Testamento, não devemos pensar em nos tornar cristãos apenas como uma transação privada invisível que é atestada após o fato pelo ato visível do batismo. Em vez disso, tornar-se cristão em um sentido bíblico abrangente, envolve o ato público do batismo.[7]

---

7. O teólogo reformado Michael Allen escreve, "O batismo cristão inicia a vida cristã de forma pública... no batismo, não nos identificamos mais com Adão, o pecado, a morte e o mal, mas com o novo Adão e o povo de Deus... o batismo marca a nova identidade pública" (R. Michael Allen, *Justification and the gospel: understanding the contexts and controversies* [Grand Rapids: Baker, 2013], 67).

FÉ, BATISMO E UMA PALAVRA QUE NÃO VALE NADA

Uma das razões pela qual os autores do Novo Testamento podem falar do batismo como parte do processo de tornar-se cristão é que quando o fazem, eles sempre assumem a presença da fé.[8] Se o batismo é onde a fé se torna pública, então o batismo é onde você pode ver a fé: "Veja, aquela pessoa crê em Jesus, ela acabou hastear a sua bandeira no batismo". O batismo torna a fé visível. Dá ao crente, à igreja e ao mundo algo para olhar.[9] Quando você confia em Cristo, essa decisão se faz visível no batismo. Isso ajuda a explicar por que os autores do Novo Testamento falam frequentemente sobre o batismo de uma forma que indica que as bênçãos da salvação vêm através do próprio batismo. Quando queriam se referir à conversão como um conjunto de fatores, os autores do Novo Testamento frequentemente empregavam o batismo como um resumo para isso. Lars Hartman escreve: "Nós deveríamos(...) ter cautela com o isolamento dos diferentes elementos de iniciação [isto é, conversão] um do outro. Eles formam uma unidade, e o batismo é o sinal visível e efetivo ao redor do qual os

---

8. Ver, por exemplo, Beasley-Murray, que escreveu, "In the new testament it is everywhere assumed that faith proceeds to baptism and that baptism is for faith" (Baptism in the New Testament, 272).

9. Michael Green observa o "elo universal e bastante inconsciente na igreja primitiva entre o encontro invisível da fé do homem com a graça de Deus e sua expressão exterior no batismo" (Michael Green, *Evangelism in the early church* [repr.; London: Highland Books, 1984], 183; citado em *Cross, recovering the evangelical sacrament*, 47).

outros podem ser agrupados." [10] O batismo é o lugar onde a conversão vem à tona. O batismo é onde você pode ver a salvação efetivada.

Portanto, se você está procurando algo palpável para falar sobre conversão, o batismo é a escolha natural. E isso parece ser exatamente o que está acontecendo em passagens como Romanos 6.1–4; Gálatas 3.26–27; Colossenses 2.11–12; e 1 Pedro 3.21. [11] Como Anthony Cross e outros argumentaram, deveríamos entender essas passagens como exemplos de sinédoque.[12] A sinédoque é uma figura de linguagem na qual uma parte representa o todo ou vice-versa. Na frase "Todas as mãos no convés!" a

---

10. Lars Hartman, *"Into the name of the lord jesus": baptism in the early church*, studies of the New Testament and its world (Edinburgh: T&T Clark, 1997), 145.

11. Ver, por exemplo, Douglas J. Moo, *The epistle to the romans*, New international commentary on the new testament (Grand Rapids: Eerdmans, 1996), 366: "In vv. 3–4, então, podemos supor que o batismo representa toda a experiência de conversão-iniciação, pressupondo a fé e o dom do Espírito." Veja também os comentários de Tom Schreiner sobre Romanos 6.1-4 e Colossenses 2.11-12: "Paulo se refere ao batismo em Romanos 6 e Colossenses 2 porque o batismo lembra a conversão dos leitores da velha vida para a nova. A graça de Deus garantiu sua liberdade do poder do pecado na conversão, e a maneira mais simples e fácil de lembrar a conversão dos leitores é falar de seu batismo" (Thomas R. Schreiner, "Baptism in the epistles," in *Believer's baptism: sign of the new covenant in christ*, ed. Thomas R. Schreiner and Shawn D. Wright [Nashville: B&H, 2007], 75).

12. Cross, *Recovering the evangelical sacrament*, 72–83. Cross vê Mt 28.19; 1Co 12.13; Gl 3.27; Ef 4.5; Co 2.12; e 1Pe 3.21 como exemplos de sinédoque. Veja também a explicação de Robert Stein sobre Lucas e Atos, "'arrependimento' é um exemplo de sinédoque em que 'arrependimento' se refere a 'arrependimento-fé-batismo'. Similarmente, 'fé' refere-se à 'fé arrependimento-batismo' e 'batismo' refere-se à 'batismo-arrependimento-fé', isto é, um batismo precedido de arrependimento e fé" (Robert H. Stein, "Baptism in Luke-Acts," in *Believer's Baptism: Sign of the New Covenant in Christ*, ed. Thomas R. Schreiner and Shawn D. Wright [Nashville: B&H, 2007], 51–52). E o comentário de Daniel A. Tappeinert sobre o batismo como uma "metonímia espiritual", uma maneira um pouco mais solta de referir-se ao mesmo fenômeno ("Hermeneutics, the Analogy of Faith and New Testament Sacramental Realism," in *Evangelical Quarterly* 49 [1977]: 50.

palavra "mãos" representa os marinheiros sem cujas mãos o navio pode afundar. Ou, se você acabou de comprar um carro, pode dizer: "Veja minhas novas rodas", sem esperar que alguém desça e inspecione os pneus e as rodas. Assim, quando os autores do Novo Testamento falam do batismo nos salvando, unindo-nos a Cristo, nos enterrando com Cristo, e assim por diante, devemos entender essas referências ao batismo como uma sinédoque para toda a experiência de conversão.

Considere novamente Gálatas 3.26–27. No versículo 26, Paulo diz aos gálatas: "Pois todos vós sois filhos de Deus mediante a fé". A adoção descrita aqui é a bênção de nossa salvação (Gl 4.4-7), e nós a recebemos pela fé. O ponto central de Paulo em Gálatas é que somos salvos somente pela fé, não por obras da lei (Gl 2.15-16; 3: 1-14), então isso se encaixa perfeitamente em seu argumento mais amplo. No versículo seguinte, Paulo escreve: "Porque todos quantos fostes batizados em Cristo de Cristo vos revestistes..." (Gl 3.27). Paulo está dizendo que somos feitos filhos de Deus por meio da fé, mas estamos unidos a Cristo somente no batismo? Ele está dividindo os componentes da nossa salvação e designando alguns para a fé e outros para o batismo? Claro que não. Isso contradiz todo o seu argumento. Em vez disso, ele está usando "batismo" e "fé" de forma intercambiável, mas não como se você pudesse escolher ser salvo por meio da fé ou do batismo. A maneira mais clara de entender as referências intercambiáveis de Paulo ao batismo e à fé é que o batismo é uma sinédoque. Ele representa todo o evento em que uma pessoa chegou à fé e a professou publicamente.[13]

Qual é o sentido de lançar uma "palavra que não vale nada" como sinédoque na mistura? Primeiro, entender o uso do batismo no Novo Testamento como sinédoque nos dá ao menos uma resposta parcial à pergunta mais crucial feita em 1 Pedro 3.21: como pode o texto dizer que o batismo nos salva? Se o batismo é onde a fé vai a público e é usado como um resumo para todo o processo de conversão, então a tensão é substancialmente resolvida.

Segundo, entender o batismo como sinédoque reforça quão firmemente o Novo Testamento une o batismo à conversão. Como eu disse, isso pode parecer estranho para nós, batistas, porque nossa velocidade normal é pensar no batismo vindo depois da conversão, em vez de ser um aspecto da conversão. Por uma variedade de razões, as pessoas às vezes são batizadas meses ou mesmo anos depois de se tornarem cristãs. Mas é importante notar que essa experiência comum difere do que vemos no Novo Testamento.

---

13. F. F. Bruce identifica Gl 3.26-27 como uma sinédoque, ainda que não utilize este termo, quando escreve: "Se lembrarmos que o arrependimento e a fé, com o batismo na água e a recepção do Espírito, seguida pela primeira comunhão, constituíram uma experiência complexa de iniciação cristã, então o que é verdadeiro da experiência como um todo pode na prática, ser predicado de qualquer elemento dele " (F. F. Bruce, *The Epistle of Paul to the Galatians: A Commentary on the Greek Text*, New International Greek Testament Commentary [Grand Rapids: Eerdmans, 1982], 186).

Quando o Novo Testamento fala sobre o batismo, está falando sobre conversão.

Devo salientar que mesmo entre os batistas que reconhecem que o batismo pode ser um resumo da conversão no Novo Testamento, o significado teológico e espiritual preciso do batismo é contestado. As linhas geralmente estão entre aqueles que descrevem o batismo como tendo algum tipo de significado "sacramental" e aqueles que o veem como puramente "simbólico". [14] Este é um debate que não vou discursar de frente, já que não acho que seja decisivo para meu argumento que o batismo é requerido para a membresia da igreja. [15] Em vez disso, na seção seguinte eu irei

---

14. Para uma visão geral da história dos entendimentos batistas "sacramentais" e "simbólicos" do batismo, ver Stanley K. Fowler, *More than a symbol: the british baptist recovery of baptismal sacramentalism*, studies in baptist history and thought 2 (Carlisle: Paternoster, 2002). Embora o debate seja frequentemente apresentado como uma oposição entre entendimentos sacramentais e simbólicos, existe de fato um espectro de visões. Para uma avaliação de várias propostas sacramentais, ver Brandon C. Jones, *Waters of Promise: Finding Meaning in Believer Baptism* (Eugene, OR: Pickwick, 2012). Além disso, há muito terreno comum exegético entre os proponentes de uma visão sacramental (como Beasely-Murray, Cross e Fowler) e os proponentes de uma visão simbólica (como Stein e Schreiner), incluindo a questão crucial da sinédoque. Isso sugere que o limite entre as duas posições é um pouco mais poroso do que a terminologia binária indicaria.

15. Fowler sugere: "Se a conversão é conscientemente concluída, exceto o batismo, e o batismo é reduzido à pura obediência e puro simbolismo, então a prática restrita Batista é realmente mistificadora, especialmente em sua forma de comunhão próxima". (More than a Symbol, 57.) Em resposta, eu certamente concordo que o significado teológico do batismo é crítico para entender sua relação com a membresia da igreja, daí este capítulo e os dois seguintes. No entanto, não tenho certeza se a lente binária de sacramental versus simbólico é o ângulo mais esclarecedor sobre a questão. Além disso, como espero demonstrar nos capítulos seguintes, penso que a questão da relação do batismo com a membresia da igreja é melhor respondida pelo discernimento da forma eclesial do batismo através das lentes da aliança e do reino.

examinar alguns dos principais contornos do significado do batismo de uma maneira que as pessoas de ambos os lados daquela cerca podem concordar.

EXAMINANDO O DIAMANTE DO BATISMO

Nossa próxima tarefa é colocar o diamante do batismo na luz e examiná-lo, a fim de vislumbrar algumas de suas facetas teológicas mais proeminentes. Estou deixando a forma eclesial do batismo para os próximos dois capítulos - daí o subtítulo deste capítulo. Mas a ampla teologia do batismo deste capítulo, incluindo as seis facetas que estamos prestes a examinar, formam a base do significado eclesial do batismo. Sem mais delongas, consideraremos o batismo como (1) uma profissão pública de fé e arrependimento; e um sinal de (2) perdão e purificação; (3) a união do crente com Cristo em sua morte, sepultamento e ressurreição; (4) a nova vida do crente em Cristo; (5) o dom do Espírito Santo; e (6) a nova criação que amanheceu em Cristo.

1. Uma profissão pública de fé e arrependimento

Nós já estabelecemos que o batismo é onde a fé se torna pública, mas é um ponto que vale a pena ser mais explorado. Como vemos no Pentecostes, o evangelho vem com imperativos para crer e ser batizado. A fim de responder ao evangelho, somos ordenados a nos voltarmos para Jesus tanto interiormente como externamente, e o exterior declara o interior. Como G. R. Beasley-Murray escreve: "O batismo é um ato público que expressa decisão e intenção internas; uma vez que é realizada a céu aberto e não em segredo, torna-se por natureza uma confissão de fé e fidelidade abraçada."[16]

Recordemos as palavras de Pedro no Pentecostes: "Arrependei-vos, e cada um de vós seja batizado em nome de Jesus Cristo para remissão dos vossos pecados, e recebereis o dom do Espírito Santo." (At 2.38). Pedro diz à multidão para se arrepender, ou seja, para reconhecer sua culpa, abandonar seu pecado e se lançar na misericórdia de Deus. O arrependimento impele a pessoa ao batismo. Portanto, o batismo é uma profissão pública de arrependimento, tanto quanto uma profissão pública de fé.

Vemos na pregação dos apóstolos, ao longo do Novo Testamento, que fé e arrependimento são dois lados da mesma moeda: o arrependimento está se desviando do pecado, e a fé está se voltando para Cristo como Senhor e Salvador[17]. Como tal, o batismo é a personificação visível da virada decisiva de uma pessoa do pecado para Cristo. É um modo simbólico de dizer diante de Deus, da igreja e do

---

16. Beasley-Murray, *Baptism in the New Testament*, 101. Como veremos mais tarde, mesmo se o batismo for realizado em particular (como em, por exemplo, Atos 16.33), esse aspecto público ainda é válido, uma vez que o ato é realizado por, e, portanto, na presença de outro cristão.
17. Ver Atos 3.19; 10.43; 13.38; 16.31; 17.30; 19.4; 20.21; cf. 1 Ts 1.9–10.

mundo: "Eu renuncio ao meu antigo estilo de vida, arrependo-me dos meus pecados e confio somente em Cristo para a salvação". [18]

2. UM SINAL DE PERDÃO E LIMPEZA

Segundo, o batismo é um sinal de perdão e da purificação do pecado. Em Atos 22.16, o apóstolo Paulo relata como Ananias lhe disse: "E agora, por que te demoras? Levanta-te, recebe o batismo e lava os teus pecados, invocando o nome dele." E, como pudemos ver, no Pentecostes Pedro diz à multidão para ser batizada "pelo perdão dos seus pecados" (At 2.38). O batismo é um sinal de perdão e purificação.

Visto que o batismo é uma imersão na água, o simbolismo da limpeza não poderia ser mais claro. [19] O principal cenário para esta imagem são os rituais de purificação com água do Antigo Testamento, que simbolizavam o perdão e

---

18. Certamente nem todos os batismos são tão "públicos" como os realizados no Pentecostes. O carcereiro filipense foi batizado no meio da noite e o eunuco etíope foi batizado no meio do deserto! Discutirei os aspectos públicos do batismo em mais detalhes posteriormente. Por enquanto, saliento apenas que, uma vez que o batismo é realizado por outra pessoa - apesar do autobatismo de John Smyth -, há sempre pelo menos uma testemunha do ato. E esse testemunho, significativamente, é um companheiro cristão e um representante do corpo de Cristo.

19. Para uma breve discussão sobre a imersão como o modo de batismo no Novo Testamento, ver Gregg R. Allison, *Sojourners and strangers: the doctrine of the church*, foundations of evangelical theology (Wheaton, IL: Crossway, 2012), 352–53. Para uma pesquisa lexical completa que apóia ainda mais essas conclusões, ver Eckhard J. Schnabel, "The language of baptism: the meaning of βαπτίζω in the New Testament," in *understanding the times: new testament studies in the 21st century*, ed. Andreas J. Köstenberger and Robert W. Yarbrough (Wheaton, IL: Crossway, 2011), 217–46.

a limpeza do pecado.[20] Olhando por esta ótica, o batismo retrata o cumprimento da promessa de Deus de perdoar decisivamente o pecado do seu povo e purificá-lo de toda contaminação, uma promessa cumprida na salvação, a nova aliança inaugurada pelo trabalho do Senhor Jesus Cristo (Jr 31.34; Ez 36.25; Hb 9. 13-14; 10.19-22).

3. UM SINAL DE UNIÃO COM CRISTO EM SUA MORTE, SEPULTAMENTO E RESSURREIÇÃO

Uma terceira faceta do significado do batismo é realmente a chave para todos os outros: o batismo é um sinal da união do crente com Cristo em sua morte, sepultamento e ressurreição. [21]Esse tema domina as três passagens de Paulo que já mencionamos (Rm 6.1–4; Gl 3.25–27; Cl 2.11–12). Considere novamente algumas das frases-chave:

- "Todos nós que fomos batizados em Cristo Jesus fomos batizados na sua morte" (Rm 6.3).
- "Fomos, pois, sepultados com ele na morte pelo batismo" (Rm 6.4).

---

20. Cf. Êx 30.17–21; Levíticos 15; Números 19.18; Sl 51: 7; Is 1.16; Zc 13.1. Citando essas passagens e chamando a atenção particular para Nm 19.18, John Fesko conclui: "Em outras palavras, idealmente, a purificação ritual de uma pessoa deveria refletir tanto sua confissão quanto o perdão divino do pecado". Em J. V. Fesko, *Word, water and spirit: a reformed perspective on baptism* (Grand Rapids: Reformation Heritage Books, 2010), 202.
21. Como Stephen Wellum escreve: "O significado mais fundamental do batismo é que ele representa a união de um crente com Cristo, pela graça através da fé, e todos os benefícios que estão envolvidos nessa união." Em Peter J. Gentry and Stephen J. Wellum, *Kingdom through covenant: a biblical-theological understanding of the covenants* (Wheaton, IL: Crossway, 2012), 697.

- "Porque todos quantos fostes batizados em Cristo de Cristo vos revestistes (...)." (Gl 3.27).
- "Tendo sido sepultados, juntamente com ele, no batismo, no qual igualmente fostes ressuscitados mediante a fé no poder de Deus que o ressuscitou dentre os mortos." (Cl 2.12).

Considere também 1 Coríntios 12.13: "Pois, em um só Espírito, todos nós fomos batizados em um corpo, quer judeus, quer gregos, quer escravos, quer livres. E a todos nós foi dado beber de um só Espírito." [22]

Todas essas frases descrevem nossa união com Cristo, uma união significada pelo batismo. Constantine Campbell escreve que na teologia de Paulo, a união com Cristo é "o ingrediente essencial que une todos os outros elementos"; é a teia que liga as ideias do quadro teológico de Paulo. É por essa razão que podemos dizer que toda bênção que recebemos de Deus é através de nossa união com Cristo."[23] Campbell descreve

---

22. Muito se debate sobre o tipo de "batismo" ao qual este versículo se refere. Eu acho que Anthony Cross está no caminho certo para identificar o batismo do Espírito (isto é, a conversão) como o referente primário, com uma clara referência secundária ao batismo nas águas via sinédoque: "É dificilmente concebível que quando eles ouviram a leitura da carta de Paulo para eles, os Coríntios não lembraram do batismo na água com o batismo do Espírito, que é o referente primário de 12.13. Este ponto recebe apoio na forma como o batismo no Espírito e na água foram igualados pelos primeiros escritores cristãos antes que a iniciação começasse a ser dividida em ritos e teologias distintos". (Anthony R. Cross, "Spirit- and Water-Baptism in 1Corinthians 12.13," Em *Dimensions of Baptism: Biblical and Theological Studies*, ed. Stanley E. Porter and Anthony R. Cross [Edinburgh: T&T Clark, 2003], 142).

23. Constantine R. Campbell, *Paul and union with Christ: An exegetical and theological study* (Grand Rapids: Zondervan, 2012), 442.

nossa união com Cristo em termos de participação com Cristo nos eventos salvíficos da narrativa do evangelho, identificação com Cristo, uma vez que estamos "nele" e sujeitos ao seu senhorio e incorporação em seu corpo, a igreja. [24] Todas essas realidades são retratadas no batismo.

Os movimentos físicos do batismo fornecem uma imagem vívida de estarmos unidos à morte, sepultamento e ressurreição de Cristo. Somos "sepultados com Cristo" ao mergulharmos embaixo d'água, e nossa ressurreição da sepultura aquosa simboliza nossa união com a ressurreição de Cristo. [25] O signo corresponde vividamente ao significado.

4. Um sinal de uma nova vida em Cristo

Um aspecto da nossa união com Cristo é que compartilhamos, aqui e agora, da vida da sua ressurreição. É certo que a ressurreição corporal do fim dos tempos ainda não aconteceu (2Tm 2.18). No entanto, há um real sentido no qual nós já fomos ressuscitados com Cristo (Rm 6.13; Ef 2.5-6). O batismo significa isto: "tendo sido sepultado com ele no batismo, no qual também crescestes com ele, pela fé na poderosa obra de Deus" (Cl 2.11–12).

---

24. Ibid., 413.
25. O simbolismo de ressurgir com Cristo no batismo parece estar implícito em Rm 6.4 e explícito em Cl 2.12. Romanos 6.9-10 também revela o elemento implícito da ressurreição nos versos de 1–4, simbolismo batismal, conforme discutido abaixo. Em Cl 2.12, ver Beasley-Murray, *Baptism in the New Testament*, 155–56.

Atualmente, nossa união com a ressurreição de Jesus se manifesta na nova vida que desfrutamos com o dom do Espírito. O Espírito nos dá uma nova natureza, um "novo eu". Esse "novo eu" cumpre a esperança profética de que o povo de Israel obteria um coração circuncidado, um coração totalmente dedicado a todos os caminhos de Deus (Dt 30.6; cf. Dt 4.4; 10.16; Je 4: 4). Agora, em Cristo e através do Espírito, Deus finalmente circuncidou o coração do seu povo. É por isso que Paulo diz que fomos "circuncidados com uma circuncisão feita sem as mãos" (Cl 2.11) e, em seguida, explica isso apontando para a morte de Cristo e nossa união com sua morte e ressurreição no batismo. Como já vimos com purificação e perdão, o batismo não significa apenas o fato de nossa união com Cristo, mas também retrata as gloriosas consequências da união.

5. Um sinal do dom do Espírito Santo

Uma quinta faceta do significado do batismo é que ele é um sinal do dom do Espírito Santo. Quando João descreve o ministério futuro de Jesus de outorgar o Espírito, ele descreve isso como o "batismo" (Mc 1.8). Certamente isso se refere ao dom do Espírito no Pentecostes e o subsequente dom do Espírito para cada crente individual. No entanto, a escolha da metáfora de João sugere algum tipo de ligação, mesmo que simbólica, entre o batismo na água e o batismo no Espírito.

Nessa perspectiva, lembre-se de 1 Coríntios 12.13: somos "batizados" no Espírito na conversão. Se essa passagem de fato tem uma referência secundária ao batismo na água,[26] é difícil não ver o paralelo com o batismo do Espírito como o simbolismo do próprio batismo. Lembre-se de que Pedro diz à multidão no Pentecostes que se arrependa e seja batizado com o resultado de que "recebereis o dom do Espírito Santo" (At 2.38). O arrependimento, o batismo e o recebimento do Espírito são todos componentes do mesmo evento unificado de conversão.

Juntando tudo isso, e tendo em vista o que já vimos sobre o batismo retratando o cumprimento das antecipações do Velho Testamento de limpeza interior e nova vida, o batismo também deve ser visto como um sinal do dom do Espírito Santo.

Nossa imersão na água aponta para nossa "imersão" no Espírito, em quem agora vivemos.

6. Um sinal da nova criação em ascensão em Cristo

Finalmente, o batismo é um sinal do nascimento da nova criatura em Cristo. A purificação do pecado, a vida da ressurreição, a circuncisão do coração e o dom do Espírito Santo são características da gloriosa nova criação que Deus prometeu no Antigo Testamento e que foi inaugurada por meio

---

26. Como Schreiner corretamente insiste, "Mais uma vez não devemos separar o batismo no Espírito do batismo na água como se Paulo estivesse tentando segregar um do outro. ("Baptism in the Epistles," 72).

da obra de Cristo[27]. No batismo, somos simbolicamente mergulhados nos eventos que trouxeram o reino futuro de Deus colidindo com o presente.

Assim como o batismo relembra a morte e ressurreição de Jesus, ele também aguarda a nossa própria ressurreição e a nova criação: "Porque, se fomos unidos com ele na semelhança da sua morte, certamente, o seremos também na semelhança da sua ressurreição". (Rm 6.5, cf. 6.8-10).[28] O batismo testemunha que, estando unidos a Cristo, já entramos em um novo tempo. Morte e julgamento são passados. A vida é nossa: um antegozo agora, e a plenitude por vir.

DUAS CONCLUSÕES

Este capítulo tentou dar uma resposta substancial para a pergunta: o que é o batismo? O batismo é onde a fé se torna pública. Mais especificamente, o batismo é uma profissão pública de fé e arrependimento que significa purificação, perdão, união com Cristo, nova vida em Cristo, dom do Espírito Santo e nova criação.

Dois pontos surgem a partir deste levantamento teológico do batismo que incidem sobre a tese central do livro. A primeira é que todos os que professam fé em Cristo têm a obrigação de ser batizados. Exceto pelos Quakers e o

---

27. Ver, por exemplo, Dt 30:6; Jr 32:37–41; Ez 36:33–36; 37:11–14; Jl 2:28–32.
28. Para uma discussão mais completa sobre este tema, ver Beasley-Murray, *Baptism in the new testament*, 290-96.

Exército da Salvação, ninguém contesta isso. No entanto, ainda vale a pena declarar explicitamente. Jesus ordena a seus discípulos: "Ide, portanto, fazei discípulos de todas as nações, batizando-os em nome do Pai, e do Filho, e do Espírito Santo; ensinando-os a guardar todas as coisas que vos tenho ordenado. (Mt 28. 19– 20). Ao levar o evangelho às nações, a igreja é ordenada a batizar todos os que respondem com fé e arrependimento. E, como vimos em Atos 2.38, todos os que creem no evangelho são ordenados a serem batizados. Portanto, alguém que afirma seguir a Jesus mas não foi batizado, ainda não obedeceu ao primeiro item da lista marcado como "tudo o que eu lhes ordenei". Eu não acho que esse ponto sozinho decida a questão do batismo e membresia, mas é certamente um fator.

Segundo, a teologia do batismo esboçada neste capítulo determina como pensamos sobre o batismo infantil. Não quero dizer que este capítulo refuta decisivamente o batismo infantil, embora eu argumentasse que ele cria dificuldades insuperáveis para essa doutrina[29]. Lembre-se de que toda referência do Novo Testamento ao batismo pressupõe fé. O batismo é onde a fé se torna pública, e cada faceta do significado do batismo assume que aquele que

---

29. Para uma crítica biblico-teológica completa do batismo infantil, ver Stephen J. Wellum, "Baptism and the relationship between the covenants.". Também são úteis Paul K. Jewett, *Infant baptism and the covenant of grace* (Grand Rapids: Eerdmans, 1978); and Fred A. Malone, *The baptism of disciples alone: a covenantal argument for credobaptism versus paedobaptism* (Cape Coral, FL: Founders Press, 2003).

está sendo batizado acredita em Cristo. Tire a fé, e o que resta? Não batismo. Se o batismo é o que este capítulo diz, então o "batismo" infantil não é batismo.

Esse pode parecer um ponto óbvio, mas os defensores da membresia aberta tendem a obscurecê-lo de pelo menos duas maneiras.[30] Primeiro, alguns argumentam que a membresia deveria ser aberta para incluir aqueles "batizados" na infância, mas não aqueles que nunca foram "batizados" de maneira alguma. Refinando ainda mais essa posição, John Piper defendeu a abertura da membresia apenas àqueles batizados como bebês que sustentam um raciocínio Reformado, de aliança, para o batismo infantil.[31] Piper não argumenta que, como um princípio teológico universal, o batismo simplesmente não é necessário para a membresia da igreja.[32] Em vez disso, Piper sugere que uma igreja deve permitir a convicção individual da validade

---

30. Digo "pelo menos" porque, além das questões que discuto abaixo, alguns batistas da membresia aberta deliberadamente se propuseram a conceder ao batismo infantil algum tipo de validade teológica. Por exemplo, um relatório de 2005 aceito pela União Batista da Grã-Bretanha encorajou as congregações a considerar se "eles poderiam reconhecer um lugar para o batismo das crianças em toda a jornada que marca o início da vida cristã". Ver discussão em Stephen R. Holmes, *Baptist Theology* (London: T&T Clark, 2012), 93.

31. Em John Piper com Alex Chediak e Tom Steller, "Baptism and church membership at Bethlehem Baptist Church: eight recommendations for constitutional revision," 14. Disponível em: http://cdn.desiringgod.org/pdf/baptism_and_membership.pdf.

32. Por outro lado, isto é, de forma precisa o que Bunyan argumenta em *Differences in judgment about water-baptism, no bar to communion*, in *The miscellaneous works of John Bunyan*, vol. 4, ed. T. L. Underwood (Oxford: Clarendon Press, 1989); as does Robert Hall in *On terms of communion; with a particular view to the case of the baptists and paedobaptists* (1st American ed., from the 3rd English ed., Philadelphia, 1816; repr. London: Forgotten Books, 2012). Juntamente com o *Differences in Judgment*, de Bunyan, o trabalho de Hall é a mais popular e sólida apologética da membresia aberta.

de seu batismo infantil para ter precedência sobre a convicção da igreja de que o batismo de um crente é o único batismo válido.

No entanto, permitir que pedobatistas ingressem em uma igreja nesses termos é conceder ao batismo infantil um status diferente de "não batismo". Isso concede ao batismo infantil um peso teológico suficiente para qualificar uma pessoa que não se qualificaria se nunca tivesse sido "batizada" em absoluto. Assim, nessas circunstâncias, é permitido que o batismo infantil substitua um batismo válido. A igreja considera uma pessoa como batizada com base no fato dela própria considerar-se como tal. Mas uma igreja não pode ter as duas coisas. Se o batismo não é exigido para a membresia, então qualquer crente que professa sua fé deve ser admitido sem perguntas sobre o batismo. No entanto, se o batismo é exigido para a membresia, então quando a igreja admite um pedobatista como membro, declara efetivamente que o "batismo" infantil é o verdadeiro batismo – ainda que a sua declaração de fé possa dizer o contrário. Isto é participar involuntariamente de uma ficção teológica. Portanto, a membresia aberta fica desconfortável com a afirmação teológica de que o batismo infantil não é batismo.

Uma segunda maneira de os defensores da membresia aberta tenderem a obscurecer o fato de que o batismo infantil não é batismo é a sua aparente relutância em rotular os pedobatistas "não-batizados". Por exemplo, Piper escreve:

> Diferentes convicções sobre o modo apropriado de batizar crentes (aspersão, derramamento, imersão) e origens diferentes a respeito do modo de batismo que uma pessoa experimentou, não são questões suficientemente importantes ou centrais para excluir uma pessoa da membresia da igreja local se ela cumpre todas as outras qualificações relevantes e possui a convicção, pelo estudo da Bíblia e pela consciência clara, de que seu batismo é válido.[33]

Observe como Piper enquadra o problema: "Diferentes origens a respeito do modo de batismo que uma pessoa experimentou não são importantes ou centrais para excluir uma pessoa da membresia da igreja local". O uso de "modo" aqui por Piper obscurece a questão central. Piper definiu o termo "modo" imediatamente antes, referindo-se a se o batismo é administrado aos crentes por meio de aspersão, derramamento ou imersão. No entanto, o contexto de toda a sua proposta indica que aqui ele usa a frase "modo de batismo" para especificar batismo infantil em contraste com o batismo de crente. Quando Piper fala de "o modo de batismo que uma pessoa experimentou",

---

33. Piper, Chediak, e Steller, *"Baptism and Church Membership,"* 13.

ele está se referindo àqueles batizados na infância como tendo experimentado o batismo, apenas em um "modo" diferente do que ele entenderia ser bíblico. Uma aparente aversão em descrever os pedobatistas como não batizados tem apoiado Piper a dizer que eles foram batizados, o que contradiz suas próprias convicções teológicas declaradas. Por que cair em contradição em vez de simplesmente dizer que os pedobatistas não foram batizados?[34] Voltarei a esses assuntos no capítulo 10. Meu ponto aqui é que, se o batismo é onde a fé se torna pública, e se ele significa a realidade da salvação que experimentamos pela fé, então o batismo infantil simplesmente não é batismo. O status do batismo infantil como "não batismo" é um corolário inescapável de uma doutrina bíblica do batismo. E a descrição que fazemos do batismo e da membresia da igreja precisa ser consistente com isso.

UMA SEMENTE PLANTADA

Neste capítulo, fiz o melhor que pude para descrever a maior parte da teologia do batismo. Como vimos, tornar-se cristão não é um ato privado. Jesus nos chama para uma

---

34. Piper não é o único defensor da membresia aberta a se equivocar no status teológico do batismo infantil. John Brown, por exemplo, escreve que as igrejas podem gozar de unidade apesar de "sentimentos diferentes sobre o modo de batismo na água", usando "modo", como Piper, para se referir às discordâncias, não apenas sobre os meios do batismo, mas sobre o próprio batismo. Veja John Brown, *the house of God opened and his table free for baptists and paedobaptists* . . . (London, 1777; repr. Hampshire, UK: ECCO Books, 2010), 4.

vida de testemunho público, e esse testemunho começa no batismo, onde a fé se torna pública. Por causa disso, o Novo Testamento fala do batismo como parte integral do que normalmente significa se tornar um cristão. Como tal, frequentemente usa o batismo como abreviação (especificamente, sinédoque) para conversão.

Depois de colocar esta estrutura no lugar, vimos que o batismo, como uma profissão pública de fé e arrependimento, é também um sinal de perdão e purificação, união com Cristo, nova vida em Cristo, o dom do Espírito Santo, e uma nova criação. Finalmente, consideramos duas implicações dessa pesquisa teológica. Primeiro, todos os que professam a fé em Cristo são obrigados a ser batizados. Em segundo lugar, o batismo infantil não é batismo e não deve ser considerado como batismo.

Novamente, não podemos determinar se o batismo é necessário para a membresia da igreja até sabermos o que é o batismo. Portanto, este capítulo estabeleceu as bases para o que o restante do livro constrói. Estabelecendo que o batismo é onde a fé torna-se pública, também plantei uma semente que pretendo nutrir até florir completamente nos próximos capítulos. Compreender que o batismo é o primeiro lugar onde a fé se torna visível é o primeiro passo para discernir a forma eclesial do batismo, que é o que nos capacita a encaixar corretamente o batismo, a Ceia do Senhor e a membresia na igreja. Uma prévia: nos próximos dois capítulos, descobriremos que o batismo não é apenas onde a fé torna-se pública, mas também um emblema de pertencimento.

IDEIAS PRINCIPAIS

O batismo é onde a fé se torna pública (Atos 2.38-41). É o meio designado por Jesus pelo qual alguém hasteia a bandeira e se identifica como seu seguidor.

Além de servir como profissão pública de arrependimento e fé em Cristo, o batismo significa perdão e purificação (Atos 2.38), união com Cristo (Rm 6.1–4), nova vida em Cristo (Cl 2.11–12), o dom do Espírito Santo (1Coríntios 12.13), e a nova criação em Cristo (Rm 6.5, 8-10).

Todos os que afirmam crer em Cristo são obrigados a ser batizados (Mt 28.19).

Porque o batismo é onde a fé de um crente se torna pública, o batismo infantil simplesmente não é batismo, e as igrejas não devem tratá-lo como batismo.

CAPÍTULO 4

O SINAL DE JURAMENTO INICIADOR DA NOVA ALIANÇA

As grandes perguntas que os próximos quatro capítulos procuram responder são: como o batismo se relaciona com a igreja? O batismo é puramente uma questão de obediência individual ou está intrinsecamente ligado à entrada de uma pessoa na igreja? O batismo possui uma forma eclesial?

Este é um impasse crítico no debate sobre o batismo e a membresia da igreja. Muitos defensores da membresia aberta afirmam com John Bunyan que o batismo *não* é a "iniciação e ordenança de entrada na comunhão da Igreja".[1]

---

1. John Bunyan, *A Confession of My Faith, and A Reason of My Practice*, in *The Miscellaneous Works of John Bunyan*, vol. 4, ed. T. L. Underwood (Oxford: Clarendon Press, 1989), 162. Ao longo do livro, quando cito Bunyan, modernizo sua capitalização e, ocasionalmente, pontuação.

Por outro lado, William Buttfield fala por muitos batistas da membresia fechada quando escreve: "Pois o batismo não é apenas um dever pessoal da igreja, mas é também a única maneira pela qual a palavra de Deus nos direciona para a igreja." [2] Ainda assim, nesta questão, ambos os lados tendem mais a afirmar a sua posição do que a argumentá-la.

É por isso que estou passando os próximos dois capítulos envolvendo diretamente a questão da forma eclesial do batismo. Este capítulo e o próximo examinarão o batismo pelas lentes complementares da nova aliança e do reino de Deus, a fim de discernir e descrever sua forma eclesial, isto é, sua conexão intrínseca à membresia da igreja local. Como espero demonstrar, o batismo tem uma forma eclesial, e essa forma é decisiva para a maneira como relacionamos o batismo à membresia da igreja. Depois desses dois capítulos, vamos considerar a forma eclesial da Ceia do Senhor e, em seguida, virar o telescópio para examinar a forma batismal (e eucarística) da relação que chamamos de membresia da igreja.

A maioria das pessoas neste debate deve concordar que a igreja é o povo da nova aliança (Hb 8.1–13). Nós credobatistas tendemos a concordar que a novidade da nova aliança é crucial para discernir os sujeitos apropriados para o batismo, isto é, os crentes, não os bebês. No

---

2. William Buttfield, *Free Communion an Innovation: or, an Answer to Mr. John Brown's Pamphlet...* (London, 1778; repr. Hampshire, UK: ECCO books), 14.

entanto, pouquíssimos estudos batistas de batismo tentaram descrever positivamente a relação teológica entre o batismo e a nova aliança[3]. Se nos tornamos membros da nova aliança pela fé, que papel o batismo desempenha, se é que há algum, em nossa entrada na nova aliança? E que forma esta nova aliança toma aqui na terra? É puramente uma realidade invisível? Afinal, o Espírito sopra onde quer, invisível como o vento (João 3.8). Ou existe algum sentido no qual a nova aliança, e mais especificamente, a entrada de um indivíduo na nova aliança, é um assunto visível e público?

Neste capítulo, argumentarei que o batismo é o sinal de juramento inicial da nova aliança, o que o torna necessário para a membresia da igreja. Em primeiro lugar, analiso as alianças bíblicas para definir um cenário para a nova aliança. Segundo, argumento que o batismo é um sinal da nova aliança e personifica a sua novidade. Terceiro, argumento

---

[3]. Há alguma verdade, portanto, na acusação de John Fesko de que o trabalho recente editado por Schreiner e Wright presta apenas atenção "nominal" ao que Fesko chama de "a doutrina da aliança". Ele observa: "O termo pacto aparece no subtítulo, mas há pouco esforço para estabelecer a doutrina da aliança no livro" (*Word, Water and Spirit: A Reformed Perspective on Baptism* [Grand Rapids: Reformation Heritage Books, 2010], 2). Certamente, o ensaio de Wellum nesse volume apresenta uma discussão aprofundada de certos aspectos do relacionamento do batismo com o novo pacto. Mas seu principal interesse é polêmico, não construtivo. Como tal, ele passa sobre várias questões cruciais que são relevantes para o batismo e a membresia - como as que eu levanto no parágrafo acima. Além disso, o livro de Brandon Jones, *Waters of Promise: Finding Meaning in Believer Baptism* (Eugene, OR: Pickwick, 2012), propõe o que ele chama de compreensão "pactual" do batismo, mas não aborda as questões teológicas que abordarei neste capítulo.

mais especificamente que o batismo é o *sinal de juramento inicial* da nova aliança.[4] Em quarto lugar, responderei a perguntas que muitos leitores devem estar se fazendo a essa altura: não entramos na nova aliança pela fé? Como então o batismo pode nos iniciar nela? Por fim, descrevo a forma eclesial revelada pelo papel do batismo na iniciação do sinal de juramento da nova aliança, e mostro por que isso significa que o batismo é necessário para a membresia da igreja.

INTRODUÇÃO ÀS ALIANÇAS BÍBLICAS

As alianças formam a espinha dorsal das Escrituras. Elas estruturam todo o seu enredo da Bíblia.[5] O que é uma aliança? Gordon Hugenberger define uma aliança como "uma relação de obrigação eleita, em oposição à natural, sob juramento".[6] Uma aliança pode ser feita entre pessoas

---

4. Estou qualificando "sinal de juramento" com "iniciação" tanto para descrever a função do batismo em relação ao pacto quanto para abrir espaço para o que veremos no capítulo 6: a Ceia do Senhor também é um sinal de juramento do novo pacto, com uma função complementar ao batismo.
5. Gentry e Wellum escrevem: "Os pactos formam a espinha dorsal da metanarrativa das Escrituras e, portanto, é essencial "colocá-los juntos" corretamente, a fim de discernir precisamente 'todo o conselho de Deus' (Atos 20:27). Peter J. Gentry and Stephen J. Wellum, *Kingdom Through Covenant: A Biblical-Theological Understanding of the Covenants* [Wheaton, IL: Crossway, 201], 21; cf. 57, 226. Minha abordagem dos pactos neste capítulo está em dívida com o seu excelente trabalho.
6. Gordon P. Hugenberger, *Marriage as a covenant: biblical law and ethics as developed from Malachi*, Biblical Studies Library (paperback ed.; Grand Rapids: Baker, 1998), 11. A definição de Paul R. Williamson é similar: "Um compromisso solene, garantindo promessas ou obrigações assumidas por uma ou ambas as partes, seladas com um juramento." Em: *Sealed with an oath: covenant in God's unfolding purpose*, New Studies in Biblical Theology 23 (Downers Grove, IL: InterVarsity Press, 2007), 43. Ver também a dicsussão complementar em Gentry and Wellum, *Kingdom Through Covenant*, 132–33.

(por exemplo, Gn 14.3; 1Sm 18.3), mas o nosso foco são as alianças entre as pessoas e Deus.

As alianças mais proeminentes nas Escrituras são as alianças de Deus com Adão e Eva (Gn 1-3), Noé (Gn 8.20-9; 17), Abraão (Gn 12.1-3; 15.1-21; 17.1 -14; 22.15-18), a nação de Israel (Êxodo 19-24) e Davi (2 Sm 7.1-17). Finalmente, Deus promete fazer uma nova aliança com Israel e Judá, que diferirá radicalmente da que fez com eles no Sinai (Jr 31.31-34). Nesta breve visão geral das alianças na Bíblia, destacarei apenas o que esclarecerá nossa discussão sobre a nova aliança.

Na aliança de Deus com Adão e Eva na criação, ele concedeu-lhes domínio sobre a Terra, os encarregou de serem frutíferos e ordenou que se multiplicassem, para que enchessem a Terra com a sua glória ao refletirem seu governo justo (Gn 1.26-28).[7] Em vez disso, Adão e Eva abandonaram o governo de Deus, ouviram a serpente e comeram da árvore do conhecimento do bem e do mal (Gn 3.1-7). Como resultado, foram exilados do Éden, sentenciados à morte e a própria criação foi amaldiçoada (Gn 3.8-24). No entanto, Deus prometeu que a descendência da mulher esmagaria a cabeça da serpente, livrando a humanidade do mal e de todas as suas consequências (Gn 3.15). Ao longo de

---

7. Para um argumento contra a visão do primeiro acordo da criação como um pacto, ver Williamson, *Sealed with an Oath*, 52-58. Para um argumento a favor, ver Gentry and Wellum, *Kingdom Through Covenant*, 179-233, 613-30.

gerações, a humanidade tornou-se tão iníqua que Deus eliminou todas as pessoas, exceto os oito membros da família de Noé, em um dilúvio global (Gn 6–8; cf. 1 Pe 3.19–20). Depois do dilúvio, Deus fez uma aliança com Noé, na qual ele prometeu nunca mais inundar o mundo (Gn 8.20-22), e restabeleceu a aliança da criação, agora adaptado a um cenário pós-queda (Gn 9.1-17).

Depois de Noé, as pessoas se uniram em uma rebelião contra Deus (Gn 11), então Deus confundiu sua linguagem e as dispersou sobre a terra (Gn 10). Contra este pano de fundo escuro, Deus solenemente prometeu a Abrão (mais tarde chamado Abraão) que lhe daria a terra de Canaã (Gn 12.1; 13: 14-18), multiplicando a sua descendência além da imaginação (Gn 12.2; 15.1–6; 17.4 e seguintes.), abençoando-o (Gn 12.2; 15.1) e abençoando todas as nações da Terra por meio da sua descendência (Gn 12.3; 22.18). A aliança de Deus com Abraão tornou-se assim a base sólida e inabalável de todas as suas futuras alianças com o seu povo.

Deus ratificou a sua promessa a Abraão com um sinal de juramento, uma cerimônia solene na qual Deus se comprometeu com a sua palavra. Em Gênesis 15, Deus instruiu Abraão a separar um novilho, um bode, um carneiro, uma rola e um pombo e colocar as duas metades de frente uma para a outra (vv. 7–11). Então Deus colocou Abraão em um sono profundo, reiterou a sua promessa para ele e passou entre os animais, aparecendo como um fogo fumegante e uma tocha de fogo (vv. 12-17). Baseado em outras referências bíblicas para uma cerimônia como essa (Sl 50.5; Jr 34.18) e de forma paralela em alianças extra-bíblicas, esse ritual parece encenar um juramento condicional de autocondenação. Isto é, ao passar por esses animais cortados à metade, Deus jurou simbolicamente que o destino dos animais cairia sobre ele se falhasse em cumprir sua promessa a Abraão.[8]

Assim como disse que faria, Deus livrou os descendentes de Israel da escravidão no Egito (Êx 1.1-18). Antes de plantá-los na terra que havia prometido a Abraão, Deus fez uma aliança com eles no Sinai, muitas vezes chamada de aliança mosaica, uma vez que Moisés era seu mediador. A essência desta aliança é encontrada em Êxodo 19–24. Suas condições completas são especificadas no resto de Êxodo, Levítico e Números e são reiteradas para a próxima geração em Deuteronômio. Essa aliança constituía Israel como nação e especificava os meios pelos quais eles continuariam a experimentar as bênçãos prometidas a Abraão, a saber, a obediência à lei de Deus, que governava todos os aspectos da sua vida (Êx 19.5–6).[9] Prometia bênção se as pessoas obedecessem, e maldição sobre maldição se

---

8. Veja Hugenberger, *Marriage as covenant*, 195; Gentry and Wellum, *Kingdom through covenant*, 248–58
9. Êxodo 19.5: "Agora, pois, se diligentemente ouvirdes a minha voz e guardardes a minha aliança, então, sereis a minha propriedade peculiar dentre todos os povos."

desobedecessem, culminando no exílio da terra. No entanto, Deus não abandona o seu povo, mesmo quando esse o despreza completamente (ver Lv 26.1-45; Dt 28.1-68; 30.1-10).

Depois de punir aquela geração por sua rebelião (Nm 14.20-35), Deus trouxe seus filhos para a terra, expulsou seus inimigos e finalmente estabeleceu um rei sobre eles. Depois de depor o desobediente Saul, Deus entronizou Davi e deu-lhe "descanso de todos os seus inimigos ao redor" (2Sm 7.1). Em resposta à bondade de Deus, Davi foi movido a construir uma casa, um templo, para Deus (2Sm 7.2-3). Em vez disso, Deus prometeu construir uma casa para Davi, isto é, uma dinastia (2Sm 7.4-17). Ele prometeu a Davi que seus descendentes iriam construir uma casa para o nome de Deus (v. 13), encontrar o favor de Deus (vv. 14-15) e ter seu trono estabelecido para sempre (v. 16).

Enquanto 2 Samuel 7 não usa a palavra *aliança*, esta promessa é referida como tal em outro lugar nas Escrituras (por exemplo, Sl 89.3-4). Este pacto implica que o grande nome de Abraão será conhecido através do grande nome do filho de Davi (v. 9), e que a terra prometida será permanentemente assegurada através dele (v. 10). Além disso, como Moisés profeticamente ensinou em Deuteronômio, o rei deveria dedicar-se a estudar e obedecer à lei de Deus (Dt 17.18-20), de modo que, como o "filho" de Deus, ele estabelecesse o lugar de todo o povo de Deus. Em suma: "Assim como a aliança Mosaica servia para administrar as promessas da aliança abraâmica, também a aliança davídica atribuía ao rei a tarefa de administrar a obediência do povo à aliança mosaica".[10] E assim como o rei davídico deveria supervisionar a obediência do povo, as pessoas cairiam com ele se desobedecesse.

Claro, o último é o que na verdade aconteceu. Assim como Adão e Eva pecaram e foram expulsos do jardim, Israel e Judá também pecaram, com seus reis abrindo o caminho, chegando finalmente ao exílio da terra (2Rs 17.7-22; 24.10-25.30). Seu problema era que seus corações estavam podres até o núcleo. Em vez de andar nos caminhos de Deus, eles andaram "em seus próprios conselhos e na teimosia de seus corações malignos" (Jr 7.24). O que o povo precisava não era uma lei, ou mesmo um rei, mas um novo coração. E isso é exatamente o que Deus prometeu no novo pacto:

> Eis aí vêm dias, diz o Senhor, em que firmarei nova aliança com a casa de Israel e com a casa de Judá. Não conforme a aliança que fiz com seus pais, no dia em que os tomei pela mão, para os tirar da terra do Egito; porquanto eles anularam a minha aliança, não obstante eu os haver desposado, diz o Senhor. Porque esta é a aliança que firmarei com a casa de Israel, depois daqueles dias, diz o Senhor: Na mente,

---

10. Jonathan Leeman, *A political assembly: how Jesus establishes local churches as embassies of his international rule* (Downers Grove, IL: InterVarsity Press, 2016), cap. 4.

lhes imprimirei as minhas leis, também no coração lhas inscreverei; eu serei o seu Deus, e eles serão o meu povo. Não ensinará jamais cada um ao seu próximo, nem cada um ao seu irmão, dizendo: Conhece ao Senhor, porque todos me conhecerão, desde o menor até ao maior deles, diz o Senhor. Pois perdoarei as suas iniquidades e dos seus pecados jamais me lembrarei. (Jr 31.31-34)

Vamos identificar alguns dos principais elementos dessa nova aliança no restante deste capítulo. Por enquanto, é suficiente observar que Jesus disse que sua morte introduziria essa nova aliança (Lc 22.20), e o restante do Novo Testamento confirma isso (por exemplo, 2Co 3-4; Hb 8-10).[11]

BATISMO, UM SINAL DA NOVA ALIANÇA

Outro aspecto das alianças bíblicas que precisamos ressaltar é que muitas delas, embora não todas, são acompanhadas por sinais. O sinal da aliança com Noé é o "arco" de Deus na nuvem, um sinal para toda a criação de que ele abaixou a sua arma e não destruirá a terra novamente pelo dilúvio (Gn 9.12-15). O sinal da aliança Abraâmica é a circuncisão, que consagra a descendência de Abraão como possessão

---

11. Ver David G. Peterson, *Transformed by God: new covenant life and ministry* (Downers Grove, IL: InterVarsity Press, 2012) para uma discussão relevante do novo pacto em Jeremias e seus efeitos em todo o Novo Testamento.

especial de Yahweh (Gn 17.9-14). O sinal da aliança mosaica é o sábado, no qual Israel participa do descanso do próprio Deus para lembrá-los de que ele é quem os santifica (Êx 31.13-17).

Existe um sinal da nova aliança? Parece óbvio que quando Jesus diz: "Este cálice... é a nova aliança em meu sangue" (Lucas 22.20), ele está dizendo que a Ceia do Senhor é precisamente esse sinal. Quando Deus instituiu a circuncisão, ele disse: "Esta é a minha aliança, que guardareis entre mim e vós e a tua descendência" (Gn 17.10). Assim também com o sábado: "Pelo que os filhos de Israel guardarão o sábado... celebrando-o por aliança perpétua" (Êx 31.16). Em ambos os casos, o sinal da aliança é identificado como a própria aliança, que parece ser um precedente seguido em Lucas 22:20. [12] Pensaremos mais sobre a Ceia do Senhor e sobre a nova aliança no capítulo 6. Por ora, porém, precisamos perguntar onde se encaixa o batismo. O batismo também é um sinal da nova aliança?

Eu penso que sim, por quatro razões. Primeiro, lembre-se de que a morte de Jesus inaugura a nova aliança (Hb 9.15), e o batismo retrata a união de um crente com Cristo em sua morte, sepultamento e ressurreição (Rm 6.1–4). Se a morte de Jesus inaugura a nova aliança, é apropriado inferir que

---

12. O termo técnico para isso é metonímia, uma figura de linguagem na qual uma coisa significa outra à qual está relacionada. Conforme consideramos no último capítulo, a sinédoque – da parte para o todo ou do todo para a parte - é um tipo específico de metonímia.

um sinal da sua morte é um sinal dessa aliança. Segundo, considere que todas as realidades espirituais simbolizadas pelo batismo estão ligadas à nova aliança: perdão (Jr 31.34), purificação (Ez 36.25), ressurreição (Ez 37.11-14) e o dom do Espírito (Ez 36.27). O batismo representa a nova aliança. Terceiro, note que o batismo foi instituído imediatamente após a morte e ressurreição de Cristo (Mt 28.19). Não foi um ritual religioso vigente apenas para introduzir o período da nova aliança. Em vez disso, começou quando a nova aliança começou. Em quarto lugar, o batismo não "substitui" a circuncisão, [13] os dois ritos identificam as pessoas da aliança de Deus e as diferenciam do mundo. Assim como a circuncisão foi um ato único que conferiu uma identidade de aliança duradoura, também o batismo é um ato único que marca uma pessoa como pertencente à nova aliança[14]. Esse é um ponto que irei desenvolver ao longo deste capítulo e do próximo.

O batismo é um sinal da nova aliança porque está ligado à aliança que Cristo iniciou em sua morte, retrata as realidades dessa aliança, foi instituído junto com ela, e traça o limite da aliança da circuncisão. Por essas e outras razões, os batistas, juntamente com a maioria dos cristãos ao longo

---

13. Ver, por exemplo, Wellum and Gentry, *Kingdom Through Covenant*, 700-3.
14. Cf. A referência de Schreiner ao batismo como um "divisor de águas" (boundary mark) da igreja em Thomas R. Schreiner, "Baptism in the Epistles," in *Believer's baptism: sign of the new covenant in Christ*, ed. Thomas R. Schreiner and Shawn D. Wright (Nashville: B&H, 2007), 91.

da história, identificaram consistentemente o batismo como um sinal da nova aliança.

O BATISMO PERSONIFICA A NOVIDADE DA NOVA ALIANÇA

Como sinal da nova aliança, o batismo incorpora a "novidade" dessa aliança. O batismo retrata as promessas de Deus *cumpridas*. O que a antiga aliança Mosaica não conseguiu realizar (Hb 8.6–7, 13), Deus realizou por meio da nova aliança, e o batismo retrata essa conquista histórico-redentora. O significado e caráter do batismo são derivados do novo tempo de cumprimento que a nova aliança iniciou.

Uma das diferenças cruciais entre a nova aliança e a antiga é que na nova aliança, todo o povo aliançado conhece o Senhor: "Porque todos me conhecerão, desde o menor até o maior" (Jr 31.34); cf. Is 54.13). Sob a administração mosaica, o povo da aliança era uma entidade étnica, marcada pela circuncisão. Para responder à pergunta: *Quem está no pacto?*, você apontaria para todos os descendentes circuncidados de Abraão e suas famílias. Essas então faziam parte do povo da aliança, independentemente de conhecerem o Senhor. E a aliança era administrada por profetas, sacerdotes e reis que deveriam mediar o conhecimento de Deus para o povo.[15]

---

15. D. A. Carson, "Evangelicals, ecumenism, and the church," em *Evangelical affirmations*, ed. Kenneth S. Kantzer and Carl F. H. Henry (Grand Rapids: Zondervan, 1990), 359–60.

No entanto, agora a nova aliança participa de uma nova natureza e de uma nova estrutura.[16] A estrutura da nova aliança é caracterizada por não haver necessidade de um conjunto de mediadores da aliança. Através da obra do único mediador, Jesus, o Messias (Hb 8.6; 9.15; 12.24; cf. 1 Tm 2.5), e a habitação do Espírito Santo (1Co 2.10-16), todas as pessoas da aliança conhecem o Senhor. Os outros mediadores não são mais necessários (1Jo 2.20).

E a nova aliança possui uma nova natureza de duas maneiras. Primeira, como já vimos, em vez de um povo étnico de status espiritual misto, a nova aliança cria um povo regenerado, um povo no qual todos possuem novos corações (Jr 32.39-40). Segunda, em consequência da primeira, a nova aliança também está aberta a todas as nações, sem que os gentios tenham que se tornar judeus primeiro. Todo o livro de Gálatas argumenta este ponto, mas também sobe à superfície em vários textos do Antigo Testamento relacionados à nova aliança. Em Isaías 56, que conclui a reflexão de Isaías sobre a nova obra de inauguração da aliança do Servo, Deus promete que os estrangeiros se tornarão seus servos e oferecerão sacrifícios aceitáveis a ele (vv. 6–7). Ele promete "ajuntar outros" a Israel, além dos

---

16. Sobre a nova natureza e a nova estrutura da nova aliança, veja Stephen J. Wellum, "Beyond mere ecclesiology: the church as god's new covenant community," em *The community of Jesus: a theology of the church*, ed. Kendell H. Easley and Christopher W. Morgan (Nashville: B&H, 2013), 183–21.

israelitas marginalizados que ele já reuniu (v. 8). Estrangeiros *como estrangeiros* se tornarão parte do verdadeiro povo de Deus, Israel, neste tempo da nova aliança. Isso lança luz sobre passagens como Isaías 19.24-25, onde Deus se refere ao "Egito, meu povo, e à Assíria, o trabalho de minhas mãos", ao mesmo tempo que "Israel, minha herança".[17] Da mesma forma, em Jeremias 4.2, o Senhor promete que, quando Israel retornar a ele, as nações também serão incluídas na bênção de Abraão (cf. Jr. 12.16).

Tudo isso é para dizer que a nova aliança introduz uma mudança decisiva na composição do povo da aliança de Deus. As pessoas da nova aliança de Deus são intrinsecamente multiétnicas. A fronteira que dividiu Israel das nações é agora derrubada (cf. Ef 2.14-16). Como tal, o Antigo Testamento pressupõe e o Novo Testamento declara explicitamente que, no tempo da nova aliança, a circuncisão não é mais a marca distintiva entre o povo de Deus e o mundo. Portanto, é apropriado que haja um novo sinal de aliança para marcar este novo povo. O batismo é este sinal, uma vez que significa que seus destinatários realmente entraram na nova aliança. E na medida em que o batismo é aplicado aos judeus e gentios crentes, retrata vividamente a nova natureza do novo povo da aliança. Nestes dois fatores principais, o batismo personifica a novidade da nova aliança.

---

17. Ver também Is 66.18–24 e Zc 2.11.

O SINAL DE JURAMENTO INICIADOR DA NOVA ALIANÇA

Com esses fundamentos no lugar, podemos colocar o nosso ponto anterior com mais precisão: o batismo é o sinal de juramento iniciador da nova aliança. Isto é, o batismo é um voto solene e simbólico que confirma a entrada de uma pessoa na nova aliança. Um juramento é essencial para uma aliança. Sem juramento não existe aliança. [18] Lembre-se de que uma aliança é um "relacionamento de obrigação". Um juramento ratifica o compromisso de alguém com as obrigações da aliança, e normalmente o coloca sob as sanções do pacto, caso falhe em cumprir suas obrigações. Assim, a fim de ratificar a aliança no Sinai, o povo de Israel declarou solenemente: "Tudo o que falou o Senhor faremos e obedeceremos" (Êx 24.7). E as Escrituras descrevem a promessa do Senhor a Davi como um juramento constitutivo da aliança (2Sm 23.5; Sl 89.3-4).

No entanto, um juramento pode ser acompanhado ou mesmo consistir de ações simbólicas. [19] Ao ratificar a aliança no Sinai, as pessoas foram aspergidas com sangue (Êx 24.8),

---

18. Veja Hugenberger, *Marriage as a covenant*, 182–84; Williamson, *Sealed with an Oath*, 39, 43, e a literatura aí citada.
19. Hugenberger, Marriage as a Covenant, 193–96. A discussão aqui está fortemente em débito com a abordagem de Hugenberger.

e então Moisés e os líderes do povo comeram uma refeição na presença do Senhor para solenizar sua comunhão com ele (Êx 24.11). Essas ações simbólicas acompanhavam o juramento verbal. Exemplos contemporâneos incluem um presidente levantando uma mão e colocando outra em uma Bíblia quando ele faz o juramento de posse e um noivo e uma noiva trocando alianças para simbolizar os votos verbais de um casamento.

Uma ação simbólica também pode constituir um juramento. Isto é, um ato simbólico pode funcionar como um juramento: um "sinal de juramento". A expressão bíblica "cortar uma aliança" aparentemente deriva do fato de que uma cerimônia de corte de animais como a que vemos em Gênesis 15 era usada com frequência para ratificar uma aliança.[20] A circuncisão era um sinal de juramento de ratificação da aliança. O Senhor ordenou a Abraão: "Circuncidareis a carne do vosso prepúcio; será isso por sinal de aliança entre mim e vós" (Gn 17.11). E "o incircunciso... essa vida será eliminada do seu povo; quebrou a minha aliança" (Gn 17.14). A entrada no pacto envolvia "cortar" a pele do macho. Qualquer descendente masculino de Abraão que não conseguisse passar por esse rito seria "cortado" de seu povo - isto é, condenado à morte. A maldição do pacto foi dramatizada em seu rito de entrada. Um sinal

---

20. "Cortar uma aliança" literalmente no hebraico de por exemplo: Gn 15.18 e Dt 29.13.

das sanções da aliança foi colocado, literalmente, sobre aqueles assim consagrados ao Senhor.[21]

Isso levanta a questão: se o batismo é o sinal inicial da nova aliança, também é um juramento? Para responder a essa pergunta, porém, primeiro precisamos descobrir se a nova aliança é inaugurada por um juramento.

A NOVA ALIANÇA É INAUGURADA POR UM JURAMENTO?

Como vimos, algumas das alianças na Bíblia são inauguradas por um juramento divino. A aliança davídica é o exemplo mais óbvio disso: "Fiz aliança com o meu escolhido e jurei a Davi, meu servo: Para sempre estabelecerei a tua posteridade e firmarei o teu trono de geração em geração" (Sl 89.3-4). E, em Gênesis 15, o Senhor ratifica sua aliança com Abraão, através do sinal de juramento de passar entre os animais cortados à metade (Gn 15.18). A nova aliança, como essas duas alianças, também é inaugurada por um juramento divino?

À primeira vista, parece que a nova aliança, como essas duas alianças, é baseada em promessas divinamente garantidas: Jeremias 31.31-34; 32.37-41 e assim por diante.

---

21. Para uma discussão completa acerca da circuncisão como uma consagração, ver Meredith G. Kline, *By Oath consigned* (Grand Rapids: Eerdmans, 1968), 39-49, 86-89; Jason S. DeRouchie, "Circumcision in the hebrew bible and targums: theology, rhetoric, and the handling of metaphor," *Bulletin of biblical research* 14 (2004): 182-89, 202-3.

No entanto, existem diferenças cruciais. Gênesis 15.18 e Salmo 89.3-4 indicam claramente que as alianças abraâmica e davídica surgiram no dia em que o Senhor fez essas promessas. Assim, enquanto o cumprimento das promessas permaneceu futuro, estas duas alianças foram inauguradas pela palavra de Javé, e, no caso de Gênesis 15, um sinal de juramento que confirmou a palavra. Contudo, quando Deus prometeu a nova aliança ao seu povo, o dia de sua inauguração permaneceu claramente futuro: "Eis aí vêm dias, diz o Senhor, em que firmarei nova aliança com a casa de Israel e com a casa de Judá" (Jr 31.31). A promessa da aliança não trouxe a aliança à existência. A nova aliança é expressamente contrastada com a aliança mosaica (Jr 31.32), mas a aliança mosaica permaneceu em vigor por séculos depois que o Senhor fez essa promessa. Portanto, embora a nova aliança esteja certamente fundamentada em uma promessa como as feitas a Abraão e Davi, difere delas pois não foi inaugurada por essa promessa.

Como então Deus "corta" na nova aliança? Cortando seu Filho, nosso Senhor Jesus Cristo. Lembre-se de Lucas 22.20: "Semelhantemente, depois de cear, tomou o cálice, dizendo: Este é o cálice da nova aliança no meu sangue derramado em favor de vós". A nova aliança é inaugurada pelo sacrifício eficaz de Jesus. Como Hebreus explica: "Por isso mesmo, ele é o Mediador da nova aliança, a fim de que, intervindo a morte para remissão das transgressões que havia sob a primeira aliança, recebam a promessa da eterna herança aqueles que têm sido chamados" (Hb 9.15, cf. vv. 16-17). Em sua morte, Jesus sofreu simultâneamente a maldição da aliança mosaica quebrada e desencadeou as bênçãos da nova aliança.[22]

Assim, Meredith Kline está próximo da conclusão quando diz que "a Nova Aliança não é ratificada pelo ritual do juramento, seja realizado por homens ou por Deus, mas por uma inebriante decisão de Deus em um ato escatológico de julgamento".[23] A cruz foi um ato escatológico de julgamento no qual Deus trouxe o castigo final e definitivo pelo pecado para o presente, colocando-o em Jesus. Como resultado, todas as bênçãos da nova aliança são agora derramadas sobre o povo de Deus. A nova aliança não é inaugurada por uma mera promessa, nem pela morte simbólica de animais, mas pela morte de Cristo, que cumpre todas as promessas de Deus.[24]

---

22. Ver, por exemplo, Peter T. O'Brien, *The letter to the hebrews*, Pillar New Testament Commentary (Grand Rapids: Eerdmans, 2010), 326-28.
23. Kline, *By Oath Consigned*, 33. Digo "perto da marca" porque vou qualificar sua declaração sobre como a nova aliança será ratificada mais tarde. Tal como acontece com o pacto abraâmico (Gênesis 15 e 17), com o novo pacto devemos distinguir entre o estabelecimento inicial do pacto e os meios pelos quais cada indivíduo entra nele.
24. Hebreus 8: 6 pode parecer argumentar de outra forma, já que diz que o ministério de Cristo é "tanto mais excelente, quanto é ele também Mediador de superior aliança instituída com base em superiores promessas.". O verbo νενομοθέτηται, aqui traduzido "instituída", poderia também ser transformado em "legitimamente estabelecido" ou "legalmente fundado". E o uso semelhante do termo em 7.11 fala sobre a concessão da lei e, portanto, a inauguração da aliança mosaica. No entanto, o termo aqui parece referir-se às promessas de Jeremias 31.31-34 como base, e não como meio ou ocasião, da inauguração da nova aliança.

No entanto, enquanto a nova aliança não foi fundada por um juramento por si mesmo, as promessas de Deus em Jeremias 31.31-34; 32.37-41 e outras passagens parecem funcionar como um juramento quando a aliança é inaugurada. Nessas promessas, Deus especifica as obrigações que ele *cumprirá* para o seu povo. Ouça os tambores:

> Eles serão o meu povo... e eu serei o seu Deus... Dar-lhes-ei um só coração e ... Farei com eles aliança eterna... Porei o meu temor no seu coração... Para que nunca se apartem de mim. Alegrar-me-ei por causa deles... e lhes farei bem... plantá-los-ei firmemente nesta terra... de todo o meu coração e de toda a minha alma. Eis que eu os congregarei de todas as terras, para onde os lancei na minha ira, no meu furor e na minha grande indignação; tornarei a trazê-los a este lugar e farei que nele habitem seguramente (Jr 32.37-41).

Essas promessas gloriosas e incondicionais obrigam Deus a agir na direção do seu povo, segundo as suas próprias promessas, quando a nova aliança é inaugurada. E o Novo Testamento nos diz que elas surtem efeito quando Deus, o Pai, marca a nova aliança cortando Jesus, ressuscitando-o dentre os mortos e derramando o Espírito Santo para efetuar a transformação de seu povo que a nova aliança promete. Portanto, ainda que a nova aliança não seja fundada por um juramento, ela é, no entanto, fundamentada em um.

O BATISMO É UM JURAMENTO?

Isso significa que o único juramento envolvido na nova aliança é a promessa de Deus que entra em vigor por meio da obra salvadora de Jesus? Acredito que a resposta é não, e que o batismo é, na verdade, o sinal de juramento pelo qual uma pessoa é formalmente iniciada no novo pacto.

É importante lembrar que a aliança abraâmica foi inaugurada por meio de uma promessa divina, acompanhada de um sinal de juramento (Gn 12.1–3; 15.1-18), e cada descendente masculino de Abraão entrou na aliança por meio de um sinal de juramento de sua autoria (Gn 17.9-14). A aliança Abraâmica foi fundada e iniciada por um juramento. Nesta seção, argumentarei que a nova aliança é semelhante à aliança Abraâmica nesse ponto. A nova aliança é fundada sobre o juramento de Deus, que entra em vigor por meio do ato salvífico de Cristo, e é ratificado por cada crente no batismo.

Precisamos colocar três lentes no lugar para discernir o ensino da Bíblia de que o batismo é o sinal de juramento iniciador da nova aliança. A primeira é que a nova aliança substitui a antiga aliança, isto é, a aliança Mosaica, na economia de Deus (Hb 8.6-7, 13). Lembrem-se do que explicamos brevemente acima, que a aliança mosaica era o meio ordenado por Deus de administrar o pacto abraâmico, e o pacto davídico especificava ainda mais os meios pelos quais o povo cumpriria ou deixaria de atender às exigências da aliança mosaica. A nova aliança, então, substitui a aliança mosaica na medida em que se torna o meio pelo qual a aliança abraâmica é finalmente cumprida. Paulo diz que Cristo se tornou uma maldição por nós "para que a bênção de Abraão chegasse aos gentios, em Jesus Cristo, a fim de que recebêssemos, pela fé, o Espírito prometido" (Gl 3.14). Por meio de Cristo levando a maldição da antiga aliança, os crentes de todas as nações recebem o prometido Espírito da nova aliança. E Paulo diz que este derramamento do Espírito é a bênção prometida a Abraão em Gênesis 12. Além disso, a nova aliança e a aliança davídica são cumpridas juntas, uma vez que Jesus, o Filho de Davi, é quem media a nova aliança (cf. Ez 37.21-28). "Depois de purificar os pecados" e assim inaugurar a nova aliança, Jesus "sentou-se à destra da Majestade nas alturas", começando seu reinado como herdeiro de Davi (Hb 1.3; ecoando Sl 110.1).

Em suma, a nova aliança realiza o que a antiga aliança nunca conseguiu (Gl 2.21-22; Hb 8.7); assume o ofício, por assim dizer, anteriormente mantido pela aliança mosaica; no entanto, não há perigo de que esta aliança seja removida do ofício.

A segunda lente que precisamos colocar no lugar é que, assim como a antiga aliança proporcionou uma regra de vida compreensível e abrangente para o povo de Deus, a nova aliança também. A antiga aliança governava não apenas a quem Israel adorava e a forma dessa adoração, mas também como faziam negócios, o que usavam, o que comiam, com quem podiam se casar e quase tudo o mais que se possa imaginar. Uma vez que a aliança os obrigava a observar todas as leis de Deus, um total de 613 segundo a contagem de alguns rabinos, o juramento de obediência do povo era o meio de entrar na aliança (Êx 24.7). A nova aliança também fornece uma regra de vida que é tão abrangente quanto a antiga, embora haja diferenças notáveis nos detalhes e no foco. Considere a grande comissão de Mateus: "Jesus, aproximando-se, falou-lhes, dizendo: Toda a autoridade me foi dada no céu e na terra. Ide, portanto, fazei discípulos de todas as nações, batizando-os em nome do Pai, e do Filho, e do Espírito Santo; ensinando-os a guardar todas as coisas que vos tenho ordenado. E eis que estou convosco todos os dias até à consumação do século" (Mt 28.18–20).

Tornar-se um discípulo de Jesus é se comprometer a cumprir tudo o que ele ordenou. É submeter-se à sua lei, que se estende não apenas aos cantos mais distantes do universo, mas também aos confins mais íntimos de nossos corações. A maravilha da nova aliança é que ela nos permite obedecer a tudo o que Jesus manda: "Na mente, lhes imprimirei as minhas leis, também no coração lhas inscreverei" (Jr 31.33; cf. Jr 32.39– 40; Ez 36.26-27). A oração de Agostinho: "Ordene o que quiseres e dê-me o que ordenares", é o grito de todo crente da nova aliança. Nossa segunda lente, então, é esta: a nova aliança dita e possibilita uma vida inteira de obediência profunda a Deus.

Com base nisso, nossa terceira lente é uma que já desenvolvemos neste capítulo, a saber, que o batismo é um sinal da nova aliança. Mas agora podemos ir além: o batismo simboliza e compromete uma pessoa à nova vida de obediência que a nova aliança implica. O batismo simboliza nossa nova vida em Cristo (Cl 2.12), e Paulo apela ao batismo para nos lembrar que nós, que passamos da morte para a vida, agora devemos viver para Deus (Rm 6.1-10). O apelo de Paulo pressupõe que o batismo envolve um compromisso de obedecer a Cristo. E tanto o simbolismo quanto o juramento de obediência envolvido no batismo estão no contexto da nova aliança, como vemos explicitamente em Mateus 28.19 e implicitamente em 1 Pedro 3.21.

Em Mateus 28.19, observe primeiro que o batismo é realizado "em nome" do Pai, Filho e Espírito Santo. Ser batizado em "nome" de Deus é um ato de iniciação e identificação da aliança. Quando Deus faz uma aliança com as pessoas, ele se identifica com elas e elas com ele. Isto está no coração da "fórmula da aliança", que ecoa através das Escrituras: "Eu serei o seu Deus, e eles serão o meu povo." [25] Um outro modo pelo qual as Escrituras descrevem essa

---

25. Ver, por exemplo, Gn 17.7–8; Êx 6.7; Lv 26.12; Jr 31.33; 2Co 6.16; e Ap 21.3.

identificação mútua é quando afirmam que, em virtude das suas alianças, Deus põe seu nome em seu povo, e ele é chamado pelo seu nome.[26] Assim, ser batizado em nome do Deus Trino é ser iniciado na identificação da aliança com ele. E essa identificação da aliança implica uma propriedade: agora pertencemos a Deus. [27] D.A. Carson une todos esses tópicos quando escreve sobre Mateus 28.19 que "a preposição 'em' sugere uma relação de aproximação com ou uma vinda sob o senhorio de... [O batismo] é um sinal tanto de entrada na comunidade da aliança do Messias como de submissão ao seu senhorio."[28]

Enfim, vemos em Mateus 28.19 que a nova aliança exige obediência total ao ensino de Jesus, e o batismo nos compromete a essa obediência. Além disso, o batismo em nome do Deus Trino é uma identificação da nova aliança com o Senhor da aliança, com o resultado de que agora pertencemos a ele. Como um juramento de submissão ao senhorio de Cristo, o batismo é um sinal de juramento da aliança, um voto promulgado análogo ao de Israel: "Tudo o que falou o Senhor faremos e obedeceremos" (Êx 24.7).

---

26. Ver Nm 6.27; Dt 28.10; 2Cr 7.14; e Dn 9.18-19.
27. Ver, por exemplo, G. R. Beasley-Murray, *Baptism in the New Testament* (repr.; Grand Rapids: Eerdmans, 1973), 91.
28. D. A. Carson, *Matthew*, in *The expositor's bible commentary*, vol. 8, ed. Frank Gaebelin (Grand Rapids: Zondervan, 1984), 597. Também comentando sobre Mateus 28.18-20, Grant Macaskill escreve: "O batismo representa a iniciação na aliança, na presença de um Deus agora considerado Trino" (*Union with Christ in the New Testament* [Oxford: Oxford University Press, 2013], 201; cf. 217).

Isso não exige necessariamente que aquele que está sendo batizado deva pronunciar verbalmente um voto de obedecer a todos os ensinamentos de Jesus, embora isso seja certamente permitido, e até mesmo aconselhável. Em vez disso, como nas cerimônias de corte das alianças do Antigo Testamento, o próprio ato é o juramento. A função do batismo como um sinal de juramento da aliança é implicitamente confirmada em 1 Pedro 3.21. Depois de falar sobre como a família de Noé foi mantida em segurança durante julgamento do dilúvio, Pedro escreve: "a qual, figurando o batismo, agora também vos salva, não sendo a remoção da imundícia da carne, mas a indagação de uma boa consciência para com Deus, por meio da ressurreição de Jesus Cristo."

Duas questões neste versículo são particularmente discutidas. A primeira é que a expressão traduzida pela ARA como "indagação de uma boa consciência", [29] seria melhor traduzida como "juramento", como um "voto" ou "promessa". No entanto, embora a tradução da palavra para "juramento" fortaleça o meu argumento, acho mesmo que "indagação" é o significado mais provável[30]. Se esse é o caso, então Pedro descreve o batismo como um pedido solene, uma oração proferida.

---

29. Grego: ἐπερώτημα.
30. Ver, por exemplo, Thomas R. Schreiner, *1, 2 Peter, Jude*, New American Commentary 37 (Nashville: B&H, 2003), 195-96.

A segunda questão controversa é se o apelo é *para* uma boa consciência ou *de* uma boa consciência.[31] Se o apelo for *de* uma boa consciência, a frase pode simplesmente indicar que o pedido é sincero ou que é feito por alguém cujos pecados foram perdoados. Isso é possível tanto do ponto de vista teológico como contextual. No entanto, vimos no último capítulo que o batismo é onde a fé se torna pública. Ele incorpora a decisão de se arrepender e crer. Como tal, está intimamente associado ao perdão dos pecados: "Arrependei-vos, e cada um de vós seja batizado em nome de Jesus Cristo para remissão dos vossos pecados, e recebereis o dom do Espírito Santo" (Atos 2.38; cf. Atos 22.16). Parece mais provável, então, que Pedro esteja retratando o batismo como um ato de fé. Assim, acho que "indagar a Deus *por* uma boa consciência" é provavelmente a tradução mais precisa de toda a frase, embora nada de crucial esteja em jogo em nenhuma dessas decisões.

Se Pedro apresenta o batismo como um apelo a Deus por uma boa consciência, o que isso nos diz sobre o relacionamento do batismo com a nova aliança? Que o batismo dramatiza a decisão da fé — a fé pela qual nos apegamos às promessas da nova aliança em Cristo. O batismo incorpora um apelo a Deus que diz, com efeito: "Ó Senhor, aceita-me nos termos da tua nova aliança."

---

31. Em termos de sintaxe grega, a questão é se a frase συνειδήσεως ἀγαθῆς é um genitivo subjetivo ou objetivo.

Visto que o novo pacto traz perdão, purificação e um novo coração, uma boa consciência é uma dádiva da nova aliança. O sacrifício da inauguração da nova aliança em Cristo purifica a nossa consciência de uma tal forma que os rituais levíticos nunca puderam (Hb 9.13-14). É por isso que, após expor a inauguração da nova aliança em Cristo, o autor de Hebreus nos exorta a aproximar-nos de Deus "com sincero coração, em plena certeza de fé, tendo o coração purificado de má consciência e lavado o corpo com água pura" (Hb 10.22).

Além disso, lembre-se do que Pedro diz: "O batismo agora salva você. . . através da ressurreição de Jesus Cristo." A ressurreição de Cristo é o que traz o poder da época para o tempo presente, e esse mesmo poder é o que alimenta a nova aliança (cf. Ezequiel 37.11–14, 24–28). Em síntese, o batismo é um apelo a Deus *pela* dádiva da nova aliança de uma boa consciência, *com base na* ressurreição de Jesus, a fonte de poder escatológico da nova aliança. O batismo pode não ser explicitamente descrito como um juramento de aliança em 1 Pedro 3.21, mas é um apelo pactual, a solenização da decisão de uma pessoa de se relacionar com Deus nos termos de sua nova aliança. Como tal, complementa bem a representação do batismo de Mateus como a entrada em uma nova vida de obediência aos mandamentos de Jesus. No mesmo ato, tanto nos submetemos a Jesus como Senhor (Mt 28.19) como o invocamos como Salvador (1Pe 3.21), aspectos indissociáveis de nossa entrada na nova aliança.

De modo mais abrangente, pense em textos como Atos 2.38-41; Romanos 6.1–4; e Colossenses 2.11–12. Essas passagens mostram que o batismo simboliza a nossa união com Cristo em sua morte, sepultamento e ressurreição. O batistmo nos compromete publicamente com Cristo e sua causa e, portanto, marca uma ruptura decisiva com nossa vida pré-cristã. De acordo com a lógica mais detalhada fornecida por textos como Mateus 28.19 e 1 Pedro 3.21, é por isso que inúmeros escritores, batistas e outros, argumentam que o batismo é um juramento de fidelidade a Cristo.

Por exemplo, o pastor batista do século XVIII Andrew Fuller argumentou que, para os primeiros crentes, o batismo era um "juramento de fidelidade ao rei de Sião, por meio do qual eles declararam que o Senhor era seu Deus." [32] O falecido teólogo batista Stanley Grenz partiu do mesmo princípio, mas trouxe a aliança para o primeiro plano: "Nossa confissão de fé está intimamente ligada a uma transferência de lealdade — a substituição da antiga fidelidade

---

32. Andrew Fuller, "The Practical Uses of Baptism," em *The complete works of the rev. Andrew Fuller with a memoir of his life by Andrew Gunton Fuller*, vol. 3, ed. J. Belcher (Philadelphia: American Baptist Publication Society, 1845; repr., Harrisonburg, VA: Sprinkle, 1988), 339. Além disso, no batismo: "Entregamos-nos solenemente a Cristo, levando-o a ser o nosso profeta, sacerdote e rei, comprometendo-nos a receber a sua doutrina, confiar em sua expiação e obedecer às suas leis. Os votos de Deus estão sobre nós. Nós juramos guardar os seus julgamentos justos, e, a menos que violemos o juramento de Deus, não podemos voltar atrás" (ibid., 339-40).

por uma nova fidelidade a Cristo como Senhor (...). Finalmente, como um sinal de nossa união com Cristo em sua ressurreição, o batismo simboliza a confirmação de uma aliança com Deus." [33] John Owen escreveu de forma semelhante que o batismo "é o juramento solene da nossa entrada na Aliança com Deus e de nossa renúncia a nós mesmos a ele no solene vínculo da religião."[34] Michael Horton declara de forma mais explícita que o batismo é um sinal de juramento da aliança. Ele escreve sobre os dois sacramentos:

O ritual é inseparável do próprio tratado [isto é, da aliança], estabelecendo e não apenas simbolizando uma nova relação entre duas festas (...). Na economia da aliança, a função dos signos não é primariamente expressar uma experiência ou um desejo interior. Nem é principalmente para se referir simbolicamente a um estado de coisas que transcende. Pelo contrário, é um ato criador de obrigações no presente que só pode ser obtido em um relacionamento de pessoas[35].

Finalmente, uma das exposições mais claras do batismo como um juramento é dada pelo anabatista Balthasar Hubmaier, do século XVI, que escreveu a respeito do voto batismal:

---

33. Stanley J. Grenz, *Theology for the Community of God* (Nashville: B&H, 1994), 679–80.
34. John Owen, ΠΝΕΥΜΑΤΟΛΟΓΙΑ or A Discourse Concerning the Holy Spirit, *The Works of John Owen*, vol. 3, ed. William H Gould (repr.; Edinburgh: Banner of Truth Trust, 1965), 73.
35. Michael S. Horton, People and Place: *A Covenant Ecclesiology* (Louisville: Westminster John Knox, 2008), 101–2. Como vimos, 1 Pedro 3.21 indica que "expressar um desejo", ou mais apropriadamente, uma petição solene, desempenha um papel mais proeminente no batismo do que Horton, como pedobatista, está disposto a conceder. Além disso, a sua declaração tem um objetivo.

É um compromisso feito a Deus publicamente e oralmente perante a congregação na qual o batizado renuncia a Satanás e toda a sua imaginação e obras. Ele também promete que, doravante, estabelecerá sua fé, esperança e confiança unicamente em Deus e regulará sua vida de acordo com a Palavra divina, na força de Jesus Cristo, nosso Senhor, e se ele falhar, promete à igreja que ele aceitará obedientemente a disciplina fraternal dela e de seus membros.[36]

Muitos outros argumentaram que o batismo constitui um voto de lealdade ao Senhor Jesus, incluindo alguns que enfatizam corretamente o contexto da aliança deste voto e, portanto, o marcam como um juramento da aliança.[37]

---

36. Balthasar Hubmaier, "A Christian catechism," *Balthasar Hubmaier: theologian of anabaptism*, ed. H. Wayne Pipkin and John Howard Yoder, Classics of the Radical Reformation, vol. 5 (Scottdale, PA: Herald Press, 1989), 350–51. Ver a discussão em Eddie Mabry, *Balthasar Hubmaier's Doctrine of the Church* (Lanham, MD: University Press of America, 1994), 140–42.

37. Ver, por exemplo, James D. G. Dunn, *Baptism in the Holy Spirit: A re-examination of the New Testament teaching on the gift of the spirit in relation to pentecostalism today* (2nd ed.; London: SCM Press, 2010), 97, 117–18; James Bannerman, *The Church of Christ*, vol. 2 (Edinburgh: T. & T. Clark, 1868), 12"[Os sacramentos] pressupõem e implicam uma transação de aliança entre os homens que fazem parte delas e Deus; e são os atestados e confirmações dessa transação, comprometendo a Deus por um ato visível a cumprir sua parte da aliança, e engajando o indivíduo pelo mesmo ato visível a desempenhar sua parte nele." Do ponto de vista batista, R. Stanton Norman escreve: "O batismo como o 'selo da aliança' foi a base para a primeira compreensão batista da igreja como uma comunidade de aliança." (*The Baptist Way: Distinctives of a Baptist Church* [Nashville: B&H, 2005], 135). Também Brandon C. Jones: "O primeiro papel de aliança do batismo é que Deus designou o batismo como um evento único, ou selo, que confirma a iniciação em sua nova aliança, levando consigo efeitos duradouros para a vida do crente individual" (*Waters of Promise: Finding Meaning in Believer Baptism* [Eugene, OR: Wipf and Stock, 2012], 136).

A nova aliança, simbolizada pelo batismo, tanto atribui quanto fortalece a completa obediência ao Senhor Jesus. O batismo simboliza nossa nova vida na nova aliança e nos compromete a cumprir suas exigências através da fé em Cristo e pelo poder do Espírito. O batismo nos identifica pactualmente com o nome do Deus Trino (Mt 28.19) e é o nosso apelo visível a Deus para nos aceitar com base na nova aliança (1Pe 3.21). Juntando tudo isso, as Escrituras ensinam que o batismo é o sinal de juramento inicial da nova aliança e é a palavra promulgada pela qual nós, de maneira formal e pública, ratificamos a nossa entrada na aliança de paz de Deus (Ez 37.26).[38]

DUAS DIFERENÇAS CRUCIAIS ENTRE O BATISMO E A CIRCUNCISÃO

Agora precisamos notar duas diferenças cruciais entre o batismo como o sinal de juramento inicial da nova aliança e a circuncisão como o sinal de juramento inicial da aliança abraâmica[39]. A primeira é que, enquanto a circuncisão

---

38. Brandon Jones descreve sua posição sobre o batismo da mesma forma: "A visão da aliança apresenta o batismo como o sinal normativo divinamente ordenado e o selo de iniciação na nova aliança de Deus com o seu povo da aliança, sem o qual o processo normativo da iniciação cristã é incompleto" (ibid., 142).
39. Mais especificamente, desde a época da sua concepção até o nascimento da nova aliança, a circuncisão iniciava uma pessoa à aliança Abraâmica. Além disso, uma vez que a aliança Mosaica administrou a aliança Abraâmica, durante o tempo da administração Mosaica, alguém teria entrado simultaneamente nas duas alianças por meio da circuncisão (cf. Js 5.1-9).

ameaçava o julgamento por desobediência, o batismo retrata o completo julgamento final que já caiu sobre Cristo. A circuncisão era, em parte, um sinal das sanções que se aplicariam a qualquer um que desobedecesse ao pacto: elas seriam "cortadas" do povo (Gn 17.14). No entanto, o batismo retrata a verdade de que Jesus já foi "cortado da terra dos viventes" (Is 53.8) para que tivéssemos a vida eterna nele. Cristo já sofreu as sanções para as quais a circuncisão apontava. Não sobrou nada para nós. O batismo retrata o julgamento, mas um julgamento satisfeito, um julgamento esgotado, o julgamento que nunca provaremos, porque Cristo esgotou a taça até o último gole. A circuncisão retrata a ameaça de uma sanção, e o batismo uma sanção satisfeita.[40]

Segunda, a circuncisão exigia implicitamente que as pessoas renovassem seus corações: "Circuncidai, pois, o vosso coração e não mais endureçais a vossa cerviz" (Dt 10.16; cf. Jr 4. 4). A circuncisão chamou Israel a se consagrar, a fim de que suas vidas correspondessem ao seu status de povo da aliança de Deus. O batismo, por outro lado, proclama que Deus *circuncidou* nossos corações (Cl 2.12). Ele *derramou* seu Espírito, nos purificou e nos renovou.

---

40. Sobre o último ponto, veja Justyn Terry, *The justifying judgment of God: A reassessment of the place of judgment in the saving work of Christ*, Paternoster Theological Monographs (Eugene, OR: Wipf and Stock, 2007), 181–87.

Portanto, embora o batismo seja um juramento que compromete alguém às obrigações da nova aliança, *não* é um juramento de autocondenação - isto é, uma maldição condicional. [41] O batismo é melhor representado como uma troca de alianças no casamento do que, digamos, as cerimônias inaugurais da aliança de Gênesis 15 e Êxodo 24. De modo complementar, esses dois rituais retratam a morte como a ameaça pela falta de fé na aliança[42]. Por outro lado, o propósito da troca de alianças é o compromisso solene do noivo para com a noiva e da noiva para com o noivo. Certamente, esse compromisso implica um novo conjunto de obrigações: os próprios votos. E ambos, marido e mulher, responderão a Deus sobre como cumprem essas novas obrigações. Mas a cerimônia simboliza promessa de compromisso, não ameaça de julgamento.

O mesmo vale para o batismo, que retrata a vida cristã em microcosmos[43]. O batismo proclama que em Cristo já passamos pelo julgamento e emergimos com segurança do

---

41. Em *Marriage as a Covenant*, 200–14, Hugenberger discute vários sinais de juramento de aliança - como levantar uma mão, dar uma mão em penhor e comer juntos - que não são auto condenatórios.
42. Assim como a circuncisão retrata tanto a consagração ao Senhor como a ameaça de julgamento por falta de fé, eu sugiro que a iniciação da aliança de Êx 24.3–8 também ilustra ambos os elementos. Para uma boa discussão de Êxodo 24.3–8 que trata da consagração ao Senhor como o tema principal, ver W. Ross Blackburn, *The God who makes himself known: the missionary heart of the book of exodus*, new studies in biblical theology 28 (Downers Grove, IL: InterVarsity, 2012), 95–99.
43. Beasley-Murray, *Baptism in the New Testament*, 144.

outro lado⁴⁴. À medida que nos elevamos das águas do julgamento e pisamos na terra da nova criação de Deus, nos comprometemos a obedecer a tudo o que o Senhor Jesus ordena através da graça que ele dá. Como John Webster diz: "A realidade da qual a igreja emerge, e a única pela qual ela permanece em pé, é: Você a trouxe à vida".⁴⁵ O batismo retrata esse impressionante indicativo, ao mesmo tempo que nos compromete com o imperativo.⁴⁶

Como a circuncisão, o batismo é um sinal de juramento de iniciação de aliança. Ao contrário da circuncisão, o batismo não é uma autocondenação condicional, mas em vez disso, retrata a plena satisfação da ira de Deus na morte de Cristo. Portanto, o significado do batismo como um sinal de juramento, bem como qualquer outro aspecto de seu significado, é determinado pela novidade da nova aliança.

---

44. C. F. D. Moule escreve: "Pelo batismo, um indivíduo, ou mesmo toda a Igreja corporativamente, é (em certo sentido), passado o grande veredito, após o julgamento final do último dia, conduzido para a vida da nova era (...). Nesse sentido, uma pessoa batizada passou pelo julgamento final e ressuscitou para uma nova vida. Para ela, a "segunda morte" de Ap 20.6,14 não tem poder" ("The Judgement Theme in the Sacraments," em *The Background of the New Testament and Its Eschatology*, ed. W. Daube and W. D. Davies [Cambridge: Cambridge University Press, 1954], 467).
45. John B. Webster, "'The visible attests the invisible,'" em *The community of the word: toward an evangelical ecclesiology*, ed. Mark Husbands e Daniel J. Treier (Downers Grove, IL: InterVarsity, 2005), 102.
46. Grant Macaskill argumenta que a dimensão da aliança do batismo explica como o batismo identifica formalmente um crente com a vida e a morte de Cristo: "O crente, no batismo, identifica-se como morto e ressuscitado sob os termos do pacto por causa da obra representativa de Jesus" (*Union with Christ*, 196).

MAS NÃO ENTRAMOS NA NOVA ALIANÇA PELA FÉ?

Tudo isso levanta questões importantes: não entramos na nova aliança pela fé? Como então podemos dizer que o batismo nos inicia na aliança?

A primeira coisa a dizer é, sim, nós entramos na nova aliança pela fé. Somos justificados pela fé (Rm 3.21-26; Gl 2: 15-16) - há a bênção fundacional da nova aliança do perdão (Jr 31.31-34). Nós recebemos o Espírito pela fé (Gl 3.14), outra nova aliança de bênção (Ez 36.27; 37.26). Pela fé somos adotados por Deus, tornando-nos herdeiros de todas as bênçãos da aliança (Gl 3.26).

No entanto, a nova aliança cria um novo povo, não apenas novas pessoas. Aludindo a Êxodo 19.5-6 e Oséias 2.23, Pedro diz a crentes espalhados por toda a Ásia Menor: "Vós, porém, sois raça eleita, sacerdócio real, nação santa, povo de propriedade exclusiva de Deus, a fim de proclamardes as virtudes daquele que vos chamou das trevas para a sua maravilhosa luz; vós, sim, que, antes, não éreis povo, mas, agora, sois povo de Deus, que não tínheis alcançado misericórdia, mas, agora, alcançastes misericórdia."(1Pe 2.9–10).

Observe como Pedro utiliza termos corporativos e até políticos para descrever o novo povo da aliança de Deus. Somos uma raça escolhida, uma raça que inclui pessoas de todas as raças. Somos um sacerdócio real chamado para retratar a santidade de Deus para o mundo. Somos uma nação santa, apesar de estarmos espalhados por todas as nações. Nós, que antigamente não éramos um povo, fomos feitos um povo para a propriedade de Deus.

Ao aplicar esses termos da antiga aliança ao povo da nova aliança de Deus, Pedro demonstra que a nova aliança cria um corpo de pessoas que são diferentes do mundo. De fato, distinguir o povo de Deus do mundo é um dos principais propósitos das alianças em toda a Escritura, e na nova aliança não é diferente.[47] Em Êxodo 19.5, imediatamente antes do texto citado por Pedro, o Senhor diz a Israel: "Agora, pois, se diligentemente ouvirdes a minha voz e guardardes a minha aliança, então, sereis a minha propriedade peculiar dentre todos os povos; porque toda a terra é minha". A aliança de Deus com Israel promulgou e divulgou formalmente seu distinto e eletivo amor por eles. De todos os povos da terra, ele *os* fez seus (Am 3.2). Como tal, os sinais da circuncisão e do sábado da aliança de Deus distinguiram seu povo das nações, assim como fizeram as suas leis de modo mais amplo.

Para qual finalidade? Que eles revelassem a sua glória para as nações. Em Deuteronômio 4. 5–8, Moisés ordena ao povo de Israel que cumpra a lei de Deus para que as nações

---

47. Ver Jonathan Leeman, *The Church and the Surprising Offense of God's Love: Reintroducing the Doctrines of Church Membership and Discipline* (Wheaton, IL: Crossway, 2010), 253-56.

se maravilhem com a sabedoria de suas leis e com a glória de seu Deus. Israel falhou nesta tarefa, mas Deus realizou isto através da nova aliança. Apresentando suas promessas da nova aliança em Ezequiel, o Senhor proclama:

Dize, portanto, à casa de Israel: Assim diz o Senhor Deus: Não é por amor de vós que eu faço isto, ó casa de Israel, mas pelo meu santo nome, que profanastes entre as nações para onde fostes. Vindicarei a santidade do meu grande nome, que foi profanado entre as nações, o qual profanastes no meio delas; as nações saberão que eu sou o Senhor, diz o Senhor Deus, quando eu vindicar a minha santidade perante elas (Ez 36.22-23).

Através da nova aliança, o Senhor revela a sua glória perante as nações. Como? Permitindo que o seu povo cumprisse a sua palavra e proclamasse a sua glória (Ez 36.24-32). A nova aliança cria um povo que é distinto do mundo.

E para ser distinto do mundo, as pessoas da nova aliança de Deus têm de ser visíveis para o mundo. Certamente, a nossa vida social como um todo é o testemunho mais completo da nossa diferença em relação ao mundo (Jo 13.34-35), mas eu também sugiro que é mais precisamente neste ponto que o batismo entra em cena. Assim como a circuncisão marcou os descendentes de Abraão das outras nações, o batismo marca os que são verdadeiros filhos de Abraão (Gl 3.25-29). Assim como a circuncisão era um fato comprovado, o batismo também é um ato único que pode ser comprovado perguntando quem o executou e quem o viu. É claro que devemos amar a Deus e amar nossos vizinhos para mostrar a glória de Deus ao mundo, mas o batismo posiciona o holofote sobre cada um do povo de Deus, dizendo para o mundo que assiste: "Quer ver como é Deus? Olhe aqui! Este aqui pertence a ele."

A nova aliança é mais do que uma realidade espiritual invisível. Ela tem uma forma visível e pública, e o batismo delineia essa forma. Entrar na nova aliança significa entrar no novo povo aliança. Como vimos, tornar-se um cristão é mais que uma decisão privada e invisível de crer. O mesmo ocorre ao entrar na nova aliança, que é simplesmente outra descrição bíblica de "tornar-se cristão". Como a nova aliança cria um povo povo, a entrada na aliança requer uma promessa pública, a saber, o batismo.[48]

O casamento fornece uma analogia útil nesse ponto, especialmente porque o casamento também é uma aliança.[49] Quando um casal se torna "casado"? É quando eles dizem "Sim"? Ou quando o ministro os pronuncia marido e mulher? Ou quando consumam o casamento? Em certo sentido, o pronunciamento do ministro sobre casamento é

---

48. Eddie Mabry escreve sobre a doutrina do batismo de Balthasar Hubmaier, "O batismo na água para Hubmaier é uma testemunha pública, um sinal que todos podem ver. Visto que a igreja não pode ver o coração da pessoa regenerada, sua fé e regeneração não podem ser conhecidas sem algum sinal externo" (*Balthasar Hubmaier's Doctrine of the Church*, 138).
49. Cf. Robert H. Stein, "Baptism and Becoming a Christian in the New Testament," em *Southern Baptist Journal of Theology* 2, no. 1 (1998): 13.

performativo: ele representa o que declara. No entanto, se o homem e a mulher não se comprometerem um ao outro por meio de votos, a mera declaração de um ministro não realiza nada. Além disso, se os dois primeiros componentes ocorrem, mas o casamento nunca é consumado, de certa forma o casal não é "completamente" casado.[50] Tradicionalmente, portanto, a dissolução de tal título equivale a uma anulação, e não a um divórcio. O casamento é uma união abrangente, e constituir um casamento é um ato correspondentemente complexo.

Da mesma forma, a nova aliança é uma relação divino-humana abrangente, e entrar nela é um ato correspondentemente complexo. Certamente, alguém que é espiritualmente regenerado, mas ainda não batizado, participa das realidades "invisíveis" da nova aliança: perdão, receber o Espírito e assim por diante. E se alguém morre cinco minutos depois de chegar à fé, vai para o céu. No entanto, assim como vimos no último capítulo com "tornar-se cristão", se alguém crê, mas ainda não foi batizado, ele ainda não entrou *totalmente* no novo pacto. Essa entrada é completada - formalizada, ratificada - no batismo. Você pode dizer que um crente ainda não batizado pertence à nova

---

50. Sobre o papel da união conjugal na constituição de um casamento, ver Sherif Girgis, Ryan T. Anderson, and Robert P. George, *What Is Marriage? Man and Woman: A Defense* (New York: Encounter Books, 2012). Por exemplo, "somente no ato gerador duas pessoas se tornam 'uma só carne' para selar um casamento" (100).

aliança em particular, mas ainda não publicamente, e a vontade de Deus é que os dois sejam inseparáveis. A nova aliança, como vimos, é mais do que um registro invisível dos eleitos; tem uma forma pública. E a maneira pela qual você entra no espaço da Terra que a nova aliança ocupa é o batismo, seu sinal de juramento inicial.

FORMATO DE ALIANÇA QUE DÁ FORMA À IGREJA

O novo pacto cria um povo visível, e a forma de se tornar um membro desse povo é através do batismo. Assim, o batismo é necessário para a membresia da igreja. Ninguém pode pertencer ao povo visível de Deus sem ostentar o sinal que torna essas pessoas visíveis. Não é possível contar alguém entre as pessoas da nova aliança até que ele tenha se submetido ao seu sinal de juramento inicial.

Então, quando a igreja pergunta: "Quem pertence à nova aliança?" Uma parte da resposta é: "Quem fez o juramento? Isto é, quem foi batizado?" Pelo fato de o batismo ser o meio pelo qual alguém é iniciado na nova aliança, é também um meio necessário, embora não suficiente, pelo qual os membros da nova aliança são conhecidos uns dos outros. De acordo com o papel desempenhado como o lugar onde a fé se torna pública, o batismo é também um emblema de pertencimento. É uma marca para o povo da nova aliança de Deus. É o meio designado por Deus de traçar uma linha entre a igreja e o mundo.

Isso derruba o argumento comum da membresia aberta de que o batismo é simplesmente uma questão de obediência pessoal e não tem conexão teológica com a igreja. Considere, por exemplo, a alegação de John Bunyan de que o batismo "não sinaliza para outra pessoa a minha filiação com Deus." [51] Bunyan afirma que o batismo não tem nenhuma relação com a identificação de um cristão. No entanto, o relacionamento do batismo com a nova aliança argumenta de outra forma, sem mencionar o fato de que a imersão na água é um símbolo visível e público que não pode deixar de enviar uma mensagem a todos que o veem. Assim como a circuncisão distinguiu os israelitas das nações, assim também o batismo identifica o povo da nova aliança, tanto de um para outro, como para o mundo. Como Andrew Fuller argumentou: "A importância desta ordenança (...) surge do fato de ser o sinal distintivo do cristianismo - aquilo pelo qual eles seriam conhecidos, reconhecidos e tratados como membros do reino visível de Cristo (...) É análogo a um soldado se alistar no serviço de sua Majestade, vestindo a roupa militar ".[52]

O batismo é como o uniforme de um soldado, identificando-o ao seu comandante e aos colegas soldados. É como uma aliança de casamento, significando que as pessoas de

---

51. John Bunyan, *Differences in judgment about water-baptism, no bar to communion*, em *The miscellaneous works of John Bunyan*, ed. Underwood, 216.
52. Andrew Fuller, "Thoughts on open communion," em *Complete Works*, III, 504–5.

Deus se comprometeram totalmente com Jesus. No entanto, o batismo também é como o juramento de fidelidade de um soldado ou os votos de um noivo e noiva: o batismo não apenas representa um juramento; ele *é* um juramento.

Devido ao batismo marcar a entrada na aliança, ele desenha a forma do povo da aliança na terra. Como o batismo tem a forma da aliança, ele também dá forma à igreja. O batismo, portanto, tem uma forma eclesial. Não é apenas uma ordenança individual, mas uma ordenança que leva o indivíduo a um novo conjunto do qual ele agora faz parte. A ordenança que sela a entrada da aliança é a que abre a porta da igreja.

O batismo é o sinal de juramento inicial da nova aliança. Portanto, ele é necessário para entrar na comunidade da nova aliança na Terra: a membresia de uma igreja local.

O PRIMEIRO PILAR

Vimos neste capítulo que o batismo é um sinal da nova aliança que incorpora a novidade da nova aliança. Mais precisamente, é o sinal de juramento pelo qual se ratifica a entrada na nova aliança. É o ato simbólico e público pelo qual alguém confessa a Cristo como salvador e se submete a ele como Senhor, de acordo com os termos da nova aliança. É o meio pelo qual alguém tem um compromisso perante Deus, a igreja e o mundo para cumprir as exigências da nova aliança, capacitado pela própria nova aliança.

Como tal, o batismo é o meio inicial pelo qual o povo da nova aliança se torna visível, tanto para o mundo quanto para os outros membros da aliança. Como o batismo é um juramento de aliança, marca os limites do povo da aliança. É um emblema de pertencimento. Portanto, é necessário para a membresia da igreja local.

A função do batismo como o sinal de juramento inicial da nova aliança é o primeiro pilar do meu argumento, porque o batismo é necessário para a membresia da igreja. Ninguém que não tenha ratificado a aliança pode entrar no povo da aliança. Eu sugiro que, mesmo por conta própria, isso é decisivo. No entanto, isso está longe de ser o único pilar que sustenta esse telhado específico. Vamos adicionar outro no próximo capítulo, onde investigaremos o papel do batismo em como o reino dos céus é visto na Terra.

IDEIAS PRINCIPAIS

O batismo é um sinal da nova aliança e incorpora a novidade da nova aliança (Is 54.13; Jr 31.33). O batismo retrata as promessas de Deus cumpridas.

Mais especificamente, o batismo é o sinal de juramento inicial da nova aliança. É um voto promulgado pelo qual uma pessoa se submete formalmente ao trino Senhor da nova aliança e se compromete a cumprir os requisitos da nova aliança (Mt 28.19; 1Pe 3.21).

A nova aliança forma um povo visível, e uma pessoa se torna um membro visível do povo por meio do batismo. Não se pode contar alguém entre o povo da nova aliança até que ele seja submetido ao seu sinal de juramento inicial.

CAPÍTULO 5

O passaporte do Reino

Por quem você fala? Seja na sua família, trabalho, igreja ou qualquer outra esfera, quem você representa, e como? "Filho, lembre-se que você é um Azevedo." "As opiniões expressas neste bolgue são exclusivas e não representam as posições da Primeira Igreja Batista de Asa Branca." "Esta não é uma recomendação oficial, mas falando como um amigo, se eu estivesse no seu lugar, eu faria o seguinte."

Todos nós já dissemos ou ouvimos coisas como essas. Todos são de alguma forma responsáveis pela reputação de outra pessoa. Nossos nomes dizem ao mundo de onde viemos e a quem pertencemos. Nossos empregos, sejam eles quais forem, envolvem uma autoridade delegada que devemos administrar bem, a fim de realizar nosso trabalho e honrar aqueles pelos quais somos responsáveis.

A autoridade delegada, a representação e a reputação estão relacionadas. Quando dou uma aula na escola dominical em minha igreja, os presbíteros me delegam uma medida de autoridade. Por várias semanas, eu tenho de explicar e aplicar a Palavra de Deus para quem aparecer por aqueles cinquenta minutos antes do culto da igreja. Em geral, o que eu digo representa a igreja, já que a classe é um meio formal pelo qual a igreja está se esforçando para apresentar os irmãos aperfeiçoados em Cristo. E meu ensinamento afetará a reputação da igreja para o bem ou para o mal.

Neste capítulo, argumentarei que a autoridade delegada, a representação e a reputação não são apenas lentes práticas da vida da igreja. Elas são o cerne do que faz da igreja uma igreja. Elas também esclarecem a forma eclesial do batismo e como o batismo se relaciona com a membresia da igreja.

Este capítulo aponta na mesma direção que o anterior, embora por um caminho diferente, e dá um passo à frente. Para avaliar se o batismo é necessário para a membresia da igreja, precisamos avaliar se o próprio batismo tem uma forma eclesial. O que descobrimos no capítulo anterior é que o batismo é o sinal de juramento inicial da nova aliança, o meio visível pelo qual alguém é introduzido no corpo político do novo povo da aliança de Deus. Uma vez que o batismo possui uma forma de aliança, ele também dá forma à igreja.

Em toda a Escritura, Deus usa alianças para estabelecer o seu reino. O reino é o objetivo da aliança.[1] Assim, neste capítulo, vamos considerar o batismo à luz do reino. Veremos que quando Jesus inaugurou o reino de Deus, ele estabeleceu a igreja como uma embaixada daquele reino a fim de identificar seus cidadãos perante o mundo[2]. E o modo inicial e iniciador pelo qual a igreja identifica os indivíduos como cidadãos do reino é o batismo. O indivíduo não é o único que fala no batismo, a igreja também fala.

Por outro lado, o capítulo anterior nos deixa uma pergunta: se o batismo é o novo sinal de juramento que inicia a aliança, quem tem autoridade para realizar esse juramento? Isto é, quem está autorizado a administrar o batismo e com que autoridade? Este capítulo vai um passo além do anterior, nomeando a igreja local como a instituição responsável por separar o povo da nova aliança de Deus do mundo. A igreja tem autoridade para representar o reino dos céus na terra, marcando os cidadãos do reino, e isso deriva da autoridade delegada por Jesus ao conceder as chaves do reino.

A responsabilidade da igreja local em identificar os cidadãos do reino ilumina melhor a forma eclesial do batismo, e seu papel como o emblema identificador do povo de Deus.

---

1. Esta é a tese de Peter J. Gentry and Stephen J. Wellum, *Kingdom through covenant: a biblical-theological understanding of the covenants* (Wheaton, IL: Crossway, 2012).
2. Para uma defesa mais completa dessa ideia, veja o cap. 6 de Jonathan Leeman, *A political assembly: how Jesus establishes local churches as embassies of his international rule* (Downers Grove, IL: InterVarsity, forthcoming).

Como as igrejas locais são embaixadas do reino, uma igreja local constitui a forma visível e institucional do reino dos céus na terra. O espaço institucional que o reino dos céus ocupa na terra é a igreja local, e o modo pelo qual você entra nesse espaço é o batismo.

Dois movimentos neste capítulo nos levarão a esse objetivo. Primeiro, vamos traçar conexões cruciais entre Jesus, o reino e a igreja. Jesus é o reino em pessoa, e ele concede as chaves do reino para a igreja local. Segundo, veremos que o batismo é o passaporte do reino e a cerimônia de juramento de um cidadão do reino. É como a igreja reconhece oficialmente e afirma a cidadania de uma pessoa no reino dos céus. É como a igreja pronuncia uma palavra de validação sobre uma profissão cristã. Depois de estabelecer esses dois pontos, calcularemos o seu valor real para nosso argumento geral de que o batismo é necessário para a membresia da igreja.

JESUS, O REINO E A IGREJA

O ministério de Jesus é aberto com uma afirmação impressionante: "O tempo está cumprido e o reino de Deus está próximo" (Mc 1.15). Com estas palavras, Jesus afirma ser o ponto principal da história, o cumprimento das promessas de Deus através dos profetas, a satisfação de longos séculos de anseio pelo reino. Essa afirmação de ser o agente do reino de Deus se estende como uma bandeira sobre o ministério de Jesus, e todo o Novo Testamento revela precisamente como Jesus inaugura o reino e o que isso significa para nós.

Nesta primeira seção principal do capítulo, vamos traçar conexões cruciais entre Jesus, o reino e a igreja, e enfim definir o papel da igreja no reino. Começaremos vendo que Jesus é o reino em pessoa. Ele executa o governo de Deus na terra e fala na terra com toda a autoridade do céu.[3]

O REINO EM PESSOA

Como Jesus pode dizer: "O reino de Deus está próximo"? Alguma reviravolta política decisiva é iminente? Os judeus finalmente derrubarão o jugo romano? Não exatamente. O que permite Jesus dizer que o reino de Deus está próximo é que *ele* está entre eles.[4]

Suas ações poderosas são prova disso: "Se, porém, eu expulso demônios pelo Espírito de Deus, certamente é chegado o reino de Deus sobre vós" (Mt 12.28). Em última análise, Jesus é o reino em pessoa, porque ele é o próprio Deus, vindo para o seu povo como um homem (Mt 1.21).

---

3. Enquanto ele não desenha todas as conexões que eu faço abaixo, Miroslav Volf conecta Jesus como o reino em pessoa com a fundação da igreja quando ele escreve: "De acordo com a mensagem de Jesus, a reunião do povo de Deus está fundamentada na vinda do Reino de Deus em sua pessoa" (*After our likeness: the church as the image of the trinity* [Grand Rapids: Eerdmans, 1999], 128).

4. Meu argumento nesta seção se deve a Dan G. McCartney, "*Ecce Homo*: The Coming of the Kingdom as the Restoration of Human Vicegerency," in *Westminster Theological Journal* 56, no. 1 (1994): 9–10.

Ele prova isso fazendo o que somente Deus pode fazer: ele perdoa os pecados (Mt 9.6), ele interrompe uma tempestade com uma palavra (Mt 8.26), ele vem para recolher as ovelhas perdidas de Israel (Mateus 15.24), o que Deus havia prometido fazer Ele mesmo (Ez 34.15). Como todos os quatro Evangelhos demonstram, Jesus não é apenas um profeta ou um rei, mas é o Deus Filho encarnado.[5]

Por Jesus ser o reino em pessoa, ele fala na terra com toda a autoridade do céu. No Evangelho de Mateus, Jesus revisa unilateralmente não apenas os acréscimos tradicionais à lei, mas até mesmo algumas das próprias prescrições de Moisés quando declara: "Vocês ouviram o que foi dito, mas eu te digo " (Mt 5.21–22, 27–28, 31–32, 33–34, 38–39).[6] Não é de se admirar que as pessoas se maravilhassem: "Quando Jesus terminou essas palavras, estavam as multidões maravilhadas da sua doutrina, porque ele as ensinava como quem tem autoridade, e não como seus escribas" (Mt 7.28–29; cf. Mc 1.27). Além disso, Jesus autoritativamente declara quem herdará e não herdará o reino dos

---

5. Para um estudo esclarecedor sobre o testemunho do Novo Testamento sobre a divindade de Cristo, ver Richard Bauckham, *Jesus and the God of Israel: God crucified and other studies on the New Testament's christology of divine identity* (Grand Rapids: Eerdmans, 2008), especially chapter 1.

6. Estou me concentrando em Mateus nesta seção porque a relação entre o céu e a terra é singularmente proeminente neste Evangelho. Para um tratamento em grande escala, ver Jonathan T. Pennington, *Heaven and Earth in the Gospel of Matthew* (Grand Rapids: Baker, 2009). Meu argumento neste parágrafo é esclarecido por Jonathan Leeman, *A igreja e a surpreendente ofensa do amor de Deus* (São José dos Campos, SP: Editora Fiel, 2013), 214-215.

céus (Mt 5.3; 7.21-23; 8.11-12; 25.31-46). Ele reivindica o poder de revelar os segredos do reino àqueles que ele escolhe (Mt 11.27). Deus, o Pai, fala duas vezes do céu, afirmando Jesus como seu "Filho amado" (Mt 3.17) e exortando os que estão na terra a "ouvi-lo" (Mt 17.5). E depois da sua ressurreição, Jesus declara: "Toda autoridade do céu e da terra me foi dada" (Mt 28.18).

Em Jesus, o reino de Deus veio à Terra porque Deus veio à Terra como homem. Portanto, Jesus fala pelo céu na Terra. Quer saber o que Deus pensa? Pergunte a Jesus.

JESUS DELEGA A AUTORIDADE DO REINO À IGREJA LOCAL

Mas e quando Jesus não estiver mais por perto? Quem na terra falará pelo céu quando Jesus voltar para lá?

No Evangelho de João, Jesus ensina que o Espírito Santo virá e ensinará os apóstolos de Jesus em seu nome: "Mas o Ajudador, o Espírito Santo, a quem o Pai enviará em meu nome, ele te ensinará todas as coisas e trará para a tua lembrança tudo o que eu te disse" (Jo 14.26). Mais adiante:

> Tenho ainda muito que vos dizer, mas vós não o podeis suportar agora; quando vier, porém, o Espírito da verdade, ele vos guiará a toda a verdade; porque não falará por si mesmo, mas dirá tudo o que tiver ouvido e vos anunciará as coisas que hão de vir. Ele me glorificará, porque há de receber do

que é meu e vo-lo há de anunciar. Tudo quanto o Pai tem é meu; por isso é que vos disse que há de receber do que é meu e vo-lo há de anunciar. (Jo 16.12–15).

Quando o Espírito Santo vier, ele glorificará Jesus declarando o conhecimento divino de Jesus sobre o Pai - incluindo "as coisas que estão por vir" – aos seus apóstolos. Jesus promete que o Espírito permitirá que os apóstolos se lembrem fielmente dos ensinamentos de Jesus - ensinamentos que agora são preservados nos quatro evangelhos. E ele promete que o Espírito os guiará para "toda a verdade", incluindo a verdade sobre o futuro. Essa promessa de revelação fortalece a autoridade dos apóstolos na igreja e garante a veracidade do seu ensino, que é preservado no Novo Testamento.[7] Em termos governamentais - lembre-se, estamos falando de um reino – a promessa de Jesus do Espírito aos apóstolos garante a total confiabilidade da constituição escrita de seu reino. Hoje, Jesus fala às suas igrejas e a todas as pessoas em todos os lugares, através dos escritos apostólicos inspirados pelo Espírito do Novo Testamento, junto com os escritos proféticos inspirados pelo Espírito do Velho Testamento.

---

7. Veja a discussão de Scott Swain sobre "A Inspiração e Perfeição da Sagrada Escritura" em Trinity, Revelation, and Reading: A Theological Introduction to the Bible and Its Interpretation (London: T&T Clark, 2011), chap. 3.

Mas esta não é a única maneira pela qual Jesus pretende ser representado na Terra durante o intervalo de sua ausência física. Vamos voltar ao Evangelho de Mateus. Lembre-se de que Deus ordenou a Israel que representasse seu governo na Terra como um reino de sacerdotes (Êx 19.5-6) a fim de mostrar sua glória às nações (Dt 4.5-8). No entanto, em geral, Israel rejeitou Jesus, a encarnação viva da glória e do governo de Deus. Seus líderes endureceram-se contra o chamado de João Batista para se arrepender, confiando em sua ascendência abraâmica (Mt 3.9; cf. 21.32). Em vez de reconhecer a autoridade de Jesus, eles o acusaram de negligenciar suas tradições (Mt 12.10; 15.2). Portanto, Jesus advertiu seus discípulos a não lhes darem ouvidos (Mt 16.5-12) e anunciou que logo seriam removidos do ofício. Por saber que esses arrendatários da vinha de Deus acabariam matando não apenas seus mensageiros, os profetas, mas até o próprio Filho de Deus, Jesus declara: "Portanto, vos digo que o reino de Deus vos será tirado e será entregue a um povo que lhe produza os respectivos frutos" (Mt 21.43)

Observe a última frase: o reino não será tirado apenas de Israel e de seus líderes representativos, mas será *entregue* a um novo povo. Dan McCartney prestativamente explica que o reino antecipado em Israel e inaugurado por Jesus é a restauração da "vice-regência" da humanidade: o domínio de Adão sobre a terra como representante designado por Deus.⁸ Portanto, quando Jesus diz que o reino será tirado dos principais sacerdotes e fariseus e dados a outra nação, "não é que eles não estejam mais sujeitos ao controle soberano de Deus, mas que tenham sido deserdados de sua vice-regência. Por outro lado, os discípulos de Jesus recebem soberania. Ele lhes diz: "Eu lhes darei as chaves do reino", e ele lhes confere poderes de ligar e desligar.⁹

A essas chaves do reino, e a esses poderes de ligar e desligar, nós nos voltamos agora.¹⁰

Em Mateus 16.13, Jesus pergunta aos discípulos quem as pessoas dizem que ele é, e então ele pergunta aos discípulos quem eles dizem que ele é. Pedro, provavelmente em nome de todos, responde no verso 16: "Tu és o Messias, o Filho do Deus vivo!". Jesus afirma a resposta de Pedro e explica que ele chegou ao entendimento correto porque o próprio Deus revelou a ele. Ele continua nos versos 18 e 19: "Também eu te digo que tu és Pedro, e sobre esta pedra edificarei a minha igreja, e as portas do inferno não prevalecerão contra ela. Dar-te-ei as chaves do reino dos céus; o que ligares na terra terá sido ligado nos céus; e o que desligares na terra terá sido desligado nos céus."

---

8. McCartney, "Ecce Homo," 1–21.
9. Ibid., 18.
10. Para uma exegese mais completa em apoio ao seguinte argumento, ver Leeman, *A Igreja e a surpreendente ofensa do amor de Deus*, 213-238; e também *A Political Assembly*, chap. 6. Minha apresentação destas questões aqui se deve também à discussão concisa de Leeman em *Church Membership: How the World Knows Who Represents Jesus* (Wheaton, IL: Crossway, 2012), chap. 3.

Como Jesus construirá sua igreja? Ele vai construir "nessa pedra", um trocadilho com o nome de Pedro. Jesus provavelmente quer dizer que ele edificará a igreja em Pedro como alguém que, acertadamente, confessa a identidade de Jesus. Como Edmund Clowney coloca, "A confissão não pode ser separada de Pedro, nem Pedro pode ser separado de sua confissão".[11]

Jesus então dá a Pedro e aos apóstolos as "chaves do reino dos céus" (v. 19). Isso lhes concede a autoridade de agir como representantes autorizados de Deus na Terra para afirmar aqueles que, como Pedro, verdadeiramente confessam que Jesus é o Messias. Quando os apóstolos "ligam e desligam", eles estão afirmando que uma verdadeira confissão de fé em Jesus foi proferida. Em outras palavras, eles estão formalmente reconhecendo tanto o que (uma verdadeira confissão) quanto quem (a pessoa que a proferiu). À luz de Mateus 18.15-20, "ligar" é validar a profissão dessa pessoa e, portanto, adicioná-la à igreja. E "desligar", como veremos, é o oposto: é rejeitar a credibilidade de sua confissão e, portanto, removê-los da igreja. Ambos os atos, diz Jesus, representam um veredicto celestial: "Tudo o que ligares na terra será ligado nos céus, e tudo o que desligares na terra será desligado nos céus" (Mt 16.19). Em outras palavras, "os apóstolos tinham a autoridade do céu para

---

11. Edmund P. Clowney, *The Church*, Contours of Theology (Downers Grove, IL: InterVarsity, 1995), 40.

declarar quem na terra é um cidadão do reino e, portanto, representa o céu". [12]

Dois capítulos depois, em Mateus 18.15-20, vemos uma aplicação desse poder das chaves. [13]Como devem reagir os discípulos de Jesus quando pecam? Primeiro, confronte a pessoa em particular, visando o arrependimento e a reconciliação (v. 15). Se a pessoa não se arrepender, traga mais uma ou duas pessoas (v. 16). Se a pessoa não os ouvir, envolva toda a igreja. E se a pessoa não ouvir a igreja inteira, a igreja deve excluí-la da comunhão, tratando-a como um estranho (v. 17).

Imediatamente após, Jesus novamente introduz as chaves do reino dos céus: tudo o que a congregação ligar na terra será ligado no céu, e tudo o que desligar na terra será desligado no céu (Mt 18.18). Jesus não está falando sobre os apóstolos ou sobre uma igreja universal, dispersa e não institucional, aqui. Ele está descrevendo uma igreja local, uma reunião concreta de crentes. Assim sendo, as chaves do reino que Jesus deu aos apóstolos são finalmente entregues à igreja local. Isso significa que "a igreja local tem a autoridade do céu para declarar quem na terra é um cidadão do reino e, portanto, representa o céu". [14] Ao fazê-lo, a igreja local torna visível o reino celestial de Jesus na Terra.

---

12. Leeman, *Church Membership*, 59.
13. Em 18:18 como uma aplicação da autoridade das chaves, ver D. A. Carson, *Matthew*, in The Expositor's Bible Commentary, vol. 8, ed. Frank Gaebelin (Grand Rapids: Zondervan, 1984), 374.
14. Leeman, *Church membership*, 61.

Ao identificar e unir os cidadãos do reino, a igreja local constitui um território real na terra.[15]

O comissionamento da igreja em Mateus 16 e 18 culmina em Mateus 28.18-20. Como nos capítulos 16 e 18, Jesus aqui invoca a autoridade do céu: "Toda a autoridade me foi dada no céu e na terra" (v. 18). Como nas outras duas passagens, Jesus autoriza seus discípulos a agirem como representantes do céu, isto é, a agir em *seu nome*: "Ide, portanto, fazei discípulos de todas as nações, batizando-os em nome do Pai, e do Filho, e do Espírito Santo" (v. 19). Assim, vemos que a carta fundadora da igreja inclui não apenas afirmar os discípulos, mas fazer discípulos: proclamando o evangelho a eles, batizando-os e instruindo-os a obedecer a todos os ensinamentos de Jesus.[16]

Juntando tudo isso, pense na igreja local como a embaixada divinamente designada do reino dos céus. Uma embaixada "declara os interesses de sua *nação natal* à *nação*

---

15. John Owen também escreveu: "A instituição dessas igrejas é o caminho que Cristo ordenou para tornar seu reino visível ou visível, em distinção e oposição ao reino de Satanás e do mundo. E ele não se declara, de maneira devida, sujeito no reino de Cristo, que não se compromete solenemente a esse caminho." (*An inquiry into the original, nature, institution, power, order, and communion of evangelical churches*, in *the works of John Owen*, ed. William H Gould, vol. 15 [repr.; Edinburgh: Banner of Truth Trust, 1965], 326, ênfase original). Note como Owen correlaciona a autoridade representativa das igrejas com a necessidade de ser membro da igreja. Como as igrejas locais tornam o reino visível, os cristãos que não se juntam a uma igreja "da maneira devida" deixam de declarar-se cidadãos do reino.

16. Para uma discussão em Mt 28.18–20 relacionada aos versos 16.18–19 e 18.15–20, ver Leeman, *A Igreja e a suprendente ofensa* 223-24, 233. Ver também Pennington, *Heaven and Earth*, 205: "A autoridade dada a Jesus em 28.18 provavelmente ecoa e fundamenta a autoridade dada à igreja por Jesus em 16.19 e 18.18, textos que famosamente usam o mesmo tipo de linguagem do céu e da terra."

anfitriã e protege os cidadãos da nação natal que por acaso visitam a nação anfitriã".[17] Como uma embaixada, a igreja está sujeita à autoridade de sua nação natal: o reino de Cristo. Como vimos, a constituição escrita deste reino é uma Escritura inspirada pelo Espírito. Em submissão a essa autoridade, a igreja está autorizada a anunciar à sua nação anfitriã, isto é, todas as nações da terra, quem pertence e não pertence à sua nação natal, o reino dos céus.

Claro, a igreja não *faz* ninguém cidadão. Nos tornamos cidadãos do reino através da fé no rei. No entanto, uma embaixada tem autoridade para afirmar formalmente sua cidadania. Se você estiver viajando para o exterior e seu passaporte expirar, a embaixada dos EUA poderá renovar seu passaporte, validando oficialmente sua reivindicação de ser um cidadão americano.

Este é precisamente o tipo de autoridade que Jesus concedeu à igreja local. A igreja local ouve uma confissão, considera a vida do confessor e, incluindo ou excluindo essa pessoa, a igreja emite um julgamento tanto para a igreja quanto para o mundo que ela carrega a autoridade do céu. Nesse sentido, uma igreja local também é como um secretário de imprensa do presidente. O secretário de imprensa não determina a opinião do presidente. Ele não pode criar uma política executiva. Mas ele formalmente torna pública a opinião do presidente.

---

17. Leeman, *Church Membership*, 27, ênfase original.

É possível que ele escorregue em sua fala na sala de imprensa e tenha de emitir uma retratação? Absolutamente, sim. Mas os erros de sua parte não dissolvem a autoridade pela qual ele fala pelo presidente.

UM ALVARÁ CONSTITUTIVA DA IGREJA

Esta concessão de autoridade de Jesus é o que faz da igreja uma igreja, o que faz a *igreja* significar algo mais do que "cristãos" no plural. Em outras palavras, as chaves do reino são um alvará institucional. O congregacionalista do século XVII, Thomas Goodwin, disse isso quando descreveu Mateus 16.19 como "o primeiro alvará constituído pelo Fundador da igreja."[18]

Além de dar à igreja a sua identidade, este alvará institucional também dá à igreja suas diretrizes. As chaves do reino dão à igreja local a autoridade e a responsabilidade de afirmar como cidadãos do reino aqueles que professam com credibilidade a fé em Cristo, identificando-os com Deus e o povo de Deus, de supervisionar o discipulado daqueles assim afirmados, ensinando-os a obedecer aos mandamentos de Cristo, de excluir aqueles cujas vidas invalidam as suas profissões, e de fazer novos discípulos, identificando-os com o Pai, o Filho e o Espírito Santo através do batismo.[19]

---

18. Citado em Hunter Powell, *The dissenting brethren and the power of the keys, 1640–1644* (PhD diss., University of Cambridge, 2011), 75. Ver também a declaração de Goodwin de que o "grande alvará do poder das chaves" é concedido apenas a uma igreja congregacional local. (Thomas Goodwin, *Of the constitution, right order, and government of the churches of Christ*, in *The works of Thomas Goodwin*, vol. 11 [repr.; Eureka, CA: Tanski, 1996], 8).
19. Leeman, *A igreja e a surpreendente ofensa*, 238-240.

Começamos esta seção vendo que Jesus é o reino em pessoa. Ele fala na terra com toda a autoridade do céu. Mas quando Jesus inaugurou o seu reino na terra e retornou ao céu por um tempo (At 1.11; 3.21), não foi sem uma testemunha. Ele enviou o Espírito para transmitir seu ensino de autoridade aos seus apóstolos e, através deles, à igreja através do tempo e do espaço. E ele também delegou autoridade à igreja para atuar como a embaixada do reino.

Em submissão à Escritura, a constituição oficial do reino, a igreja local é responsável por afirmar as verdadeiras profissões do evangelho unindo a si mesmo verdadeiros professos do evangelho. Por outro lado, a igreja é responsável por proteger o nome de Cristo, removendo de seu número aqueles que dizem "Senhor, Senhor", mas não fazem a vontade do Pai de Jesus no céu (Mt 7.21). A igreja representa o reino de Cristo na terra para mostrar a glória de Jesus e guardar a sua reputação até que ele volte.

O PASSAPORTE DO REINO E O JURAMENTO DO CIDADÃO

Se as chaves do reino são um alvará constitutivo da igreja, como este alvará é promulgado na terra? Como este plano se torna uma realidade? Nós responderemos a essa pergunta em duas etapas. A primeira se concentra na igreja como um todo corporativo e a segunda na entrada do indivíduo nesse todo. Juntas, essas duas etapas compõem o segundo movimento principal do capítulo. Nós vimos que a igreja é a embaixada do reino. Agora vamos descobrir que o batismo é o passaporte. E, do outro lado, o batismo é uma cerimônia de juramento do cidadão do reino.

COMO ESTE ALVARÁ CELESTIAL É PROMULGADO NA TERRA?

Para ver como este alvará celestial é promulgado na terra, primeiro precisamos perguntar: como uma igreja vem à existência?

Em resumo, uma igreja passa a existir por meio do compromisso mútuo e pactual de seus membros, de exercer as chaves do reino.[20]

Considere o que Jesus diz em Mateus 18.19-20. Depois de repetir sua promessa de que tudo o que a igreja ligar na terra será ligado no céu, ele diz: "Em verdade também vos digo que, se dois dentre vós, sobre a terra, concordarem a respeito de qualquer coisa que, porventura, pedirem, ser-lhes-á concedida por meu Pai, que está nos céus. Porque, onde estiverem dois ou três reunidos em meu nome,

---

20. Em toda a economia da redenção, a ação de Deus precede e possibilita a ação humana. Assim, John Webster está exatamente certo em dizer: "Primeiro, a igreja é uma assembleia humana ou uma forma de associação. Mas seu ato de assembleia humana segue, significa e faz a mediação de um ato divino de reunião; é um movimento movido de congregação" (John Webster, "'In the Society of God': Some Principles of Ecclesiology," in *Perspectives on Ecclesiology and Ethnography*, ed. Pete Ward [Grand Rapids: Eerdmans, 2012], 216). Nesta seção, considero a ação de Deus pela qual ele regenera as pessoas através da aplicação do evangelho pelo Espírito. Tento descrever apenas o elemento humano no "movimento movido de congregação" pelo qual uma igreja local passa a existir.

ali estou no meio deles." O "pedir" aqui está relacionado ao exercício das chaves do reino, como o contexto deixa claro. Além disso, observe que Jesus fala de dois ou três que estão reunidos em seu nome, isto é, em sua autoridade. Esta passagem não é sobre dois cristãos que se encontram em um supermercado. Em vez disso, trata-se de crentes que se uniram formalmente para cumprir o alvará que Jesus concedeu ao seu povo.

Desde a Reforma inglesa, os Batistas e outros proponentes de uma eclesiologia da igreja livre descreveram este pacto constitutivo da igreja como uma aliança. Considere, por exemplo, como o *Relatório de Disciplina da Igreja* de 1774 da Associação Batista de Charleston (Charleston Baptist Association's 1774 *Summary of Church Discipline*) define uma igreja local: "Uma igreja evangélica particular consiste de uma organização de santos unidos por um pacto especial em um corpo distinto e reunidos em um só lugar, para o gozo da comunhão uns com os outros e com Cristo, sua cabeça, em todas as suas instituições, buscando a sua edificação mútua e a glória de Deus através do Espírito, 2Co 8.5, At 2.1".[21]

De acordo com essa Associação Batista, uma igreja torna-se igreja quando seus membros fazem um pacto uns com os outros, trazendo à existência "um corpo distinto".

---

21. A Associação Batista em Charleston, South Carolina, *A Summary of Church Discipline* (Charleston: David Bruce, 1774) in *Polity: Biblical Arguments on How to Conduct Church Life*, ed. Mark Dever (Washington, DC: Center for Church Reform, 2001), 118.

Isso ecoa a confissão congregacionalista de 1648, conhecida como *Cambridge Platform*, que afirma: "Uma igreja congregacional é, pela instituição de Cristo, uma parte da igreja militante visível, que consiste em uma comunhão de santos chamados e unidos em um só corpo por uma santa aliança, para a adoração pública a Deus, e a mútua edificação uns dos outros, na comunhão do Senhor Jesus". [22]

A "santa aliança" é o que une a igreja "em um só corpo". E, embora os Congregacionalistas do século XVII tenham se distanciado dos separatistas anteriores, sua linguagem concorda com separatistas como Robert Browne: "A Igreja plantada ou reunida é uma organização ou um número de cristãos ou crentes, que por uma aliança voluntária feita com seu Deus, estão sob o governo de Deus e Cristo, e mantêm suas leis em uma santa comunhão".[23]

Algumas vezes, esse ato de aliança foi explicitamente ligado ao poder das chaves do reino. Por exemplo, não muito tempo depois de Browne, durante seu período separatista, John Smyth fundamentou o exercício das chaves nesta aliança constitutiva da igreja: "O poder de ligar e desligar é dado ao corpo da Igreja, mesmo a duas ou três pessoas

---

22. Reimpresso em *The reformation of the church: a collection of reformed and puritan documents on church issues*, ed. Iain H. Murray (Edinburgh: Banner of Truth, 1965), 245.
23. Robert Browne, *The writings of Robert Harrison and Robert Browne*, ed. Albert Peel and Leland H. Carlson (London: Allen & Unwin, 1953), 253 (spelling modernized). Ver a discussão desta passage em Jason K. Lee, *The Theology of John Smyth: Puritan, Separatist, Baptist, Mennonite* (Macon, GA: Mercer University Press, 2003), 128–29.

fiéis unidas em uma aliança, e isso provamos de forma evidente. A quem é dada a aliança, é conferido o poder de ligar e desligar."[24]

O que todas essas afirmações explicativas têm em comum é que uma igreja se torna uma igreja por meio do compromisso mútuo de seus membros. A linha entre "ainda não é uma igreja" e "agora é uma igreja" é atravessada pela "aliança" que os cristãos fazem uns com os outros. Este compromisso solene é o que investe um grupo de crentes com as chaves do reino. Antes desta aliança, eles não têm autoridade uns sobre os outros e não representam formalmente o reino de Cristo para o mundo. Quando fazem a aliança, eles assumem a responsabilidade pela vida e doutrina uns dos outros e criam uma embaixada do reino de Cristo na Terra.

BATISMO COMO PASSAPORTE DO REINO E JURAMENTO DE OFÍCIO

Acredito que esta descrição clássica de como uma igreja torna-se igreja acerta em cheio porque é fundamentada nas implicações de uma passagem como Mateus 18.19-20. No entanto, dada a existência de uma igreja local assim constituída, como um novo crente passa a ter sua cidadania

---

24. *The works of John Smyth, Fellow of Christ's college, 1594–1598*, 2 vols., ed. William Thomas Whitley (London: Cambridge University Press, 1915), 2:388–89 (spelling modernized). Ver a discussão em Lee, *Theology of John Smyth*, 143.

do reino reconhecida e confirmada por uma igreja? Dada a existência de uma embaixada do reino, por quais meios ela concede legitimidade legal a um indivíduo? Eu entendo que o mecanismo inicial para isso é o batismo. Para esticar um pouco a metáfora da nossa embaixada, o batismo é o passaporte do reino. É como a igreja identifica alguém como cidadão do reino. É também um juramento de posse, o meio pelo qual um cidadão do reino promete lealdade ao rei e aos seus concidadãos.

Muitos estudiosos têm apontado que três partes são ativas no batismo: Deus, a igreja e aquele que está sendo batizado.[25] Para entender a função do batismo como passaporte do reino e juramento de cidadania, precisamos considerar o batismo sob a perspectiva da igreja, e depois do indivíduo que está sendo batizado.

Do ponto de vista da igreja, considere novamente que o batismo está no "nome" do Pai, do Filho e do Espírito Santo (Mt 28.19). Como vimos no capítulo anterior, essa é a linguagem da identificação da aliança. E quem na terra tem autoridade para identificar uma pessoa com o Deus do céu? Como acabamos de ver, essa é a autoridade que Jesus concedeu à igreja local. Quando uma igreja batiza alguém, ela o identifica como um membro da nova aliança,

---

25. Por exemplo, James D. G. Dunn, *Baptism in the Holy Spirit: A re-examination of the New Testament teaching on the gift of the spirit in relation to Pentecostalism today* (2nd ed.; London: SCM, 2010), 101, 224.

um cidadão do reino, alguém que pertence a Deus e ao seu povo. Jonathan Leeman diz isso bem:

> Através do batismo, as pessoas são formalmente reintegradas ao cargo político original de Adão e ao corpo político da igreja de Jesus. As chaves do reino são exercidas primeiro através do batismo. O batismo é o reconhecimento da cidadania do reino (...). Da mesma forma que as boas obras funcionam como uma identificação ou passaporte da fé autêntica, assim o batismo funciona como identificação pública ou passaporte entre o povo de Cristo e as nações agora.[26]

Quando a igreja batiza uma pessoa, afirma-a como um verdadeiro confessor fazendo uma confissão fidedigna. Ela endossa publicamente a cidadania do reino dessa pessoa[27]. Assim, o meio inicial e iniciador pelo qual a igreja aprova seu alvará institucional e exerce as chaves do reino é o batismo. Assim como um passaporte atesta a cidadania de alguém neste país em oposição a todos os outros, então o batismo declara a cidadania de uma pessoa no reino de Deus em relação a todos os poderes concorrentes.

---

26. Leeman, *A political assembly*, cap. 6. cf. também *A igreja e a surpreendente ofensa*, 234, 326-327.
27. Brandon Jones escreve: "Assim, a decisão da igreja local de batizar um crente representa a recepção, aceitação e apoio de Deus e seu povo a um crente (...). O batismo marca a confirmação de que agora se faz parte da igreja universal de Deus, e assegura aos crentes que eles são parte da comunhão dos santos" (*Waters of Promise: Finding Meaning in Believer Baptism* [Eugene, OR: Pickwick, 2012], 138).

Isso nos leva à perspectiva de quem está sendo batizado. Se nos tornamos cidadãos do reino através da fé no Rei, então o batismo é como uma cerimônia de juramento do ofício de "cidadão". [28] Como vimos no último capítulo, no batismo você jura fidelidade a Cristo como Rei, declarando suprema lealdade ao Deus Trino. Ser batizado em nome de Jesus é submeter-se à sua autoridade, comprometer-se a obedecê-lo como Senhor (Mt 28.19). Assim, no batismo, você faz um juramento de cidadania e, portanto, é formalmente reconhecido como cidadão do reino de Cristo.

Lembre-se de que o batismo é o sinal de juramento inicial do novo pacto e que o novo pacto cria um novo povo. Quando um indivíduo jura esse juramento, ele se junta à organização de todos os que juraram o mesmo juramento. E, como vimos, a forma institucional dessa organização é definida pelas chaves do reino. As chaves do reino dão à nova aliança uma forma visível na Terra, criando o espaço público que ela ocupa: a igreja local. Assim, no mesmo ato pelo qual um novo crente promete fidelidade a Cristo como Senhor, ele também promete sua submissão ao povo de Cristo. Ao chegar sob o governo de Cristo, ele entra em seu reino. No batismo, um novo convertido não apenas ratifica um pacto com Deus; ele também faz um pacto com o povo

---

28. "E o batismo, como uma cerimônia de posse presidencial, estabelece formalmente um crente no cargo, mesmo que não seja o que *o torna* um crente, assim como a cerimônia de inauguração não *o torna* um presidente" (Leeman, *A political assembly*, cap. 6).

de Deus.²⁹ Normalmente, os dois não são apenas inseparáveis, mas coincidentes. Balthasar Hubmaier descreveu isso ricamente:

> Onde não há batismo nas águas, não há igreja nem ministro, nem irmão nem irmã, nem admoestação fraternal, excomunhão ou aceitação. Eu estou falando aqui da igreja visível como Cristo fez em Mateus 18.15ss . Também deve existir uma confissão ou testemunho exterior através do qual os irmãos e irmãs visíveis possam conhecer uns aos outros, já que a fé existe apenas no coração. Mas quando recebe o batismo nas águas, aquele que é batizado testifica publicamente que se comprometeu a viver de acordo com a Regra de Cristo. Em virtude desse compromisso, ele se submeteu aos irmãos, irmãs e à igreja, de modo que, quando ele transgride, eles agora têm a autoridade de adverti-lo, puni-lo, proibi-lo e aceitá-lo. Mas este não é o caso daqueles que ainda estão fora (...). De onde vem essa autoridade, se não da promessa do batismo?³⁰

---

29. Tomando emprestado um termo das discussões históricas congregacionais e batistas, o batismo pode ser visto como um pacto "implícito" entre o indivíduo e a igreja, uma vez que o ato em si não envolve necessariamente um compromisso verbal explícito com a igreja. No entanto, no capítulo 4, vimos que os atos simbólicos podem tomar o lugar dos juramentos verbais na ratificação da aliança, e o batismo é exatamente esse sinal de juramento. Assim, na medida em que o batismo promete a fidelidade a Cristo e à igreja, pode ser legitimamente descrito como uma aliança com a igreja - com ou sem o qualificativo "implícito". Vamos rever essa questão no capítulo 7

30. Balthasar Hubmaier, "On the christian baptism of believers," in *Balthasar Hubmaier: theologian of anabaptism*, ed. H. Wayne Pipkin and John Howard Yoder, Classics of the radical reformation, vol. 5 (Scottdale, PA: Herald, 1989), 127.

Observe como o Hubmaier reúne todos os principais pontos que desenvolvemos nos três últimos capítulos. Uma vez que "a fé existe apenas no coração", Hubmaier argumenta que o batismo é onde a fé se torna pública. É o meio pelo qual os cristãos são capazes de reconhecer uns aos outros como irmãos e irmãs (cap. 3). Ao falar sobre o batismo como um penhor de obediência, ele o trata implicitamente como um juramento de aliança (cap. 4). [31] E ele coloca tudo isso no contexto da autoridade da igreja para avaliar as confissões e vidas daqueles que professam ser discípulos de Jesus. Embora ele não use o termo "chaves do reino", Hubmaier se refere a Mateus 18.15ss , e fala da responsabilidade da igreja de admoestar e até mesmo excomungar seus membros errantes.

Crucialmente, Hubmaier enraíza essa autoridade na submissão promulgada no batismo: "De onde vem essa autoridade, senão a partir do penhor do batismo?" No batismo, a pessoa se compromete a obedecer a Deus e se submeter à igreja. No batismo, a pessoa entra na organização dos santos e convida a sua admoestação. O batismo é o meio pelo qual alguém reconhece a autoridade soberana de Deus *por* estar sob a autoridade da igreja.

Para fazer um círculo completo, Hubmaier aborda a questão: "O que torna uma igreja uma igreja?" quando ele

---

31. Cf. também a declaração de Hubmaier de que o batismo é um "juramento sacramental" ("On Fraternal admonition," in *Balthasar Hubmaier*, 384).

escreve: "Onde não há batismo na água, não há igreja". Sem uma promessa pública de lealdade a Deus e submissão ao povo de Deus, não há um povo publicamente anunciado. . Sem o batismo, pode haver pessoas autoproclamadas do reino, mas não há *povo* do reino, nenhum corpo político. Dada a responsabilidade da igreja de manejar as chaves do reino, sem um meio de marcar seus membros, a própria igreja simplesmente não existe.

Do ponto de vista de um crente individual, o batismo é análogo a um juramento de ofício. É o meio pelo qual alguém se compromete a cumprir suas responsabilidades com o Rei Jesus e com seus compatriotas do reino. O batismo é, assim, análogo a um passaporte que demonstra a cidadania do reino, na mesma medida em que uma igreja local se relaciona com o crente individual. Afirma formalmente uma pessoa como cidadã do reino, e concede provas de sua cidadania às nações e a todas as outras embaixadas do reino espalhadas pelo mundo. No batismo, o indivíduo fala a Deus e à igreja, e a igreja fala por Deus ao indivíduo. Neste sentido, o batismo e o passaporte são correspondentes. Se um cristão é batizado em São Paulo e depois se muda para Minas Gerais, ele não precisa ser rebatizado para se unir a uma igreja em Fortaleza. Ele traz seu batismo e o entrega à igreja, como um viajante entregando seu passaporte a um oficial da imigração.

TRÊS RECOMPENSAS

Neste capítulo fiz dois movimentos principais. Primeiro, argumentei que Jesus é o reino em pessoa e que ele autorizou as igrejas locais a servirem como embaixadas de seu reino. Esta concessão das chaves do reino é o alvará institucional para a igreja local. É o que faz da igreja uma igreja.

Em segundo lugar, argumentei que esse alvará institucional é exercido através do batismo. O batismo é a cerimônia de tomada de posse dos cidadãos do reino. É o meio pelo qual alguém se compromete a obedecer a Deus e se submeter ao povo de Deus. E do ponto de vista da igreja, o batismo é o passaporte do reino. É um emblema de identidade que a igreja concede a um novo crente como uma afirmação pública da confissão de fé dessa pessoa em Jesus. Tanto a igreja como o indivíduo falam no batismo.

A pesquisa deste capítulo sobre a relação do batismo com as chaves do reino tem três resultados primários para o argumento deste livro de que o batismo é necessário para a membresia da igreja: Primeiro, nos ajuda a unir e relacionar corretamente o reino, a nova aliança e a igreja local. Segundo, fornece um relato mais denso da forma eclesial do batismo, confirmando a conclusão de que o batismo é necessário para a membresia da igreja. Terceiro, demonstra que o batismo confere a membresia da igreja, ou seja, constitui alguém um "membro da igreja". Portanto, é um sinal efetivo da membresia da igreja.

RELACIONANDO CORRETAMENTE O REINO, A NOVA ALIANÇA E A IGREJA LOCAL

Primeiro, entender o batismo como o exercício inicial das chaves do reino nos ajuda a unir e relacionar corretamente o reino, o novo pacto e a igreja local. As chaves do reino definem a forma terrena e institucional da nova aliança, que é a igreja local. Por outro lado, podemos dizer que a nova aliança é encenada na terra de forma representativa e institucional pelo exercício das chaves do reino pela igreja local.

Como vimos no capítulo 4, a nova aliança não é apenas um registro invisível dos redimidos, mas um pacto público que cria um corpo político. Mesmo quando a nova aliança consiste, em parte, em realidades espirituais invisíveis, sua existência na Terra é manifestada de forma visível nas igrejas locais. A igreja local é a administração pública da nova aliança.[32]

Mas e aqueles que professam crer em Cristo e pertencem à igreja, mas não são espiritualmente regenerados? Sua presença inevitável não corta qualquer relação real entre a nova aliança e a membresia da igreja local? E quanto aos que realmente acreditam em Cristo, mas não foram batizados e não pertencem a uma igreja local? Em resposta, simplesmente retorno à ideia de representação que é inerente às

---

32. John Owen escreve: "A administração visível do reino de Cristo neste mundo consiste nesta igreja-estado, com a administração de suas instituições e leis" (*Inquiry*, 333, ênfase original). E a nova aliança não está longe de ser vista, já que "a aliança de Deus com o seu povo é o fundamento de toda a igreja-estado, de todos os ofícios, poderes, privilégios e deveres de pertencer" (ibid., 329).

chaves do reino. Uma embaixada que afirma erroneamente que um não-cidadão é cidadão não deixa, portanto, de ser uma embaixada. E um cidadão sem passaporte ainda é um cidadão, embora certos privilégios de cidadania possam ser retidos até que ele obtenha um.

Os proponentes da membresia regenerada da igreja, inclusive eu, admitem livremente que os membros da nova aliança, ou seja, aqueles escritos no livro da vida do Cordeiro (Ap 21.27), não são iguais à soma total dos membros de todas as igrejas durante todos os tempos. No entanto, isso não significa que os novos membros da aliança e os membros da igreja local sejam hermeticamente isolados uns dos outros. Em vez disso, adaptando um termo de John Webster, existe entre eles uma "relação-na-distinção".[33] A distinção, claro, é que eles não são idênticos: alguns membros da igreja são falsos professos e alguns cristãos verdadeiros não são membros da igreja. A relação é o elo representativo estabelecido pelas chaves do reino: o que a igreja declara na terra é apoiado pela autoridade do céu (Mt 16.19). A autoridade da igreja é representativa e declarativa. É comissionada por Jesus para marcar os limites da forma terrena da nova aliança, ou seja,

---

33. Webster escreve: "Muito do caráter particular da eclesiologia evangélica gira em se articular da maneira correta a relação-na-distinção entre o evangelho e a igreja. "Relação", porque o evangelho concerne à comunhão entre Deus e as criaturas; "Distinção", porque essa comunhão, mesmo em sua mutualidade, é sempre um milagre da graça unilateral. (John B. Webster, "The Church and the Perfection of God," in *The Community of the Word: Toward an Evangelical Ecclesiology*, ed. Mark Husbands and Daniel J. Treier [Downers Grove, IL: InterVarsity, 2005], 76).

identificar as pessoas da nova aliança, os cidadãos do reino. E o meio inicial e iniciador pelo qual isso é feito é o batismo.

A fim de definir corretamente o relacionamento do batismo com a membresia da igreja, precisamos compreender se o batismo tem uma forma eclesial, isto é, se existem ligações intrínsecas entre o batismo e a igreja. Mas é também verdade que precisamos ter certeza de que a nossa doutrina da igreja está em ordem, em primeiro lugar. Hubmaier estava certo em argumentar: "Onde não há batismo, não há igreja". Mas só podemos entender o seu ponto se já compreendermos a autoridade pública, representativa e de embaixada da igreja local. Se a igreja nada mais é do que "cristãos" no plural, o que significa a membresia, em primeiro lugar?

A autoridade delegada da igreja para marcar os cidadãos do reino perante o mundo é uma peça crucial da eclesiologia a ser implementada antes que possamos entender a relação do batismo com a membresia. E quando o fazemos, e depois vemos que o batismo é o meio de marcar os cidadãos do reino, podemos relacionar corretamente o reino, a nova aliança e a igreja local.

UM RELATO MAIS DENSO DA FORMA ECLESIAL DO BATISMO

Uma segunda recompensa do argumento deste capítulo é que ele dá uma descrição mais detalhada da forma eclesial do batismo. Esclarece que o batismo não é apenas uma ordenança individual, mas um emblema de pertencimento.

Isso torna o papel de definição de identidade e de formação de igreja do batismo muito mais explícito.

As chaves do reino são a carta institucional da igreja. Para que são as chaves? Identificar quem é e quem não é cristão. E o batismo é o exercício inicial das chaves. Assim, o batismo identifica alguém como cristão diante da igreja e do mundo. Contra a afirmação de Bunyan de que o batismo "Não é um sinal característica para outra pessoa de minha filiação a Deus", [34] as chaves do reino nos ensinam que o batismo é nada menos que o endosso público e formal de uma igreja à reivindicação de alguém como cristão.

Como os cidadãos do reino podem dizer uns aos outros que são separados do mundo? Materialmente, por suas profissões de fé e vidas piedosas; formalmente, pelo seu batismo. E como uma igreja identifica aqueles cujas profissões de fé assumem compromisso? Batizando-os. Como uma igreja pode dizer se alguém novo na cidade que afirma ser um cidadão do reino é realmente? A resposta inclui, embora não se limite a isso, perguntar: "Ele tem um passaporte?"[35]

Uma vez que o batismo é o passaporte do reino, o batismo é um critério necessário, embora não suficiente,

---

34. John Bunyan, *Differences in judgment about water-baptism, no bar to communion*, in *the miscellaneous works of John Bunyan*, vol. 4, ed. T. L. Underwood (Oxford: Clarendon Press, 1989), 216.
35. Augustus Strong argumenta de forma semelhante quando escreve em apoio à exigência do batismo para participação na Ceia do Senhor: "Um estrangeiro pode amar este país, mas ele não pode votar em nossas eleições a menos que tenha sido naturalizado" (Augustus H. Strong, *Systematic Theology* [repr.; Valley Forge, PA: Judson Press, 1977], 978).

pelo qual a igreja deve reconhecer alguém como cristão. Pense no batismo como a camisa da equipe do cristianismo; ele identifica publicamente de que lado você está.[36] E a identificação é para o reconhecimento: os jogadores de um time de futebol se identificam com uma camisa vermelha com a finalidade de se reconhecerem quando estão misturando-a em campo com um time que veste azul. Sendo o batismo o modo pelo qual a igreja identifica publicamente alguém como cristão, é também o critério formal pelo qual ela reconhece alguém como cristão.[37]

A membresia da igreja é uma relação na qual a igreja valida a profissão de fé de um indivíduo e supervisiona seu discipulado, e o indivíduo se submete e serve à igreja. Se o batismo é um critério necessário para reconhecer e validar a profissão de fé de alguém, então, por definição, é necessário para a membresia da igreja. Os membros e líderes da Igreja podem ser convencidos em seu próprio julgamento pessoal

---

36. Stanley Fowler escreve, "Dentro do Novo Testamento parece ser presumido que aqueles que acreditam em Cristo são um grupo identificável, o que implica a existência de alguma marca definitiva de identificação, e o batismo aparentemente é essa marca" (*More than a symbol: the british baptist recovery of baptismal sacramentalism*, Studies in Baptist History and Thought 2 [Carlisle: Paternoster, 2002], 202).

37. Embora ele não se refira ao batismo per se, John Owen faz um argumento corroborativo quando argumenta: "Além disso, Mc viii. 34-38, Mt x. 33, Ele nomeou esta igreja-estado como o caminho e os meios pelos quais eles podem, conjunta e visivelmente, tornarem sua profissão sujeita a ele, dependência dele e liberdade na observação de todos os seus mandamentos. Ele não fará isso sozinho e pessoalmente apenas, mas na sociedade e na conjunção" (*Inquiry*, 264). Em outras palavras, os cristãos declaram-se sujeitos de Jesus não como indivíduos isolados, mas entrando para a membresia da igreja. Tudo o que estou acrescentando a Owen é que o batismo é a forma inicial e inicial desta profissão e entrada.

de que um candidato a membro não batizado (ou "batizado" na infância) é um cristão, mas Jesus vinculou o julgamento da igreja ao batismo. As igrejas devem reconhecer como cristãos aqueles que tornaram a sua fé pública. E o meio designado por Jesus para isso é o batismo.

O BATISMO CONFERE A MEMBRESIA DA IGREJA - CONSTITUI ALGUÉM COMO UM "MEMBRO DA IGREJA"

A terceira recompensa é que, de um modo geral, o batismo confere a membresia da igreja; constitui um "membro da igreja". Portanto, o batismo é um sinal efetivo da membresia: cria a realidade eclesiástica para a qual aponta.

Considere Atos 2.41: "Então, os que lhe aceitaram a palavra foram batizados, havendo um acréscimo naquele dia de quase três mil pessoas". Estes três mil foram acrescentados onde? À igreja de Jerusalém[38]. Lucas escreve sobre os dias pré-pentecostais em que "compunha-se a assembleia de umas cento e vinte pessoas" (At 1.15). Esses novos crentes

---

38. Cf. Os comentários de Beasley-Murray sobre esta passagem: "Além de uma declaração explícita, as palavras dificilmente poderiam ter expressado mais claramente a convicção de que pelo batismo o convertido renuncia o Israel que rejeitou o Messias, para se juntar à comunidade que possuía a sua soberania". Ele escreveu ainda: "Em tais circunstâncias, o batismo era uma demarcação genuína entre a Igreja e o mundo que ninguém consideraria passar sem uma forte convicção" (George R. Beasley-Murray, *Baptism in the New Testament* [repr.; Grand Rapids: Eerdmans, 1973], 104, 283). Além disso, Beasley-Murray argumenta que o Novo Testamento apresenta o batismo "como entrada na igreja no sentido mais amplo, isto é, como iniciação da membresia da igreja local" (ibid., 283).

estão sendo adicionados a um corpo local distinto, identificável. Note que Lucas usa a voz passiva aqui em Atos 2.41 (cf. 5.14; 11.24), mas em 2.47 diz: "Acrescentava-lhes o Senhor, dia a dia, os que iam sendo salvos.". Isso parece indicar que quando Lucas diz em Atos 2.41 que "havendo um acréscimo naquele dia", ele não está se referindo a ser "acrescentado à igreja" como um passo distinto no processo, seguido da fé e do batismo. Em vez disso, ele está enfatizando a obra soberana do Senhor em salvar os pecadores, o que permite a sua decisão de crer e ser batizado (cf. 16.14).

Como então essas 3.000 pessoas foram acrescentadas à igreja? A única resposta que o contexto oferece é o batismo. Se eles tivessem crido em Jesus em particular, mas não tivessem sido batizados, ninguém teria conhecimento de sua fé, e certamente não teriam sido acrescentados à igreja. E o texto não nos mostra um passo distinto de "ingressar na igreja" após o batismo. Assim, o resumo de Lucas "foram acrescentados" parece nos dizer que o batismo foi o meio pelo qual as pessoas entraram na igreja em seus primeiros dias. E não temos razão para pensar que qualquer igreja do Novo Testamento se afastou desse padrão.

Naturalmente, há pelo menos um exemplo de batismo que se afasta desse padrão: o eunuco etíope em Atos 8.26-40. O ponto relevante aqui é que o eunuco etíope não mora em Jerusalém, e não há igreja onde ele mora. Se uma igreja ainda não existe, é impossível para o batismo adicionar alguém à igreja. A discrepância entre aqueles acrescentados à igreja de Jerusalém e o batismo do eunuco etíope é explicada pelo fato de que o batismo segue o evangelho ainda mais de perto do que a igreja, por um fator de uma ou duas pessoas. Quando o eunuco etíope foi batizado, a igreja ainda não havia alcançado a mesma proporção que o evangelho.

À medida em que o evangelho se espalha em uma área não evangelizada, quem crer primeiro será batizado, mas ainda não será membro de uma igreja porque não há irmãos com quem constituir uma igreja. Contudo, tão logo um ou dois outros sejam convertidos e batizados, eles podem e devem formar uma igreja (Mt 18.20). Na linha de frente da expansão do evangelho, o batismo segue imediatamente após a profissão de um indivíduo, e a igreja segue assim que houver múltiplos cristãos para constituí-la. Assim, pode-se dizer que o batismo do eunuco etíope ganhou o seu significado eclesial completo quando o evangelho trouxe à existência uma igreja na Etiópia.

No entanto, de um modo geral, o batismo inicia e confere a membresia da igreja. Para os recém-convertidos, o batismo é a maneira de se unir a uma igreja no Novo Testamento.[39]

---

39. Lembre-se dos comentários de Beasley-Murray na nota anterior; também Stein, "Baptism and becoming a christian," 14. Cf. Jason Lee, resumindo John Smyth, "Para entrar no corpo público da igreja, a aliança oferecida por Deus deve ser aceita pelo indivíduo. O indivíduo torna visível o seu consentimento aos irmãos através do sinal do batismo" (Jason K. Lee, "Baptism and Covenant," in *Restoring integrity in baptist churches*, ed. Thomas White, Jason G. Duesing, and Malcolm B. Yarnell III [Grand Rapids: Kregel, 2008], 135).

Se o batismo é o sinal de juramento inicial da nova aliança, e se é a cerimônia de juramento em que os crentes pronunciam o seu juramento de posse, então *por esse simples ato* aqueles que se submetem ao batismo estão unidos à igreja. Se no batismo o crente se submete à igreja, e a igreja o confirma como crente e se compromete com ele, então o batismo constitui alguém como "membro da igreja". Não há um passo faltando para o qual precisamos de uma categoria extra com sua própria identificação. A membresia da igreja é uma relação de confirmação, supervisão e submissão entre uma igreja e um crente, e o batismo inicia esse relacionamento. Assim como caminhar por uma porta inicia sua presença em uma casa, o batismo inicia a relação que chamamos de "membresia na igreja". O batismo é, portanto, um sinal efetivo da membresia da igreja.[40]

---

40. Observe cuidadosamente que a "eficácia" do batismo é eclesial, e não soteriológica. O batismo não cria fé e nem confere perdão. O batismo é motivado pela fé e é um ato de fé. Assim, a fé deve preceder o batismo, mesmo que o batismo seja o primeiro ato formal e público realizado pela fé. Certamente, o batismo tem um componente "vertical", na medida em que é o modo pelo qual um crente ratifica formalmente os termos do novo pacto. Como vimos, é um apelo e uma promessa de Deus (1Pe 3.21). Mas quando descrevo o batismo como um sinal eficaz, tenho em mente a nova realidade social e eclesial que o batismo cria. Embora eu não concorde com todas as suas conclusões, concordo com James McClendon quando ele chama o batismo de "sinal performativo" neste contexto: "É uma oração, mas uma oração representada, em vez de apenas uma oração. Como toda petição, é performativa. É também uma 'palavra' da igreja para o candidato, uma 'palavra' na qual a igreja diz algo como: 'Nós recebemos você como nosso irmão em Cristo'. E é uma 'palavra' do candidato para a igreja, uma 'palavra' na qual o candidato diz algo como: 'Irmãos, eu tomo meu lugar em seu meio. Me receba!" (James W. McClendon, "Baptism as a performative sign," *Theology Today* 23 [1966]: 410).

E se alguém argumentar que o batismo inicia alguém na igreja universal, e não em uma igreja local? Concordo que em certo sentido o batismo inicia alguém na igreja universal, como é expresso de forma pública e visível na terra. Assim como todos os cristãos compartilham uma fé e um só Senhor, também há um e somente um batismo (Ef 4.5). E como eu disse, quando um cristão convertido em São Paulo se muda para Minas Gerais, ele não precisa ser batizado novamente se for para o Ceará; ele traz seu batismo com ele. O batismo é uma confirmação da cidadania do reino. E as igrejas locais, como embaixadas do reino, são obrigadas a confirmar todos os cidadãos do reino que lhe são apresentados. Assim, na medida em que o batismo é uma afirmação da cidadania do reino, ele confere um status que transcende a igreja local que o concede.

No entanto, a igreja universal existe institucionalmente na terra apenas nas igrejas locais. O único "lugar" onde a igreja universal existe na terra é a igreja local. Não existe uma instituição política organizada na Terra chamada "a igreja universal".[41] Assim, Deus planeja que a membresia universal da igreja seja concretizada na membresia da igreja local, e esse é o ponto principal das chaves do reino.

---

41. Para uma defesa teológica dessa postura, ver Volf, *After our Likeness*, 154–58. É claro que os presbiterianos e outros que se apegam a uma política de conexão discordarão. No entanto, essa discordância não colocaria em risco o elemento central do meu argumento, uma vez que todos os protestantes enxergam a igreja local como uma manifestação necessária da universal.

Isso explica por que Paulo pode passar de forma tão pontual pelos termos universal e local em 1 Coríntios 12. Lembre-se que no versículo 13 Paulo diz: "Pois, em um só Espírito, todos nós fomos batizados em um corpo". Presumindo que haja pelo menos uma referência secundária ao batismo na água aqui, em que corpo fomos batizados? O verso 12 parece indicar a igreja universal: "Porque, assim como o corpo é um e tem muitos membros, e todos os membros, sendo muitos, constituem um só corpo, assim também com respeito a Cristo." No entanto, a discussão a seguir faz sentido apenas em termos de uma igreja local. É onde os pés e ouvidos podem ser tentados a desencorajar (vv. 14-20). É onde os olhos e a cabeça podem ser tentados ao orgulho e à autossuficiência (v. 21). É onde podemos dar honra aos membros que não têm (vv. 22-24), onde podemos cuidar uns dos outros, sofrer juntos, nos alegrar juntos (vv. 25-26). E então Paulo faz uma referência ainda mais específica à igreja local, dizendo à igreja em Corinto: "Ora, vós sois corpo de Cristo; e, individualmente, membros desse corpo." (v. 27). Então, que corpo é este Paulo, universal ou local? Sim. Ambos. Paulo pode ir e voltar entre os dois por causa da relação inseparável na distinção entre eles.

No mínimo, então, sob circunstâncias normais, o batismo na igreja universal implica necessariamente na participação em uma igreja local. Mas devemos ir mais longe.

Onde uma igreja local existe, ser batizado é ser acrescentado àquela igreja, como em Atos 2.41. O batismo não é apenas inseparável da membresia da igreja local, mas coincidente com ela. A membresia é a casa, e o batismo a porta da frente. Visto que uma igreja na terra representa o reino dos céus, está autorizada a confirmar somente aqueles que se submetem à sua autoridade, que é o meio designado por Deus de submeter as pessoas à sua autoridade. Isto é, uma igreja pode batizar somente aqueles que estão saindo do mundo e *entrando na igreja* por meio de sua profissão de fé batismal. Não deve haver cristãos confirmados, mas descomprometidos[42]. Se um americano moderno e amante da independência vivesse em Jerusalém no dia de Pentecostes e dissesse aos apóstolos: "Quero ser batizado, mas não quero me unir à igreja aqui em Jerusalém ainda", teria sido despachado.

Você não pode ser um cidadão sem pertencer a um corpo político, e a única manifestação institucional do reino do céu na terra é a igreja local. Portanto, ser um cidadão autorizado do reino é ser membro de uma igreja local. Pela autoridade das chaves do reino, o status oficial de "cidadão real" é conferido apenas pela igreja local, e existe na terra somente na membresia de uma igreja local. Você não ganha a camisa

---

42. Mais uma vez, o eunuco etíope não é simplesmente "descomprometido", mas carrega com ele as sementes da igreja que nascerá assim que outras pessoas crerem no evangelho que ele levará. Retornaremos ao eunuco etíope nos capítulos 7, 9 e 11.

sem se juntar ao time. Portanto, o batismo não somente exige, mas confere a membresia da igreja.

Hoje, é claro, separamos o batismo da membresia da igreja de todas as maneiras. É comum apenas batizarmos as pessoas sem pensar em membresia da igreja. Isso é deixado para depois. E isso é um problema. Abordaremos algumas questões práticas relacionadas ao batismo e à membresia no último capítulo do livro. Por enquanto quero apenas reiterar que quando você olha para o batismo, o que você deve ver é alguém passando pela porta da igreja.

Minha igreja às vezes tem a alegria de acolher um novo crente na membresia "pendente" de seu batismo. Este novo crente será entrevistado por um presbítero. Então, em nossa assembleia mensal de membros, a congregação votará para postergar a membresia até o batismo. Uma ou duas semanas depois, esse novo cristão compartilhará seu testemunho no final do culto matutino de domingo e será batizado. Nosso pastor principal geralmente é aquele que realiza o batismo. Antes de voltar para o batismo, ele costuma dizer algo como: "Membros da Terceira Avenida, quando Joe se levanta da água, ele será um membro de pleno direito desta igreja. Portanto, dê-lhe as boas-vindas de braços e corações abertos". Essa pequena palavra de encorajamento tem grande valor. É verdade que a congregação já havia decidido estender a membresia a Joe antes de seu batismo. Mas o novo relacionamento entre Joe e a igreja entra em vigor no e pelo batismo.

BATISMO E POLÍTICA

O bispo metodista Will Willimon escreveu que "o batismo não tem dúvidas sobre a igreja ser um fenômeno totalmente 'político'. O batismo é um sinal da criação de um novo reino, uma realidade política visível chamada igreja."[43] Embora eu possa contestar parte do território que Willimon afirma com base nessa ideia, o ponto em si é fatal. Eu até levaria um passo adiante: o batismo não é um mero sinal da criação de um novo reino no sentido de que ele aponta para uma realidade que existe de forma independente. Em vez disso, desempenha um papel na constituição da igreja como um corpo "político" visível.[44] Eclesialmente, o batismo é um sinal eficaz: cria a realidade para a qual aponta.

Mais uma vez, como Hubmaier corretamente discerniu: *nenhum batismo, nenhuma igreja*. O batismo constitui os cristãos como cidadãos do reino publicamente autorizados, portadores de passaportes - os mesmos cidadãos do reino cuja aliança mútua constitui uma igreja. Como uma realidade social criada pelo reino de Deus, a igreja local é uma instituição visível e política, e o batismo define sua forma marcando a sua entrada.

---

43. Citado em Anthony R. Cross, *Recovering the Evangelical Sacrament: Baptisma Semper Reformandum* (Eugene, OR: Pickwick, 2013), 300.
44. For an extensive biblical-theological account of the sense in which the church should be described as "political," see Leeman, *A Political Assembly*, chap. 6.

Vimos neste capítulo que as chaves do reino são o alvará institucional que dá a uma igreja essa existência visível e política. As chaves do reino dão à igreja autoridade para ouvir uma confissão, consideram o confessor, testam ambos contra a palavra infalível de Jesus e declaram ao mundo: "Esta pessoa pertence ao Deus Trino." E quando o confessor em questão é um novo crente, o meio pelo qual a igreja pronuncia seu veredicto positivo é o batismo. Quando alguém afirma legitimamente ter se tornado um filho de Deus através da fé em Cristo e pelo poder do Espírito, a igreja une essa pessoa a si mesma, endossa publicamente sua confissão e lhe entrega um passaporte com o "Reino do Céu" estampado na capa. Como? Ao batizá-la em nome do Pai, do Filho e do Espírito Santo.

IDEIAS PRINCIPAIS

As chaves do reino (Mt 16.18-19; 18.18) funcionam como uma carta constitutiva da igreja que concede à igreja local a autoridade de confirmar publicamente aqueles que professam com credibilidade a fé em Cristo.

O exercício inicial e iniciador da igreja das chaves do reino é o batismo (Mt 28.19). No batismo, o indivíduo fala a Deus e à igreja, e a igreja fala por Deus ao indivíduo.

O batismo, portanto, é tanto o passaporte do reino quanto a cerimônia de juramento de um cidadão do reino. Identifica alguém como membro do reino de Cristo e o inaugura no ofício público de cidadania do reino, isto é, membro da igreja.

Normalmente, então, o batismo confere a membresia da igreja. Em termos eclesiais, o batismo é um sinal eficaz: cria a realidade para a qual aponta. Batizar alguém é adicioná-lo à igreja (At 2.41). O batismo liga um a muitos.

CAPÍTULO 6

UM SÓ PÃO, UM SÓ CORPO:
A CEIA DO SENHOR E A IGREJA LOCAL

Você é o que você come, ou assim dizem. Se as pessoas fossem máquinas, isso seria absolutamente verdade: lixo dentro, lixo fora. É claro que não somos máquinas, mas não devemos ignorar a ciência ou o senso comum. Alguns alimentos o estimulam por horas, outros causam um surto de energia seguido por um colapso, e outros atam um nó no estômago.

No entanto, a comida faz mais do que nos alimentar. Ela nos lembra de nossa dependência de Deus e de seu cuidado paternal conosco. Podemos usá-la para celebrar, banqueteando-se em casamentos ou feriados. Podemos usá-la, *não* a usando, jejuando no luto ou arrependimento. E a comida tem possibilidades sociais quase ilimitadas. Comer apenas orgânico, regional e integral pode ser um distintivo de identidade tão exclusivo quanto um condomínio fechado. Por outro lado, compartilhar uma refeição mostra alguma intimidade, sinaliza uma abertura para a outra pessoa. Uma refeição pode unir as pessoas como poucas outras coisas podem.

Não é notável que Jesus tenha dado uma refeição à igreja? A Ceia do Senhor é mais do que uma refeição, mas não menos. Jesus partiu o pão e derramou vinho. Ele disse do pão: "Este é o meu corpo, que é dado por vós", e do vinho: "Este cálice é a nova aliança em meu sangue." Ele nos disse para comer e beber em memória dele (Lc 22.19–20; Mateus 26.26–28). Nossa refeição final é o próprio Jesus: sua carne é alimento verdadeiro, seu sangue é a bebida verdadeira (Jo 6.55). Ainda Paulo escreveu: "Porventura, o cálice da bênção que abençoamos não é a comunhão do sangue de Cristo? O pão que partimos não é a comunhão do corpo de Cristo?" (1Co 10.16).

Na Ceia do Senhor, o evangelho se torna não apenas algo que ouvimos, ou mesmo vemos, mas algo que comemos. Portanto, a Ceia do Senhor carrega as exigências do evangelho. Exige que nos submetamos apenas a Cristo como Senhor: "Não podeis ser participantes da mesa do Senhor e da mesa de demônios" (1Co 10.21). Ele nos chama a amar o corpo de Cristo como ele: Paulo repreendeu os coríntios (e Deus matou alguns deles!) por desprezar os membros que não tinham nada quando celebravam a Ceia (1Co 11.17-34). A Ceia do Senhor não representa apenas o evangelho; mas proclama-o: "Enquanto come este pão e bebe o cálice, proclama a morte do Senhor até que ele venha" (1Co 11.26). Na Ceia do Senhor, proclamamos o evangelho e participamos dos benefícios do evangelho. Por causa disso, a Ceia do Senhor define a igreja: o que é, quem é e onde está. Como diz Michael Bird, "A refeição conta uma história sagrada e cria uma comunidade sagrada."[1] Juntando todos esses tópicos bíblicos, Michael Horton nos traz um círculo completo: "A grosso modo, a igreja *é* o que *come*. O ponto em questão é a identificação da aliança: com que Senhor e sob qual constituição e, portanto, a qual comunhão pertence? A refeição sagrada em que se compartilha não apenas reflete, mas também constitui o tipo de sociedade da qual somos membros."[2]

Este capítulo trata apenas de como a Ceia do Senhor constitui o tipo de sociedade, uma igreja local, da qual nós cristãos somos membros.

---

1. Michael F. Bird, "Re-thinking a sacramental view of baptism and the Lord's Supper for the Post-Christendom Baptist Church," in *Baptist Sacramentalism 2*, ed. Anthony R. Cross and Philip E. Thompson, Studies in Baptist History and Thought 5 (Milton Keynes: Paternoster, 2008), 75.
2. Michael S. Horton, *People and place: a covenant ecclesiology* (Louisville: Westminster John Knox, 2008), 123, ênfase original.

O PORQUÊ E O QUE É ESTE CAPÍTULO

Mais especificamente, este capítulo tenta definir em que sentido a Ceia do Senhor constitui uma igreja local. Em 1 Coríntios 10.17, Paulo escreve: "Porque nós, embora muitos, somos unicamente um pão, um só corpo; porque todos participamos do único pão." Em face disso, Paulo parece estar dizendo que a participação da Ceia do Senhor faz com que muitos se tornem um, membros em um corpo, cristãos em uma igreja. Na verdade, acho que é exatamente isso que ele está dizendo, embora encaixar essa afirmação em uma eclesiologia mais ampla requeira algum trabalho. Esse trabalho é o que este capítulo, e até certo ponto o próximo, pretende fazer.[3]

Mas por que dedicar um capítulo inteiro com a Ceia do Senhor? Isso é um desvio do assunto em questão? Dificilmente. Você vai se lembrar do capítulo 1 que este debate tem sido historicamente conduzido em termos de "ceia aberta" versus "ceia restrita". Existe uma posição intermediária, que eu chamo de "visão aberta-fechada". Mas na maior parte dos casos, ambos os lados sustentam que os requisitos para a Ceia do Senhor são os requisitos para a membresia. Há boas razões para isso, e espero que este

---

3. Pode-se dizer que este capítulo descreve um relato protestante e especificamente Batista de como "a eucaristia faz a igreja". Para uma influente exposição católica romana desse slogan, ver Henri de Lubac, *Corpus mysticum: the eucharist and the church in the middle ages*, trans. Gemma Simmonds (Notre Dame, IN: University of Notre Dame Press, 2006), 88 e demais.

capítulo as fortaleça. Como veremos, a Ceia do Senhor é o sinal efetivo da unidade da igreja local. É onde você vê a membresia da igreja acontecer. É também onde ocorre a exclusão da igreja. Alguém que afirma acreditar em Cristo, mas cuja vida não condiz com essa afirmação, é excluído da Ceia do Senhor, e, portanto, excluído da comunhão que ela implica.

Veremos que a Ceia do Senhor é um distintivo de pertencimento tanto quanto o batismo. O batismo é a porta da frente para a casa, e a Ceia do Senhor é a refeição da família. Todos os que pertencem à família se identificam "aparecendo" no batismo, e sua unidade como família é exibida e selada quando eles se sentam para comer juntos.

Em outras palavras, este capítulo explora a forma eclesial da Ceia do Senhor. Começaremos com quatro fundamentos dessa forma eclesial. (1) A Ceia do Senhor é uma transformação da Páscoa. (2) A Ceia do Senhor é uma participação comunitária dos benefícios da morte de Jesus. (3) Analogamente ao que descobrimos sobre o batismo no capítulo 4, a Ceia do Senhor é o sinal de juramento renovador da nova aliança. (4) A Ceia do Senhor é celebrada pela igreja, como igreja, e implica responsabilidade pela igreja.

Com base nessa fundação, argumentarei que a Ceia do Senhor desempenha um papel em tornar a igreja uma igreja. De acordo com o que vimos sobre o batismo no capítulo 5, a Ceia do Senhor não é apenas um sinal, mas um sinal eficaz, pois afeta a unidade de uma igreja local. Como um sinal de juramento corporativo, a Ceia do Senhor constitui muitos cristãos como uma igreja. Ela dá corpo à igreja, fazendo com que muitos se tornem um.

Concluirei o capítulo desenhando várias inferências teológicas e práticas do papel constitutivo da Ceia do Senhor. O mais crucial para os nossos propósitos é este: o batismo é um pré-requisito necessário para a Ceia do Senhor. Se a Ceia do Senhor é o sinal de juramento renovador da nova aliança, então somente aqueles que se submeteram ao sinal de juramento inicial podem participar. Se a Ceia do Senhor afeta a unidade da igreja, então somente aqueles que se uniram à igreja no batismo devem ser admitidos.[4] Se a Ceia do Senhor é a refeição familiar da igreja, a única entrada para esta refeição é a porta da frente do batismo.

QUATRO FUNDAMENTOS DA FORMA ECLESIAL DA CEIA DO SENHOR

Nesta seção, pesquisaremos quatro características da Ceia do Senhor que contribuem para sua forma eclesial. Não estou tentando abordar de forma abrangente o significado teológico da Ceia do Senhor. Certamente as linhas principais do significado da ordenança serão esboçadas à medida que

---

4. Eu não acho que isso exclui a comunhão "visitante" ou "transitória", a prática de permitir que membros batizados de outras igrejas evangélicas participem da Ceia do Senhor. Eu explicarei o motivo no devido tempo.

avançamos. Mas meu interesse principal está no relacionamento da Ceia do Senhor com a existência da igreja local, da membresia e de outro rito constitutivo: o batismo.

1. A Ceia do Senhor é uma transformação da Páscoa

Primeiro, a Ceia do Senhor é uma transformação da Páscoa. A Ceia do Senhor, é claro, foi instituída por Jesus na última Ceia (Mt 26.26-29; Mc 14.22-25; Lc 22.14-20; cf. 1Co 11.23). E a última Ceia foi uma refeição de Páscoa: o próprio Jesus disse: "Tenho desejado ansiosamente comer convosco esta Páscoa, antes do meu sofrimento." (Lc 22.15).[5]

Mas esta não foi apenas uma refeição de Páscoa. Lembre-se de que a própria Páscoa era diferente de todas as outras refeições: os israelitas comiam ervas amargas e pães asmos junto com o cordeiro da Páscoa. (Um jantar típico da Páscoa no primeiro século também incluía compartilhar copos de vinho em diferentes estágios da refeição.) Então uma criança perguntava: "Por que esta noite é diferente de qualquer outra noite?" E o anfitrião respondia: "É por causa do que o Senhor fez por mim quando saí do Egito" (Êx 13.8). Estas palavras proclamam

---

5. Para uma defesa detalhada da visão da Ceia do Senhor como uma refeição de Páscoa, ver Anthony C. Thiselton, *The first epistle to the corinthians: a commentary on the greek text*, New International Greek Testament Commentary (Grand Rapids: Eerdmans, 2000), 871-74; and I. Howard Marshall, *Last Supper and Lord's Supper* (Grand Rapids: Eerdmans, 1980), 57-75.

o significado da refeição. Assim também quando Jesus ofereceu a Páscoa para seus discípulos, ele explicou o significado da refeição. Mas em uma nova refeição com um novo significado: "E, tomando um pão, tendo dado graças, o partiu e lhes deu, dizendo: Isto é o meu corpo oferecido por vós; fazei isto em memória de mim. Semelhantemente, depois de cear, tomou o cálice, dizendo: Este é o cálice da nova aliança no meu sangue derramado em favor de vós.'" (Lc 22.19-20).

Ao reinterpretar o pão e o cálice à luz da morte que viria, Jesus transformou a Páscoa em um novo ritual, comemorando o seu sacrifício de inauguração da nova aliança.

Você notou o que o anfitrião da Páscoa deveria dizer? "É por causa do que o Senhor fez por *mim* quando saí do Egito" (ênfase adicionada).[6] Em Êxodo 13, Deus estabeleceu a Páscoa como uma ordenança permanente para Israel. Estas palavras são o que cada geração mais tarde diria na Páscoa (cf. Êx 12.14-20). A Páscoa remete aqueles que estão no tempo presente ao ato de libertação de Deus no passado. Ela trouxe a salvação de Deus do passado para o presente. Horton explica: "Como parte da mesma comunidade da aliança, aqueles que foram removidos dos eventos originais por épocas poderiam, não obstante, ser incluídos

---

6. Veja também Deuteronômio 26.5-7 e a discussão dessa passagem em Grant Macaskill, *Union with Christ in the New Testament* (Oxford: Oxford University Press, 2013), 203-4.

federalmente na geração fundadora."⁷ Como as gerações posteriores pertenciam à mesma aliança, eles eram aliançados nos mesmos atos salvadores.

Como a Páscoa, a Ceia do Senhor traz o passado para o presente. Os atos de partir e comer o pão e derramar e beber o cálice apresentam dramaticamente os eventos do evangelho à nossa visão e paladar. Mas a Ceia do Senhor também torna o futuro presente, pelo menos como um antegozo. Jesus disse aos seus discípulos: "E digo-vos que, desta hora em diante, não beberei deste fruto da videira, até aquele dia em que o hei de beber, novo, convosco no reino de meu Pai" (Mt 26.29). Como Paulo mais tarde dirá: "Porque, todas as vezes que comerdes este pão e beberdes o cálice, anunciais a morte do Senhor, até que ele venha" (1Co 11.26). Ambos os textos tratam a Ceia do Senhor como uma antecipação do banquete messiânico, o que Apocalipse chama de ceia das bodas do Cordeiro, onde o povo de Cristo festejará com ele na nova criação (Ap 19.7, 9; Is 25.6– 10). ⁸ O resumo vívido de Tom Wright está no ponto: "Como estamos percorrendo a linha que leva do Cenáculo até a grande festa no novo mundo de Deus, da vitória do Calvário e da Páscoa até a vitória final sobre a

---

7. Horton, *People and place*, 104.
8. I. Howard Marshall escreve, "A Ceia do Senhor está ligada à Páscoa na medida em que a Páscoa é um tipo de banquete celestial, enquanto a Ceia do Senhor é a antecipação do banquete celestial. O termo intermediário de comparação entre a Páscoa e a Ceia do Senhor é o banquete celestial" (*Last Supper and Lord's Supper*, 80).

própria morte (1Co 15.26), *encontramos em todas as estações, ou seja, em toda celebração da refeição de Jesus, que o passado de Deus nos alcança novamente, e o futuro de Deus vem ao nosso encontro mais uma vez* ".[9]

Entender a Ceia do Senhor como uma transformação da Páscoa nos permite ver que ela é uma refeição de recordação da aliança que traz o passado e o futuro para o presente. Permite a cada um de nós dizer: "Eu como este pão e bebo este cálice por causa do que o Senhor fez por mim quando me libertou do meu pecado na cruz."[10] E por causa dessa salvação passada experimentada no presente, olhamos para a nossa futura celebração com Jesus com expectativa ansiosa e esperança certa.

2. A Ceia do Senhor é uma Participação Comunitária dos Benefícios da Morte de Jesus

Em segundo lugar, a Ceia do Senhor é uma participação comunitária dos benefícios da morte de Jesus. Novamente, lembre-se das palavras de Paulo em 1Coríntios 10.16: "Porventura, o cálice da bênção que abençoamos não é a comunhão do sangue de Cristo? O pão que partimos não é a comunhão do corpo de Cristo?"

---

9. Tom Wright, *The meal Jesus gave us* (London: SPCK, 1999), 47, ênfase original. Ver também Brian J. Vickers, "The Lord's Supper: celebrating the past and future in the present," em *The Lord's Supper: remembering and proclaiming Christ until he comes*, ed. Thomas R. Schreiner and Matthew R. Crawford (Nashville: B&H, 2010), 313–40.
10. So Vickers, "Celebrating the past and future in the present," 339.

A palavra grega traduzida como "participação" é koinonia, que significa "compartilhar algo com alguém".[11] Com quem estamos compartilhando? Um com o outro. Como consideraremos abaixo, nós participamos da Ceia do Senhor como uma igreja (1Co 11.17-18, 20, 33-34). E o que estamos compartilhando? Comunhão com Cristo, que inclui todos os benefícios de sua morte salvadora. Na Ceia do Senhor, participamos do que o corpo partido e o sangue derramado de Cristo obteve para nós: perdão, reconciliação, adoção e todas as outras bênçãos da nova aliança. Como diz C. K. Barrett, "Paulo está pensando naquilo que todos os cristãos desfrutam e desfrutam juntos, nos benefícios que lhes são assegurados pelo sangue de Cristo".[12] Os comentários de Gordon Fee também são relevantes:

> A "comunhão", portanto, era provavelmente uma celebração da sua vida comum em Cristo, baseada na nova aliança em seu sangue que anteriormente os ligou em união com Cristo pelo seu Espírito. Mas enquanto a sua "comunhão" era um com o outro, sua base e foco estavam em Cristo, sua morte e ressurreição; eles estavam assim juntos em sua presença, onde como anfitrião em sua mesa ele compartilhou novamente com

---

11. Ver J. Y. Campbell, "Κοινωνία and its cognates in the New Testament," *JBL* 51 (1932): 353; Michelle V. Lee, *Paul, the stoics, and the body of Christ*, SNTSMS 137 (Cambridge: Cambridge University Press, 2006), 127. Cf. Jonathan Edwards: "A palavra "comunhão", como é usada nas Escrituras, significa uma participação comum em algo bom" (*Sermons on the Lord's Supper* [Orlando, FL: The Northampton Press, 2007], 120).
12. C. K. Barrett, *The first epistle to the Corinthians* (London: A&C Black, 1971), 232.

eles os benefícios da expiação. É essa relação única entre os crentes com o seu Senhor, celebrada nesta refeição, que torna impossível associações semelhantes com outros "crentes" nas mesas de demônios.[13]

Para aqueles que tomam parte na fé, a Ceia do Senhor é uma participação comunitária nos benefícios da morte de Jesus. Ao nos alimentarmos do pão com nossas bocas, nos alimentamos de Cristo em nossos corações pela fé. E o "nós" é crucial.

3. A Ceia do Senhor é o sinal de juramento renovador da Nova Aliança

Terceiro, a Ceia do Senhor é o sinal de juramento renovador da nova aliança. No último capítulo, descobrimos que o batismo é o sinal de juramento inicial da nova aliança. A Ceia do Senhor é semelhante, exceto que é repetida frequentemente, enquanto o batismo é um evento único.

Várias linhas de evidência demonstram que a Ceia do Senhor é um sinal da nova aliança. Primeiro, Jesus diz: "Este é o cálice da nova aliança no meu sangue derramado em favor de vós" (Lc 22.20). Aqui Jesus identifica o sinal que simboliza a nova aliança, assim como Deus fez

---

13. Gordon Fee, *The first epistle to the Corinthians*, New International Commentary on the New Testament (Grand Rapids: Eerdmans, 1974), 467. Assim também Jonathan Edwards: "Verdadeiros crentes, portanto, veem a ceia como uma participação conjunta ao receber o sacrifício de Cristo pela fé" (*Sermons on the Lord's Supper*, 81).

anteriormente com a circuncisão em Gênesis 17.10. A Ceia do Senhor também se baseia no precedente mais amplo das refeições ratificadoras da aliança no Antigo Testamento (por exemplo, Gn 26.30: 31.44-46), especialmente a refeição da aliança de Êxodo 24.9-11. Considere Marcos 14.24: "Isto é o meu sangue, o sangue da [nova] aliança derramado em favor de muitos." A versão de Marcos deixa claro que o cálice de Jesus evocava não apenas a promessa da nova aliança, mas também a ratificação da antiga aliança em Êxodo 24.8: "Eis aqui o sangue da aliança que o Senhor fez convosco." Após esta declaração, Moisés e Arão e os anciãos de Israel subiram à presença de Deus no Sinai, onde "eles viram a Deus, e comeram, e beberam." (Êx 24.11). A antiga aliança foi ratificada não apenas pelo sangue, mas por uma refeição que o próprio Deus ofereceu. Da mesma forma, a nova aliança foi inaugurada pelo sangue de Jesus e é repetidamente ratificada em uma refeição oferecida por Jesus.[14]

É por isso que muitos cristãos falam da Ceia do Senhor como um selo da aliança, tanto da parte de Deus quanto da nossa.[15] Como um selo ratifica um documento, a Ceia do Senhor ratifica a nova aliança. Jonathan Edwards, por exemplo, disse que "Deus, nesta ordenança, sela sua aliança em nós".[16] Como? "As ações de partir o pão e derramar o

---

14. Depois de examinar essas conexões textuais, Grant Macaskill conclui que "no Novo Testamento, o simbolismo [da Ceia do Senhor] é entendido incluindo a ratificação da aliança" (*Union with Christ*, 211).
15. Autores reformados normalmente falam disso como um selo da "aliança da graça", embora eu prefira "nova aliança".
16. *Sermons on the Lord's Supper*, 16.

vinho e entregá-lo ao povo são, na verdade, uma promessa visível de que ao recebermos as coisas simbolizadas por eles das mãos de Cristo, nós as desfrutaremos.; e as ações e sinais significam aos olhos o mesmo que as promessas significam aos ouvidos". [17]

A Ceia do Senhor é um sinal e um selo da nova aliança da parte de Deus, na medida em que ela se estende e confirma de forma visível as suas promessas salvíficas para nós. Mas a Ceia do Senhor também é um sinal e um selo da aliança da nossa parte. Como Edwards colocou:

> É a confirmação mais solene que pode ser concebida, que, na medida em que eles conhecem os seus corações, fazem dessa união seu próprio ato e ação livres. É mais solene do que um mero juramento. Esta ordenança é assim como nos sinais mútuos de consentimento e aceitação no casamento. Assim, nessa ordenança, o povo de Cristo confirma solenemente essa união e o amor dos cristãos uns com os outros.[18]

Tomando os elementos, nós solenemente simbolizamos nossa fé em Cristo e compromisso com ele, confirmando nossa união com Cristo e uns com os outros. Edwards também identifica a Ceia do Senhor como um juramento, ou mais especificamente um sinal de juramento, quando ele escreve: "É com signos significantes como é com palavras:

---

17. Ibid., 15.
18. Ibid., 76.

palavras são uma profissão da coisa significada por aquelas palavras; ações tão significativas são uma profissão da coisa significada por essas ações." [19] Em outras palavras, na Ceia do Senhor professamos nossa fé em Cristo participando dos "sinais sensíveis" de seu corpo e sangue.[20] Nós comunicamos assim o nosso compromisso com a aliança, como se fizéssemos um juramento verbal.[21]

Edwards está correto neste ponto porque participar da Ceia do Senhor é um ato que envolve a si mesmo.[22] Quando comemos o pão, estamos dizendo: "O corpo de Jesus foi dado por mim." Quando bebemos o cálice, estamos dizendo: "O sangue de Jesus foi derramado para perdoar os meus pecados." Quando fazemos isso, planejamos nossas vidas no drama de redenção de Deus. Como um israelita celebrando a Páscoa, confessamos: "É por causa do que o Senhor fez *por mim*". E, embora isso seja um ato de fé, também é um ato

---

19. Ibid., 77.
20. Ibid., 17.
21. Esta poderia ser a razão pela qual a palavra latina *sacramentum*, que significa "juramento", veio primeiramente a se referir aos "sacramentos" cristãos do batismo e da Ceia do Senhor. Uma associação próxima entre um juramento e a Ceia do Senhor pode ser atestada na carta de Plínio, o Jovem, a Trajano (*Epistle* 10.96; AD 112). Ele descreve os cristãos reunidos para cantar hinos a Cristo e "unir-se a eles por juramento" para viverem corretamente e depois participarem juntos de uma refeição. Ver Plínio, o Jovem, *Letters, Volume II: Books 8–10. Panegyricus*, trans. Betty Radice, Loeb Classical Library (Cambridge, MA: Harvard University Press, 1969), 289. Muitos estudiosos identificaram uma conexão entre 1Coríntios 11.17-34 e a carta de Plínio. Ver, por exemplo, C. F. D. Moule, "The judgement theme in the sacraments," in *The background of the new testament and its eschatology*, ed. W. Daube and W. D. Davies (Cambridge: Cambridge University Press, 1954), 471 n. 1.
22. Ver Anthony Thiselton, *The hermeneutics of doctrine* (Grand Rapids: Eerdmans, 2007), 510, para a literatura sobre a natureza "auto-envolvente" do batismo e da Ceia do Senhor.

de compromisso, porque a própria fé exige compromisso de todo o coração com as ordenanças de Cristo. (Mt 28.19; Jo 14.15). Quando tomamos a Ceia do Senhor, nos comprometemos a ser discípulos de Jesus, a nos apegarmos ao ensino, a seguir o Cordeiro onde quer que ele vá (Jo 8.32: Ap 14.4). Essa é precisamente a dinâmica que observamos no batismo, no qual nos comprometemos publicamente com Cristo através da identificação com a sua morte e ressurreição. Quando participamos do pão e do cálice, nos comprometemos novamente com Cristo e a sua aliança.

Por isso, a Ceia do Senhor é o renovador juramento do novo pacto. Como o puritano Thomas Manton disse: "Agora, a nossa resposta a essa exigência de Deus e a esse interrogatório que ele nos impõe na aliança, é selada por nós no batismo e renovada na Ceia do Senhor." [23] Na Ceia do Senhor, nós nos comprometemos com Deus de acordo com sua nova aliança, assim como - e porque - ele se compromete conosco.

Assim como no batismo, o significado da Ceia do Senhor como o sinal de juramento renovador da nova aliança é determinado pela novidade da nova aliança. "Cristo nos resgatou da maldição da lei, fazendo-se ele próprio maldição

---

23. *The complete works of Thomas Manton*, vol. 6 (repr.; Homewood, AL: Solid Ground Christian Books, 2008), 72; citado em William Kiffin, *A Sober discourse of right to church communion* (London, 1681; repr. Paris, AR: Baptist Standard Bearer, 2006), 67. Cf. Roy Ciampa and Brian Rosner: "The Lord's Supper is best understood as a covenant-ratifying meal in which the whole community was to participate" (*The first letter to the Corinthians*, Pillar New Testament Commentary [Grand Rapids: Eerdmans, 2010], 474). Thiselton também afirma que a Ceia do Senhor é uma "promessa solene de envolvimento em tudo que é proclamado na morte de Cristo." (*The First Epistle to the Corinthians*, 896)

em nosso lugar", escreve Paulo em Gálatas 3.13. A maldição que Cristo se tornou por nós é *a maldição*: separação, rejeição, condenação. Cristo satisfez a última das sanções da aliança, ou seja, a ira de Deus, para que recebêssemos as novas bênçãos da justificação (Gl 2.16), o Espírito que habita em nós (Gl 3.14) e a adoção (Gl 4.4- 6). A Ceia do Senhor implica julgamento para alguém cuja vida enfraquece a sua profissão; no entanto, o sinal de juramento por si só não é uma autocondenação condicional[24].

Comer do pão e beber do cálice não tem nenhum elemento de "Que Deus faça isso comigo se eu o abandonar". Por quê? Porque Deus já fez isso a Cristo. Como o batismo, a Ceia do Senhor retrata as sanções satisfeitas, já que as sanções satisfeitas são a base da nova aliança que esses ritos ratificam. Cristo esgotou o cálice da ira para que pudéssemos beber o cálice da bênção.

---

24. Vários eruditos identificam corretamente a Ceia do Senhor como um juramento de aliança, mas a entendem equivocadamente como um simbolismo automaldizente, em continuidade com a aliança mosaica. Ver, por exemplo, A. R. Millard, "Covenant and communion in first Corinthians," em *Apostolic history and the gospel: in honour of F. F. Bruce*, ed. Ward Gasque and Ralph P. Martin (Exeter: Paternoster, 1970), 243–45; George E. Mendenhall, "Covenant," in *Interpreter's dictionary of the bible* 1 (Nashville: Abingdon, 1962), 722. A diferença entre o julgamento implícito na Ceia do Senhor e a auto maldição condicional implícita, digamos, na circuncisão, é que o julgamento ameaçado não é uma parte intrínseca do simbolismo da refeição. Em vez disso, a refeição simboliza a salvação realizada através do corpo quebrado e sangue derramado de Cristo. A linguagem de koinonia de Paulo confirma isso: na Ceia do Senhor, os crentes participam dos benefícios da morte de Cristo (1Coríntios 10.16). Sim, se você rejeitar a graça de Deus e participar hipocritamente, a refeição se torna um meio de julgamento (11.29). Mas observe que Paulo diz aos coríntios que, quando eles fazem isso, não é a Ceia do Senhor que eles celebram (11.20). Profanar a ordenança é inverter a ordenança, tornando-a algo que não é. Considerando que a circuncisão ameaça a ira pela ação de cortar, a Ceia do Senhor só implica julgamento se for pervertida e, assim, invertida.

Tratar a Ceia do Senhor como o sinal renovador de juramento da nova aliança não transforma a Ceia do Senhor em uma "obra". Nem distorce o evangelho inserindo nosso esforço moral na base de nossa posição diante de Deus.[25] Em vez disso, A Ceia do Senhor retrata a prioridade, suficiência e eficácia da graça de Deus, apresentando-nos uma salvação que Cristo cumpriu unilateralmente. No entanto, essa salvação é sempre e somente apropriada pela fé, que simbolizamos e professamos quando participamos.

4. A ceia do Senhor é celebrada pela Igreja, como Igreja, e implica a responsabilidade pela Igreja

Um quarto fundamento da forma eclesial da Ceia do Senhor é que ela é celebrada pela igreja, como uma igreja, e implica responsabilidade pela igreja. Primeiro, a Ceia do Senhor é celebrada pela igreja, uma igreja local. Considere o que Paulo diz em 1Coríntios 11:

- "Quando vocês se juntam, não é para o melhor, mas sim para o pior" (v. 17);
- "Quando vocês se reúnem como igreja, ouço que existem divisões entre vocês" (v. 18);

---

25. Michael Horton parece implicar isso quando ele escreve: "Faz literalmente toda a diferença do mundo se o batismo e a Ceia são a expressão do crente de uma experiência e compromisso interior ou a ratificação oficial de sua promessa por parte de Deus" ("The Church After Evangelicalism," in *Renewing the Evangelical Mission*, ed. Richard Lints [Grand Rapids: Eerdmans, 2013], 151). Esta é uma falsa separação.

- "Quando vocês se reúnem, não é a ceia do Senhor que vocês comem" (v. 20);
- "Quando vocês se juntarem para comer, esperem um pelo outro" (v. 33);
- "Para que quando vocês se juntem, não seja para julgamento" (v. 34).

É claro que em Corinto a Ceia do Senhor foi celebrada por todo o corpo em um encontro. Não era algo que indivíduos, famílias ou pequenos grupos faziam. Era algo que a igreja como um todo fazia. E não há evidência sólida de que qualquer outra igreja do Novo Testamento tenha sido diferente.²⁶ Em segundo lugar, a Ceia do Senhor é celebrada pela igreja, como uma igreja. O que quero dizer é que a Ceia do Senhor é um ato da igreja, não apenas a atividade agregada de seus membros individuais coincidentemente acontecendo no mesmo lugar²⁷. Novamente, observe que em 1Coríntios 11.18 Paulo descreve os coríntios reunindo-se juntos. Como Anthony Thiselton explica,

---

26. Atos 2.46 diz: "E dia a dia, frequentando o templo e partindo o pão em suas casas", mas a linha seguinte é: "eles receberam sua comida com corações alegres e generosos". Isto parece distinguir "o partir do pão" no v. 42 da frase semelhante aqui. No verso 42, "o partir do pão" (τῇ κλάσει τοῦ ἄρτου) é um substantivo verbal articulado que soa ligeiramente mais formal. Isso pode sugerir que "o partir do pão" funciona aqui como um termo técnico para a Ceia do Senhor. Contudo, no verso 46, "partir o pão em seus lares" (κλῶντές τε κατ᾽ οἶκον ἄρτον) é um particípio adverbial modificando o verbo finito μετελάμβανον, "eles receberam [seu alimento]". Esse "pão partido" é gramaticalmente subordinado a "Eles receberam sua comida", e sugere que a ideia principal é simplesmente que a igreja comeu junto, não que a Ceia do Senhor estivesse em mente.
27. Isso não significa que todos os membros devem estar presentes para que uma igreja celebre a Ceia do Senhor. Um órgão corporativo pode atuar como um todo unificado, mesmo que alguns de seus membros estejam ausentes. Pense no Senado dos EUA, por exemplo.

o verbo grego traduzido "vem junto" é "repetido em vv. 18, 20, 33 e 34, e esse contexto eucarístico específico denota não apenas a *reunião conjunta*, mas o encontro que você realiza como igreja. No v. 18 isso se torna explícito. É como uma comunidade de crentes que eles se encontram, não como um grupo de amigos que se reúne para uma refeição privada." [28]

Como vimos no capítulo 5, uma igreja é mais do que a soma de suas partes. Tem uma característica eclesial, uma dimensão institucional. Mais precisamente, está fundamentada em uma autorização institucional do próprio Jesus. E como esse corpo organizacional autorizado, a igreja celebra a Ceia do Senhor. Como um corpo, a igreja participa dos benefícios da morte de Cristo e renova seu compromisso com Cristo e sua aliança. A Ceia do Senhor, portanto, é um exercício da autoridade da igreja para confirmar e supervisionar as profissões de fé em Jesus de seus membros. Não é uma refeição privada entre amigos, mas a participação pública da igreja em sua comunhão.

Finalmente, participar da Ceia do Senhor implica responsabilidade pela igreja. As instruções de Paulo em

---

28. Thiselton, *First Epistle to the Corinthians*, 856, ênfase original. Assim como Gordon Fee: "O verbo "reunir" repetido cinco vezes em vv. 17–22 e 33–34, é uma das palavras-chave que mantém o argumento em conjunto. Dado seu uso similar em 14:23 e 26, provavelmente se tornou um termo semitécnico para a "reunião" do povo de Deus para adoração. Assim, a preocupação é com o que acontece quando "se unem como igreja" (*First epistle to the corinthians*, 536).

1 Coríntios 11.17-34 foram motivadas por relatos de divisão na Ceia do Senhor: "Porque, antes de tudo, estou informado haver divisões entre vós quando vos reunis na igreja" (v. 18). No Novo Testamento, era comum as igrejas celebrarem a Ceia do Senhor em conjunto com uma refeição. Assim, Paulo continua a repreender os membros mais ricos por terem suas próprias refeições privadas e até se embriagarem, enquanto os membros mais pobres, possíveis escravos que tinham de trabalhar mais tarde, passavam fome (vs. 20-22). Paulo então repete e explica as palavras de Jesus que instituíram a Ceia do Senhor (v. 23-25), concluindo: "Porque, todas as vezes que comerdes este pão e beberdes o cálice, anunciais a morte do Senhor, até que ele venha" (v. 26). A partir disso, Paulo chega a uma conclusão contundente: "Por isso, aquele que comer o pão ou beber o cálice do Senhor, indignamente, será réu do corpo e do sangue do Senhor" (v. 27). No contexto, o que Paulo quer dizer com "indignamente" é participar de uma maneira que divide a igreja e despreza seus membros mais pobres. Assim, o desrespeito dos coríntios pelo corpo significa que "não é a Ceia do Senhor" que eles comem, expondo-os ao julgamento de Deus (vv. 20, 29).

O curso desta passagem nos ensina que participar da Ceia do Senhor implica responsabilidade de amar o corpo. Não amar o corpo transforma a celebração da Ceia do Senhor em "não Ceia do Senhor". Aquele que não ama o corpo "come e bebe o juízo sobre si mesmo" (v. 29). Se você come sem amar o corpo, então, ao invés de participar do corpo e sangue de Cristo, você se torna culpado de profanar aquele corpo e sangue (v. 27).[29]

O que mantém toda essa passagem conectada é que a Ceia do Senhor proclama a morte do Senhor. Por isso, proclama a vida e a bênção para todos os que confiam no Senhor Jesus. Mas se pelo nosso egoísmo excluímos ou rebaixamos irmãos e irmãs mais pobres, estamos mentindo sobre a morte do Senhor. Estamos agindo como se Cristo tivesse morrido apenas por nós, não por eles. Como disse um estudioso: "O amor por esse Cristo só pode ser mostrado quando os vizinhos escolhidos por Cristo são aceitos com prazer".[30] O argumento de Paulo encontra aqui um eco em 1 João 4.20: "Se alguém disser: Amo a Deus, e odiar a seu irmão, é mentiroso; pois aquele que não ama a seu irmão, a quem vê, não pode amar a Deus, a quem não vê". Se você não ama os irmãos, você não ama a Cristo. Se você celebrar a Ceia do Senhor para o mal dos irmãos, não é a Ceia do Senhor que você está celebrando.

O argumento de Paulo pressupõe que participar da Ceia do Senhor implica responsabilidade pela igreja. Essa

---

29. Considere a alegação provocativa de Edwards de que aqueles que profanam a Ceia do Senhor são equivalentes àqueles que assassinaram a Cristo (*Sermons on the Lord's Supper*, 94–95).
30. Markus Barth, *Rediscovering the Lord's Supper* (Louisville: Westminster John Knox, 1988), 74.

responsabilidade é tão crucial que negligenciar isso vicia a própria Ceia do Senhor e incorre no julgamento do Senhor. Paulo traça uma linha direta entre proclamar a morte de Jesus até amar os irmãos. Se você não está fazendo o segundo, também não está fazendo o primeiro. Segundo Paulo, participar da Ceia do Senhor implica a responsabilidade de amar a igreja e preservar sua unidade.

Acabamos de considerar quatro fundamentos da forma eclesial da Ceia do Senhor: a Ceia do Senhor é uma transformação da Páscoa, uma participação comunitária nos benefícios da morte de Jesus, o sinal de juramento renovador da nova aliança e uma celebração pela igreja, como igreja, implicando responsabilidade pela igreja. Tomados em conjunto, esses pontos pintam um quadro eclesial completamente corporativo. A Ceia do Senhor não é um ato devocional privado que algumas centenas de pessoas realizam ao mesmo tempo. Em vez disso, a Ceia do Senhor é algo que não fazemos apenas com a igreja, mas como uma igreja. Por causa disso, participar da Ceia do Senhor não apenas professa fé e promete obediência. Implica também responsabilidade pelo corpo.

Como a Ceia do Senhor faz muitos tornarem-se um

Na Ceia do Senhor, repetidamente ratificamos a nova aliança, renovando nossa confiança e compromisso com Cristo. Portanto, a Ceia do Senhor é também o meio contínuo e repetido pelo qual a existência da igreja como igreja é ratificada. A Ceia do Senhor é, assim, um sinal efetivo da existência da igreja local como igreja. Ela representa e afeta a unidade do corpo. Ele dá corpo à igreja, fazendo com que muitos se tornem um.

O versículo crucial aqui é 1 Coríntios 10.17: "Porque nós, embora muitos, somos unicamente um pão, um só corpo; porque todos participamos do único pão." A afirmação central de Paulo neste versículo é que nós, que somos muitos, somos um só corpo. E ele duas vezes fundamenta essa afirmação em nossa participação comum na Ceia do Senhor: "Porque há um só pão (...), pois todos nós participamos do único pão". Este duplo fundamento pesa contra ver o único pão como meramente representando a unidade da igreja local. Em vez disso, Paulo está afirmando que a Ceia do Senhor, em certo sentido, constitui a igreja local como um só corpo[31]. Oliver O'Donovan comenta:

---

31. Como, por exemplo, Ciampa and Rosner, *The first letter to the Corinthians*, 476; Hans Conzelmann, *1 Corinthians: a commentary on the first epistle to the corinthians*, Hermeneia (Minneapolis: Fortress, 1975), 172; David E. Garland, *1 Corinthians*, Baker Exegetical Commentary on the New Testament (Grand Rapids: Baker, 2003), 473; Richard B. Hays, *First Corinthians*, Interpretation (Louisville, KY: Westminster John Knox, 1997), 167. Depois de um detalhado estudo exegético de vv. 16–17, Wendell Lee Willis conclui: "Esta comunidade messiânica, estabelecida na e sobre a morte de Jesus, é exemplificada e incorporada em sua refeição memorial, a Ceia do Senhor" (*Idol meat in corinth: the pauline argument in 1 Corinthians 8 and 10*, SBL Dissertation Series 68 [Chico, CA: Scholars Press, 1985], 220). O comentário esclarecedor de Thiselton também é relevante: "A força causal, no entanto, não se aplica à mecânica do pão e da alimentação, mas ao princípio como uma exposição da explicação anterior no versículo 16 sobre as implicações da participação comunitária. O fundamento da unidade é Cristo, não a unidade do pão ou pão (ἄρτος) como se implicasse que a igreja seria fragmentada se mais de um pão fosse compartilhado na única Eucaristia " (*First Epistle to the Corinthians*, 767).

A eficácia deste signo não deve ser buscada em uma "graça sacramental" que afeta o crente de um modo diferente de outros tipos de graça; mas na *formação da igreja*. O "um só pão" liga "muitos" a "um só corpo" (1Co 10.17). Determina a identidade desta sociedade por referência à Paixão: é a comunidade daqueles que não só se reuniram ao Cristo de Deus, mas morreram com ele.[32]

Como a Ceia do Senhor liga muitos em um só corpo? Podemos juntar os pontos da seção anterior e dizer que nossa comunhão "vertical" com Cristo necessariamente e inseparavelmente cria uma comunhão "horizontal" na igreja.[33] Ao termos comunhão com Cristo na Ceia do Senhor, também temos comunhão uns com os outros. E uma vez que a Ceia do Senhor é um compromisso de aliança para com Cristo, é também, de forma implícita, um compromisso de aliança de uns para com os outros. Lembre-se da linha direta de Paulo desde a morte do Senhor até o amor aos irmãos: unir-se a Cristo é estar unido um ao outro.

Entender a Ceia do Senhor como o sinal de juramento renovador da nova aliança é crucial para entender o seu papel em unir muitos em um. A única maneira de "participar" do corpo e sangue de Cristo na Ceia é ser um membro da nova aliança pela fé. No entanto, uma vez que a Ceia do

---

32. Oliver O'Donovan, *The desire of the nations: rediscovering the roots of political theology* (Cambridge: Cambridge University Press, 1996), 180, ênfase original.
33. Michael Bird: "A dimensão teológica ou vertical da partilha em Cristo cria a dimensão horizontal ou social da unidade eclesial" ("Re-thinking a Sacramental View," 72).

Senhor promulga nosso compromisso com a aliança, ela também representa nosso compromisso uns com os outros. Como vemos em 1 Coríntios 11.17-34, você não pode se comprometer com a aliança sem se comprometer com a comunidade da aliança. E, como vimos no capítulo anterior, nosso compromisso mútuo uns com os outros constitui a igreja como uma igreja.

É claro que, antes de chegarmos à mesa, já somos membros do "único corpo" no qual fomos batizados pelo Espírito na conversão (1Co 12.13). No entanto, Paulo argumenta em 1 Coríntios 10.17 que a unidade de uma igreja local deriva da sua participação na Ceia do Senhor. Lembre-se, em 1 Coríntios 12, Paulo passa de forma pontual entre a igreja universal e a igreja local. Não é surpresa, portanto, que Paulo possa dizer que somos batizados em um corpo (universal) na conversão. Ainda assim nos tornamos um corpo (local) através da participação na Ceia do Senhor.

Em suma, a Ceia do Senhor é um sinal efetivo da existência distinta e unificada da igreja local como um corpo. Vimos que o batismo é um sinal efetivo da inclusão de um indivíduo na igreja. A Ceia do Senhor, por outro lado, é um sinal efetivo de toda a existência da igreja como uma unidade de um para muitos. O batismo une um a muitos e a Ceia do Senhor une muitos a um.

O papel da Ceia do Senhor como um sinal efetivo da unidade de "um só corpo" de uma igreja local pode ser comparado com o papel das relações sexuais como um sinal efetivo da união "uma só carne" do casamento. Apelei para o casamento em nossa discussão sobre o batismo em relação à nova aliança, mas aqui a analogia é ainda mais precisa. O casamento é a união pactual, vitalícia, exclusiva e completa de um homem e uma mulher. Esta união é iniciada por votos públicos solenes. Ele cria "uma só carne" onde anteriormente havia apenas um homem e uma mulher individuais (Gn 2.24). E esta união é consumada pelas relações sexuais. Até que um casal consuma seu casamento, eles ainda não estão "totalmente" casados. A relação sexual, portanto, é um sinal efetivo do casamento. É uma ratificação da aliança e, após a primeira ratificação, uma renovação, um sinal de juramento do casamento. Como a Ceia do Senhor, deve ser feita regularmente (1Co 7.5: 11.25). E ainda que a união "uma só carne" do casamento transcenda a relação sexual, a união não existe sem ela.[34]

Agora considere o nascimento de uma igreja local, no momento em que seus membros se unem uns aos outros por "aliança mútua". Esta assembleia não é "totalmente" uma igreja até que eles participem da Ceia do Senhor juntos. Podemos dizer isso porque, se nunca celebrarem a Ceia,

---

34. Para uma resposta à questão de saber se um casal heterossexual que é fisicamente incapaz de consumar um casamento pode ser casado, ver Sherif Girgis, Ryan T. Anderson, and Robert P. George, *What is marriage? man and woman: a defense* (New York: Encounter, 2012), 127 n. 5.

nunca "consumarão" sua união como igreja. Eles nunca se tornarão um só corpo comendo o único pão. Em tal caso, como em um casamento não consumado, a falha em ratificar os votos de aliança pelo sinal efetivo da aliança compromete os próprios votos, deixando a união no limbo.

No entanto, quando uma igreja "se reúne" para celebrar a Ceia do Senhor, eles experimentam a comunhão com Cristo e uns com os outros. Isso é semelhante — com as diferenças apropriadas, é claro — à comunhão que um casal casado experimenta um com o outro em união sexual. Em ambos os casos, a comunhão que o sinal efetivo gera, tanto representa como sela a união que ele ratifica. O casamento é uma união completa de um homem e uma mulher, e a relação sexual representa e sela essa união na consumação da complementaridade sexual. A comunhão eclesial é uma participação conjunta nos benefícios de Cristo e na vida que emana desses benefícios, e a Ceia do Senhor representa e sela a comunhão com Cristo e uns com os outros. [35]

Em ambos os casos, o sinal efetivo é uma espécie de sinédoque e âncora para todo o relacionamento. Um casal unido pela intimidade sexual também deve compartilhar o resto de suas vidas, desde bens físicos até o trabalho de criação de filhos. Uma igreja unida pela participação comunitária

---

35. Jonathan Edwards: "A Ceia do Senhor foi instituída como uma representação solene e um selo da união sagrada e espiritual que o povo de Cristo tem com Cristo e um com o outro" (*Sermons on the Lord's Supper*, 71–72).

nos benefícios de Cristo deve viver uma vida comum de amor, serviço sacrificial e colaboração para o progresso do evangelho (Fp 1.27-2: 4). O casamento e a comunhão eclesiástica transcendem seus sinais efetivos, mas a vida vivida dentro dessas uniões é moldada por esses signos.

Vimos que a Ceia do Senhor é o sinal de juramento renovador da nova aliança. E não somente isso, mas é uma renovação comunitária da nova aliança. Na Ceia do Senhor, selamos a nossa comunhão com Cristo e uns com os outros. Nós nos comprometemos com Cristo e, de forma implícita, necessariamente uns com os outros.[36] Como o sexo dentro do casamento, a Ceia do Senhor ratifica e renova compromisso prévio, consumando a união que o compromisso inaugurou. A Ceia do Senhor é um sinal eficaz da unidade da igreja. Uma vez que há um só pão do qual todos nós participamos, nós, os membros de uma igreja local, somos um só corpo.

CINCO CONCLUSÕES

Vamos considerar cinco conclusões teológicas e práticas que derivam dessa descrição da Ceia do Senhor como o

---

36. Como disse Edwards: "Por causa das grandes obrigações que nos são impostas pelas coisas que ali estão evidentemente estabelecidas na crucificação, e em razão dos atos solenes que realizamos, o selo que estabelecemos, os votos que ali renovamos e o juramento que juramos mostra especialmente nossa obrigação para com essas duas coisas; pureza e paz. Permita-me, portanto, advertir a todos que participaram deste santo decreto da Ceia do Senhor e participaram dos símbolos sagrados para lembrar o que eles significam" (ibid., 94).

sinal efetivo da unidade da igreja local. Eu começarei com a principal.

1. Você deve ser batizado para participar da ceia do Senhor

Primeiro, você deve ser batizado para participar da Ceia do Senhor.[37] Você deve realizar o sinal de juramento inicial da nova aliança antes de poder participar do sinal de juramento renovador da aliança. Como Jonathan Edwards colocou:

> As ações na Ceia do Senhor deste modo pressupõem a sua natureza e simbolismo, uma renovação e confirmação da aliança. Há um pacto declarativo explícito que deve precedê-la; qual é a profissão da religião, antes mencionada, que qualifica uma pessoa para a admissão à Ceia do Senhor. E sem dúvida é, ou deveria ser, tão explicitamente professada em palavras quanto implicitamente professada nessas ações; pois, por meio dessas ações simbólicas, o comunicador sela a sua profissão.[38]

Como pedobatista, Edwards separou "a profissão de religião" do batismo. No entanto, vimos no capítulo 3 que o

---

[37]. Com exceção dos batistas da Ceia Aberta, esta tem sido praticamente a posição unânime da igreja ao longo da história. Para as primeiras declarações no *Didache*, Justin Martyr, and Cyprian, ver Gregg R. Allison, *Sojourners and strangers: the doctrine of the church*, Foundations of Evangelical Theology (Wheaton, IL: Crossway, 2012), 366–67.

[38]. Jonathan Edwards, *A humble inquiry into the rules of the word of God concerning the qualifications requisite to a complete standing and full communion in the visible Christian church*, in *The Works of Jonathan Edwards, Vol. 12: Ecclesiastical Writings*, ed. David D. Hall (New Haven, CT and London: Yale University Press, 1994), 257.

batismo é o caminho do Novo Testamento para promover a fé. Filtrado através de lentes credobatistas, o argumento de Edwards perfeitamente resume por que o batismo é um pré-requisito para a Ceia do Senhor. Precisamos fazer uma profissão antes de podermos selar essa profissão. Precisamos iniciar uma aliança antes de podermos renovar e confirmar essa aliança.[39]

A Ceia do Senhor anuncia publicamente a comunhão da igreja. Portanto, só podem participar aqueles que se anunciaram publicamente como cristãos no batismo. Teologicamente falando, a Ceia do Senhor é um exercício das chaves do reino pela igreja local. Como vimos no capítulo anterior, o batismo é o exercício inicial e iniciador das chaves. No batismo, uma igreja afirma a profissão de fé de alguém e, portanto, une essa pessoa a si mesma. A Ceia do Senhor também é um exercício das chaves, mas é contínua e renovadora. Visto que a Ceia do Senhor é uma participação nos benefícios da morte de Cristo, a igreja deve convidar para a Mesa somente aqueles que professam a fé em Cristo, e assim o fizeram no batismo.[40] Ao admitir pessoas à Mesa, uma igreja afirma as suas profissões de fé, as quais foram feitas pela primeira vez no batismo.

---

39. Stanley Grenz escreve: "O batismo precede adequadamente a participação na Ceia do Senhor (...). A reafirmação de nossa lealdade pessoal a Cristo inerente à Ceia do Senhor pressupõe nossa declaração inicial de lealdade feita no batismo" (*Theology for the community of God* [Nashville: B&H, 1994], 702).

40. Como John L. Dagg colocou, "Profissão é a substância, e o batismo é a forma; mas o mandamento de Cristo requer tanto a forma como a substância" (*Manual of church order* [repr.; Harrisonburg, VA: Gano, 1990], 95).

Há uma analogia aqui entre o batismo e a Ceia do Senhor por um lado, e a circuncisão e a Páscoa do outro. Considere Êxodo 12.48: "Porém, se algum estrangeiro se hospedar contigo e quiser celebrar a Páscoa do Senhor, seja-lhe circuncidado todo macho; e, então, se chegará, e a observará, e será como o natural da terra; mas nenhum incircunciso comerá dela." No antigo Israel, somente aqueles que haviam passado pelo sinal de juramento inicial da aliança podiam participar da refeição da aliança.

E os paralelos são ainda mais profundos. Números 9.13 diz: "Porém, se um homem achar-se limpo, e não estiver de caminho, e deixar de celebrar a Páscoa, essa alma será eliminada do seu povo, porquanto não apresentou a oferta do Senhor, a seu tempo; tal homem levará sobre si o seu pecado". Em outras palavras, todos os israelitas não foram apenas permitidos, mas obrigados a participar da Páscoa. Somente os cincuncidados poderiam participar, e todos os circuncidados (e suas famílias) deveriam participar, sob pena de exclusão da aliança. A Páscoa definiu a forma da comunidade da aliança de Israel. A circuncisão iniciou a filiação na aliança, e a Páscoa marcou a participação contínua na aliança. Assim também ocorre com o batismo e a Ceia do Senhor na nova aliança.

Este é o lugar para salientar que o papel da Ceia do Senhor como o sinal de juramento renovador da nova aliança, juntamente com o papel do batismo como seu sinal de juramento inicial, exclui a posição "aberta-restrita" sobre o batismo e a membresia da igreja. Sustentar que o batismo é necessário para a membresia, mas não a Ceia do Senhor (a posição "aberta-restrita") é contradizer a correspondência da aliança entre as duas ordenanças. E com que base bíblica você pode impedir alguém de pertencer à membresia quando você o admite em seu sinal efetivo?[41]

2. A Ceia do Senhor é um sinal efetivo da membresia da Igreja

A segunda conclusão a destacar é apenas isso: a Ceia do Senhor é um sinal efetivo da membresia da igreja. Eu defini a Ceia do Senhor como o sinal efetivo da unidade da igreja local, da sua existência como um só corpo. Isso significa também que ela é o sinal efetivo da participação de um indivíduo no corpo.

Por quê? Porque a mesma relação que constitui uma igreja, constitui alguém membro de uma igreja. Vimos que uma igreja é constituída pelo compromisso mútuo, semelhante à aliança, de seus membros. Este ato de aliança faz com que muitos cristãos se tornem uma só igreja e faz com que cada um deles seja membro dessa nova igreja. E qualquer membro subsequente entrará na igreja fazendo o mesmo compromisso com a igreja que, no caso dos membros

---

41. Conforme observado no capítulo 1, Dagg argumentou que qualquer pessoa que possa ser admitida na Ceia pode ser admitida como membro (John L. Dagg, *An essay in defense of strict communion* [Penfield, GA: Benj. Brantley, 1845], 45–46).

fundadores, constituiu a igreja em primeiro lugar. A membresia da igreja é simplesmente a relação constitutiva da igreja descrita do ponto de vista da relação de um indivíduo com o todo. A relação que une muitos a um também une um a muitos.

Com certeza, existem algumas tensões internas nesta descrição de como uma igreja é constituída. Vamos deixar essas tensões de lado por enquanto e enfrentá-las no próximo capítulo. Por enquanto, o importante é que a Ceia do Senhor é um sinal efetivo da membresia da igreja. Ratifica a participação de um indivíduo *nesta igreja local*. Sela a sua comunhão e responsabilidade por *essas pessoas* que partilham do mesmo pão e bebem do mesmo cálice.

É por isso que o privilégio definitivo da membresia da igreja é a participação na Ceia do Senhor, e o ato definitivo da disciplina da igreja é a exclusão da Ceia do Senhor. A Ceia do Senhor é onde a igreja se manifesta de forma mais visível na Terra. Portanto, é onde a inclusão e a exclusão da igreja aparecem de maneira mais tangível. A exclusão da Ceia do Senhor não é apenas uma consequência lógica de ser excluído da comunhão da igreja. Em vez disso, a exclusão da Ceia do Senhor *é* a exclusão da comunhão da igreja, e as consequências relacionais da disciplina da igreja seguem essa exclusão.

A membresia da igreja não é basicamente uma questão de ter um nome em uma lista ou ter acesso a determinados programas ou vantagens. Em vez disso, consiste em primeiro lugar na permissão formal e permanente de uma igreja local para participar da Ceia do Senhor. Todos os outros privilégios e responsabilidades dos membros fluem deste ato fundamental de inclusão.

3. A Ceia do Senhor normalmente envolve a participação na igreja local

Terceiro, uma vez que a Ceia do Senhor é um sinal efetivo da membresia da igreja, participar da Ceia do Senhor normalmente pressupõe a participação naquela igreja local. Como vimos em 1 Coríntios 11, a participação na Ceia do Senhor pressupõe responsabilidade pela igreja. Paulo repreendeu os coríntios, e Deus os julgou por participar da Ceia do Senhor de uma maneira divisiva e sem amor. E quanto a alguém que se recusa a participar de uma igreja em primeiro lugar? Essa pessoa na verdade está em uma posição pior. Mantendo-se afastado do corpo, se desliga da possibilidade de cumprir suas responsabilidades com o corpo. Cortar-se de um corpo local não o isenta de responsabilidade, significa apenas que você não pode cumprir a responsabilidade que Cristo já lhe deu. Como a Ceia do Senhor envolve responsabilidade pela igreja, também envolve a membresia na igreja local da qual você participa. Não há como ser responsável pela igreja sem prestar contas à igreja.

Mas e se você estiver visitando outra igreja por apenas um domingo ou por algumas semanas? Você deveria se abster da Ceia do Senhor? E as igrejas só devem receber à mesa aqueles que são membros de sua congregação local? Eu não penso assim.[42] Pense fora do cristianismo autônomo, moderno e independente. Pense em cidades com dezenas ou até centenas de igrejas. Pense fora das divisões denominacionais. Pense em qualquer favor cultural remanescente em relação ao cristianismo que, em alguns lugares, ainda possa incentivar falsas profissões. Em outras palavras, pense no Novo Testamento. E então pense comigo através de dois cenários.

Cenário um: Philippos, um cristão que vive em 62 dC é um membro da igreja em Esmirna, no que é agora a Turquia. Ele perde o emprego de carpinteiro e precisa se mudar algumas dezenas de quilômetros para Éfeso. Em seu primeiro domingo lá ele aparece na reunião da igreja de Éfeso. Um dos presbíteros da igreja cumprimenta-o calorosamente e faz algumas perguntas. "Você é um discípulo de Jesus? Você foi batizado? De onde você veio? Oh, você é da igreja em Esmirna. Ótimo, ótimo. Como o pastor Stephanos está? E os outros presbíteros? Fico feliz em ouvir isso. Bem,

---

42. A posição contra a qual estou argumentando aqui é algumas vezes chamada de "ceia ultra restrita" (somente membros) em oposição à "ceia restrita" (membros e outros crentes batizados). Eu irei tratá-la com alguma profundidade, porque alguns o veem como um complemento necessário da visão de que o batismo é necessário para a membresia e a Ceia do Senhor.

deixe-me apresentá-lo ao resto da igreja. Tenho certeza de que eles ficarão felizes em recebê-lo em nossa comunhão." E, em seguida, Philippos se junta à igreja para o culto e participa com eles na Ceia do Senhor.

Cenário dois: Philippos, agora um membro da igreja em Éfeso, vai visitar sua sogra cristã em Mileto por uma semana. Ele está lá no domingo, então eles se reúnem com a igreja. Um dos presbíteros da igreja cumprimenta-o calorosamente e faz algumas perguntas. "Você é um discípulo de Jesus? Você foi batizado? Oh, você é um membro da igreja em Éfeso. Ótimo, ótimo. Como está o pastor Gaius? E os outros presbíteros? Fico feliz em ouvir isso. Bem, deixe-me apresentá-lo ao resto da igreja. Estamos felizes que você participe de nossa comunhão esta manhã." E então Philippo se junta à igreja para adoração e participa com eles na Ceia do Senhor.

Esses cenários são reconhecidamente um pouco inventados, mas acho que eles preservam um ponto importante que vemos com mais facilidade a partir do contexto do Novo Testamento do que do nosso. A saber, um cristão desconhecido que aparece para o culto no domingo de manhã pode ser um bom candidato para a Ceia do Senhor, esteja ele em um domingo ou por tempo indeterminado. No Novo Testamento não havia período de espera antes da membresia da igreja. No Pentecostes, 3.000 foram batizados e adicionados à igreja naquele dia (Atos 2.41). Isto significa que, em princípio, um cristão desconhecido não precisa provar sua coragem demonstrando "frutos" ao longo do tempo ou passando por um longo processo catequético antes de ser admitido como membro da igreja. Se novos crentes no Pentecostes pudessem ser acrescentados à igreja em seu primeiro dia como crentes, então Philippos pode ser acrescentado à igreja de Éfeso em seu primeiro domingo lá.[43] E se Philippos puder ser adicionado à igreja de Éfeso em seu primeiro domingo lá, então não há razão para a igreja em Mileto excluí-lo da mesa, mesmo que ele esteja lá apenas um domingo.

Assim, eu entendo que a residência permanente não é um pré-requisito para participar da Ceia do Senhor. Isso não é o mais importante porque "residência permanente" é um termo relativo. Considere não apenas as incertezas da vida, mas o fato de sermos chamados para *ir* e fazer discípulos (Mt 28.19). Se a membresia nesta igreja local é um pré-requisito para a Ceia do Senhor, e a residência é exigida para a membresia, qual é o prazo mínimo de residência exigido? E como as igrejas podem exigir algo para

---

43. Isso não quer dizer que eu ache errado as igrejas exigirem algum tipo de processo de membresia que leve algumas semanas ou meses. De fato, em áreas com uma longa história cristã, diferentes denominações, e a transitoriedade e anonimato que acompanham a vida urbana, eu acho que algum tipo de processo de membresia é pelo menos prudente, e talvez até necessário, para que uma igreja confirme de forma responsável a profissão de fé de seus membros. Voltaremos brevemente a isso no capítulo onze. Para mais, veja o capítulo seis de Jonathan Leeman, *A Igreja e a Surpreendente Ofensa do Amor de Deus* (São José dos Campos, SP: Editora Fiel, 2013).

a membresia e a Ceia do Senhor, uma promessa de residir lá por um certo período, que não está no poder de um cristão cumprir?

Além disso, podemos ver um exemplo bíblico de "Ceia visitante" em Atos 20.3-7. Paulo está viajando com um número de crentes que vão à sua frente para Trôade. Quando ele chega a Trôade, todos se reúnem para adorar com a igreja lá: "No primeiro dia da semana, estando nós reunidos com o fim de partir o pão, Paulo, que devia seguir viagem no dia imediato, exortava-os e prolongou o discurso até à meia-noite" (v. 7). Os comentaristas estão divididos quanto a se "partir o pão" se refere à Ceia do Senhor. Se foi este o caso, o que acho que ser provável, não há indicação de que Paulo e seus companheiros se abstiveram, já que Lucas os inclui no "nós" que se reuniram para partir o pão.[44]

Mas eu não acho que a prática de Ceia visitante seja validada ou descartada com este exemplo. Voltemos ao nosso segundo cenário. Uma vez que que Philippos está ficando em Mileto apenas uma semana, a igreja só o receberá em sua comunhão durante aquela semana. Ele não é um "membro" no sentido completo. No entanto, em certo sentido ele está sujeito à disciplina daquela igreja

---

44. Do mesmo modo Thomas White, "A baptist's theology of the Lord's Supper," em *Restoring integrity in baptist churches*, ed. Thomas White, Jason G. Duesing, and Malcolm B. Yarnell, III (Grand Rapids: Kregel, 2008), 158.

no domingo. Ele tem que se fazer conhecido entre eles em primeiro lugar, a fim de ser bem-vindo à mesa. Além disso, imagine que ele teve essa conversa com um presbítero da reunião e depois, durante a reunião, começou a dar falsos ensinamentos. A igreja estaria certa em impedi-lo de participar com eles da celebração da Ceia do Senhor. Em tal cenário, Philippos não é um "membro" da igreja da maneira como normalmente usamos o termo. Mas na medida em que ele está apelando à igreja para participar de sua comunhão por apenas um domingo, ele somente o faz por consentimento da igreja e, portanto, se submete à autoridade da igreja.

A membresia da igreja é uma relação durável. Seus deveres de submissão, responsabilidade, cuidado mútuo e assim por diante só podem ser cumpridos com o tempo. Só com o tempo teremos presbíteros liderando e membros seguindo essa liderança. Se você está em uma igreja apenas em um domingo, não há tempo para ser um membro, então a categoria teológica de "membresia" não é obtida. Mas isso não significa que seu sinal efetivo deve ser desconsiderado. Em vez disso, um membro batizado e em comunhão com outra igreja deve ser bem-vindo à Mesa precisamente porque *seria* bem-vindo como membro se permanecesse por mais tempo.

É por isso que eu acho que é uma boa ideia para as igrejas admitirem à mesa não apenas seus próprios membros, mas também membros batizados de outras igrejas evangélicas. Isso significa que você não precisa ser um membro aqui, mas precisa ser um membro em algum lugar. Se você não está submetido a uma igreja onde mora, não está se submetendo a Jesus. Mas se você está se submetendo a Jesus, submetendo-se a uma igreja local, e se você se identificou publicamente com Cristo no batismo, então você deve ser bem-vindo à mesa.

É claro que a "ceia visitante" é uma circunstância excepcional. Normalmente, no domingo estamos no lugar onde vivemos e trabalhamos. E como a Ceia do Senhor implica responsabilidade pela igreja, para participar você deve ser responsável, isto é, um membro comprometido, pela igreja que você frequenta.

4. A Ceia do Senhor deve ser celebrada somente pelas igrejas locais

Uma quarta implicação é que a Ceia do Senhor só deve ser celebrada pelas igrejas locais. Mais uma vez, lembre-se 1 Coríntios 11.18: "Estou informado haver divisões entre vós quando vos reunis na igreja." A Ceia do Senhor é celebrada pela igreja, como igreja. Portanto, somente uma igreja local tem autoridade para celebrar a Ceia do Senhor, e somente é autorizada a celebrá-la a toda a igreja.

Lembre-se da nossa discussão sobre as chaves do reino no capítulo anterior. As chaves do reino identificam representativamente um povo terreno com a realidade do reino dos céus. E o que é a Ceia do Senhor, se não uma manifestação tangível dessa realidade? Somente a igreja está autorizada a administrar o sinal de juramento renovador da nova aliança. Somente a igreja está autorizada a presidir a renovação de nosso compromisso com Cristo e uns com os outros.

Uma vez que a Ceia do Senhor significa efetivamente a existência de uma igreja como um corpo, ela não deve ser celebrada por indivíduos ou famílias ou por qualquer outro grupo. Não deve ser celebrado por uma parte da igreja separada do todo, como um grupo de jovens ou uma equipe missionária ou a noiva e o noivo em um casamento. Não deve ser celebrada por um campo ministerial ou outro grupo de para-eclesiástico. Não deve ser celebrada por um capelão militar, a menos, é claro, que seus soldados constituam uma igreja juntos. E não deve ser "tomada" por aqueles que estão em casa ou no hospital, apesar da louvável compaixão que isso evidencia[45]. Tornar a Ceia do Senhor outra coisa além de uma refeição comunitária e eclesial é transformá-la em algo diferente da Ceia do Senhor.

---

45. See Robert Bruce, *The Mystery of the Lord's Supper*, ed. Thomas F. Torrance (Cambridge: James Clarke and Co Ltd, 1958) 108: "If the Sacrament is administered to anyone privately, it is not a Sacrament, because the Apostle calls this Sacrament a *Communion*; therefore, if you administer it to one person alone, you lose the Sacrament." So also Heinrich Heppe, *Reformed Dogmatics Set Out and Illustrated from the Sources*, ed. Ernst Bizer (Grand Rapids: Baker, 1984), 635.

Isso não é minimizar a Ceia do Senhor, mas colocá-la no pedestal que Jesus nos deu: a reunião de toda a igreja. A Ceia do Senhor define nossa identidade como uma igreja, enriquece nossa comunhão e une muitos em um porque fazemos isso *juntos*.

5. Uma reunião que celebra regularmente a Ceia do Senhor é uma igreja

Quinto, um encontro que celebra regularmente a Ceia do Senhor *é* uma igreja. De acordo com a lógica de Paulo que desmembramos neste capítulo, uma igreja local é coextensiva com aquele grupo de pessoas que celebram regularmente a Ceia do Senhor juntos. Esta é uma inferência necessária de 1 Coríntios 10.17 e aponta para pelo menos duas direções diferentes.

Primeiro, pense em um "ministério" que regularmente celebra a Ceia do Senhor, mas não se considera uma igreja. Isso é um pouco como um casal que coabita: eles têm o casamento, mas sem o título e o compromisso. Se você está nessa situação, você precisa escolher um lado da cerca ou o outro. Considerem-se uma igreja, com toda a responsabilidade e estrutura que isso acarreta, ou parem de celebrar a Ceia do Senhor e diferenciem mais nitidamente seu grupo de uma igreja.

Segundo, isso significa que várias "igrejas" que pensam que são uma igreja são na verdade várias igrejas.

Sim, quero dizer igrejas divididas em células e até mesmo igrejas "multiculto", onde as pessoas podem escolher, digamos, entre um culto às 9h00 ou às 11h00 da manhã. Ouça Paulo novamente: "Porque nós, embora muitos, somos unicamente um pão, um só corpo; porque todos participamos do único pão." (1Co 10.17). Paulo tem em mente um grupo de pessoas, em um lugar, ao mesmo tempo, participando de um ato juntos. Ele não diz: "Porque todos nós temos uma declaração de visão, e estrutura de liderança, e declaração de fé e orçamento, nós que somos muitos somos um só corpo". Em vez disso, ele aponta para o concreto, no mesmo lugar, a participação comum em Cristo como sinal efetivo da existência de uma igreja. Onde você tem uma reunião eucarística regular, você tem uma igreja. Onde você tem múltiplas assembleias, você tem várias igrejas.[46] A conclusão prática é semelhante ao primeiro ponto: tais igrejas devem trazer suas identificações e estruturas de acordo com a sua realidade, de um jeito ou de outro. Ou permaneça um corpo e se reúna como um corpo, ou dê o título e estrutura de "igreja" a cada grupo. Se o que você estava acostumado

---

46. É claro que a Ceia do Senhor sem o evangelho não é mais a Ceia do Senhor. Então, quando falo sobre uma "reunião eucarística" acima, estou presumindo que o evangelho é crido e pregado. Se não for, essa assembleia é tanto uma igreja quanto um grupo de ateus que tentaram celebrar a Ceia do Senhor. Outra nota: estou usando o termo eucarístico porque é o rótulo adjetivo mais conveniente para a Ceia do Senhor. A palavra em si tem raízes bíblicas: a "bênção" de 1Coríntios 10.16 é provavelmente uma ação de graças, o verbo grego para o qual é εὐχαριστέω (eucharisteo⁻).

a pensar como uma igreja na verdade são várias igrejas, então, com sabedoria, trabalhe pacientemente para alinhar sua linguagem e política com essa realidade. Algumas igrejas com vários cultos têm espaço suficiente para reunir todos em um só culto, embora colocar todos em uma sala pode ser uma tarefa difícil por outras razões. Para igrejas em células que fazem a transição para congregações independentes, há muito o que vocês ainda podem fazer juntos depois disso, assim como as igrejas do Novo Testamento fizeram.[47]

A palavra grega para igreja, ekklesia, significa "assembleia". E uma assembleia tem que se reunir. Mas é o que fazemos quando nos reunimos, que define a natureza e a identidade de uma igreja. Isso levanta a questão: as igrejas devem celebrar a Ceia do Senhor semanalmente? Eu sinceramente não tenho certeza. Por um lado, "quantas vezes você beber" (1Co 11.25) parece sugerir frequência sem especificar a observância semanal. Por outro lado, as referências de Paulo aos coríntios que celebram a Ceia do Senhor quando "se reúnem" como uma igreja parecem

---

47. Ver Jonathan Leeman, "Independence and interdependence," in *Church foundations: baptist polity for an anti-polity age*, ed. Mark Dever and Jonathan Leeman (Nashville, B&H: forthcoming). Para um envolvimento completo com uma eclesiologia de igreja em células, ver Jonathan Leeman, "Theological critique of multi-site: what exactly is a 'church'?" *9Marks Journal* 6, no. 3 (2009), disponível em https://www.9marks.org/ . Darrell Grant Gaines, "One Church in One Location: Questioning the Biblical, Theological, and Historical Claims of the Multi- Site Church Movement," (PhD Diss., The Southern Baptist Theological Seminary, 2012).

implicar que a celebram cada vez que se reúnem. Além disso, quando Atos 20: 7 diz: "No primeiro dia da semana, quando estávamos reunidos para partir o pão", isso pode indicar que a igreja em Trôade celebrava a Ceia do Senhor toda semana. Além disso, Lucas diz que eles se reuniram *para* partir o pão, talvez sugerindo que a Ceia do Senhor era um elemento constitutivo da reunião, embora, novamente, não seja certo que "partir o pão" se refira à Ceia do Senhor.

Juntando tudo parece haver um pequeno, porém consistente, padrão de observância semanal no Novo Testamento. E o caso teológico que fizemos neste capítulo pode realmente aprofundar a lógica da prática. Então, estou quase convencido de que a observância semanal é normativa. Com certeza não tenho objeções à ceia semanal, e acho que há muito a elogiá-la. No entanto, enquanto "quantas vezes você beber" é compatível com a observância semanal, parece implicar um grau de flexibilidade. Então, pelo menos por enquanto, acho que a frequência da Ceia do Senhor é uma questão de prudência.

Independente disso, meu ponto principal aqui é que uma reunião que regularmente celebra a Ceia do Senhor é uma igreja. E tais assembleias, ou conjunto de assembleias, fariam bem em trazer suas identidades e estruturas de acordo com essa realidade.

LONGE DO INCIDENTAL

Neste capítulo, vimos que a conexão da Ceia do Senhor com a igreja está longe de ser incidental. A Ceia do Senhor não é algo que acontece na igreja, mas também pode acontecer no acampamento ou em uma sala de aula da faculdade. Em vez disso, a Ceia do Senhor é feita pela igreja, como uma igreja, porque representa e ratifica a unidade da igreja.

Na Ceia do Senhor, ensaiamos os eventos do evangelho projetando nossas vidas na história do evangelho, exatamente como um israelita declarou na Páscoa que Deus *o* trouxe do Egito. Tomando o pão e o cálice, dizemos: "Este Jesus é o meu salvador; a sua morte me livra do pecado". E assim nós participamos comunitariamente dos benefícios da morte de Jesus. Além disso, na Ceia do Senhor repetidamente renovamos nossa confiança e submissão a Jesus de acordo com a nova aliança. Analogamente ao batismo, a Ceia do Senhor é o sinal de juramento renovador da nova aliança. Como tal, a Ceia do Senhor é celebrada pela igreja, como igreja, e implica responsabilidade pela igreja.

Portanto, a Ceia do Senhor é o sinal efetivo da unidade da igreja, sua comunhão, sua existência como um só corpo. A Ceia do Senhor faz muitos se tornarem um porque participamos das realidades que nos unem a Cristo e, portanto, uns aos outros. No mesmo ato pelo qual renovamos nosso compromisso com Cristo, renovamos nosso compromisso com nossos irmãos da igreja. A Ceia do Senhor é uma renovação comunitária da aliança.[48]

Depois de fazer este caso, consideramos cinco de suas consequências teológicas e pastorais. O mais importante para o nosso argumento atual é que o batismo deve preceder a Ceia do Senhor. Você deve realizar o sinal de juramento inicial da aliança antes de poder participar de seu sinal de juramento renovador. Você deve se comprometer publicamente com Cristo e seu povo antes de poder renovar publicamente esse compromisso.

Um último ponto vale a pena reiterar: Como a Ceia do Senhor é o sinal efetivo da unidade da igreja, é também o sinal efetivo da membresia da igreja. O mesmo laço que une muitos em um, une um a muitos. Ao promulgar a realidade que faz da igreja uma igreja, a Ceia do Senhor também representa a participação de cada membro na igreja. Ser membro é ser admitido na Ceia do Senhor. Ser removido da membresia é ser barrado da Ceia do Senhor.

Então, vimos que tanto o batismo quanto a Ceia do Senhor são sinais eficazes de membresia da igreja. O batismo confere membresia; constitui alguém um "membro da igreja". A Ceia

---

48. Esta é uma das razões pelas quais é inteiramente apropriado que as igrejas tenham um pacto formal da igreja para verbalmente renovarem esse pacto uns com os outros quando celebrarem a Ceia do Senhor. No entanto, os pastores de tais igrejas também devem ter o cuidado de instruir seu povo sobre a natureza renovadora da aliança da própria Ceia do Senhor. Na Ceia do Senhor, renovamos nosso pacto uns com os outros por nossas palavras, precisamente porque na refeição em si, fazemos isso por nossas ações. O pacto verbal explícito prepara o pacto implícito da Ceia do Senhor. Falarei mais sobre isso no próximo capítulo.

do Senhor ratifica e promulga a união de um crente com a igreja, assim como a união sexual ratifica e promulga a união "uma só carne" do casamento. E, como veremos no próximo capítulo, o fato de que o batismo e a Ceia do Senhor são sinais eficazes da membresia da igreja tem implicações decisivas para a maneira como pensamos sobre a própria membresia.

IDEIAS PRINCIPAIS

Como o batismo, a Ceia do Senhor está intrinsecamente relacionada à igreja. Ela é vista como uma transformação da Páscoa (Lc 22.7–20); é uma participação comunitária nos benefícios da morte de Jesus (1Co 10.16; 11.17ss); é o sinal de juramento renovador da nova aliança (Lc 22.20); e é celebrado pela igreja, como igreja, e implica responsabilidade pela igreja (1Co 11.17ss.).

Na Ceia do Senhor, repetidamente ratificamos o novo pacto, renovando nossa confiança em Cristo e o compromisso com seu povo. A Ceia do Senhor é, portanto, um sinal efetivo da existência da igreja local como igreja. Ela une muitos em um.

Portanto, você deve ser batizado para participar da Ceia do Senhor. Você deve executar o sinal de juramento inicial da aliança antes de poder participar do sinal de juramento renovador da aliança.

A Ceia do Senhor só deve ser celebrada pelas igrejas locais como igrejas. Isso normalmente implica a participação em uma igreja local. E uma reunião que regularmente celebra a Ceia do Senhor é uma igreja. Por quê? Porque a Ceia do Senhor, como o batismo, é um sinal efetivo da membresia da igreja.

CAPÍTULO 7

CREDENCIAIS DE PERTENCIMENTO:
A MEMBRESIA DA IGREJA E SEUS SINAIS EFETIVOS

Algum tempo atrás, minha esposa e eu assistimos a um dos nossos programas favoritos. Durante os créditos, apareceu a seguinte mensagem: "Promoção de produtos patrocinada pela Apple." Eu quase não acreditei no que via. As palavras pareciam significar algo diferente do que eu sabia que elas significavam. O rótulo não correspondia à realidade. Ou, se o fizesse, só o fazia depois de um desvio, de uma tentativa de mudar o foco. É fácil entender a justificativa para tal eufemismo, já que é um pouco inconveniente dizer: "A Apple pagou aos produtores desse programa para garantir que cada personagem usasse um MacBook Air". Nesse caso, a distância entre rótulo e realidade é a medida de um autointeresse corporativo calculista. Eu uso um PC, a propósito.

Às vezes nos enganamos com um erro simples, como quando eu chamo minha filha Lucy de "Rose", o nome de sua irmã mais velha. Ela é dois anos e meio mais nova, mas se parece muito com a sua irmã quando mais nova. Por outro lado, às vezes nós confundimos as coisas quando as entendemos mal, como quando eu chamo as *leggings* das meninas de "calças justas". Apesar dos repetidos esforços da minha esposa, eu ainda não alcancei o segredo, o conhecimento oculto do que diferencia os dois.

Neste capítulo, argumentarei que os defensores da membresia aberta involuntariamente identificam erroneamente a própria membresia da igreja quando argumentam que ela pode ser estendida para aqueles que não foram batizados.[1] Mais precisamente: eles estendem o rótulo a algo que não representa a realidade.

COLOCANDO O ÚLTIMO PEDAÇO NA MESA

Este capítulo coloca na mesa a última parte do nosso caso para o batismo como um pré-requisito para a membresia da igreja. Eu argumentei que, para relacionar o batismo

---

[1]. Por outro lado, alguns argumentam, essencialmente, que a igreja deve tratar algumas pessoas como batizadas, porque pensam que foram batizadas, talvez limitando essa provisão àqueles que dão razões exegéticas para pensar assim. Neste caso, a rotulagem errônea é de outro tipo: a igreja considera o batismo como algo que não é batismo.

à membresia corretamente, precisamos discernir a forma eclesial do batismo. E nós vimos que o batismo é onde a fé se torna pública. É o sinal de juramento inicial da nova aliança. É o passaporte do reino e a cerimônia de juramento do reino dos cidadãos. E como o batismo é onde a fé se torna pública, e o "público" no qual nós entramos através do batismo é a igreja local, o batismo é um sinal efetivo da membresia da igreja. Portanto, o batismo é necessário para a membresia da igreja. Você não pode carimbar seu passaporte se não tiver um passaporte em primeiro lugar.

Mas, para fecharmos o ciclo, precisamos discernir não apenas a forma eclesial do batismo, mas também a forma batismal da membresia. Ou seja, precisamos descrever com maior precisão *o que é a membresia da igreja*, à luz do fato de que o batismo é um dos seus sinais efetivos. Naturalmente, a membresia também tem uma forma eucarística. A Ceia do Senhor é o sinal de juramento renovador da nova aliança e o sinal efetivo da existência da igreja como um corpo unificado. O batismo e a Ceia do Senhor, portanto, são sinais efetivos de pertencimento da igreja. Para um novo convertido, o batismo confere membresia, e então a Ceia do Senhor ratifica e promulga a membresia.

Este capítulotenta oferecer uma nova descrição teológica da membresia da igreja à luz de seus sinais efetivos. Neste debate e na eclesiologia da igreja em geral, muitas vezes tratamos o batismo, a Ceia do Senhor e a membresia da igreja como três entidades distintas e independentes. Como vimos, alguns argumentam que o batismo é uma ordenança individual e não implica nenhuma relação consequente com qualquer igreja local. E enquanto a Ceia do Senhor pode ser celebrada por uma igreja, o fato de que não existe uma relação particular e inviolável entre a Ceia e a membresia da igreja significa que alguns estão satisfeitos em não se aprofundar na descrição da relação entre os dois. Em resposta, espero que os capítulos 3 a 6 tenham demonstrado que os laços entre as ordenanças e a membresia são muito mais fortes do que costumamos pensar.

No entanto, ainda existe uma lacuna entre as ordenanças e a membresia. Você pode ser batizado sem se unir a uma igreja (se ainda não existe uma igreja onde você vive), e você pode participar da Ceia do Senhor sem se unir à igreja (se você estiver visitando uma igreja e pertencer a outra). Mas alguns ampliaram essa lacuna em um abismo, um abismo evidente na posição da membresia aberta. John Piper, por exemplo, afirmou que quer admitir os pedobatistas na membresia *não* porque a membresia não é importante, mas precisamente porque a membresia é tão importante[2]. Essa afirmação pressupõe o que deve ser provado: que não

---

2. JohnPiper,"More Clarifications on the Baptism and Membership Issue: How Important Is Church Membership?" (October 12, 2005), disponível em http://www.desiringgod.org/resource-library/taste-see-articles/moreclarifications-on-the-baptism-and-membership-issue

há nenhum vínculo intrínseco entre o batismo e a membresia, assim, eles podem ser separados à vontade. Ao longo do livro, argumentei que existe um elo profundo entre o batismo e a membresia na igreja, e esse elo significa que o batismo é necessário para a membresia da igreja. Neste capítulo, concluímos nosso caso explorando o que este elo significa para entendermos a própria membresia da igreja.

Faremos isso em quatro etapas. Primeiro, volto para algumas bases do capítulo 5 e descrevo teologicamente o nascimento de uma igreja, focando em especial no papel das duas ordenanças. Segundo, exploro a tensão entre a visão da constituição da igreja pela aliança ou pelas ordenanças. Para ser mais específico, descrevo o que a aliança da "membresia" nos diz de maneira explícita que as ordenanças não dizem. Terceiro, tento resolver essa tensão oferecendo uma definição de membresia da igreja que leve em conta seus sinais efetivos. Em quarto lugar, encerro o ciclo argumentando que o batismo é necessário para a membresia, porque, sem o batismo, a membresia na verdade não existe.

AS ORDENANÇAS E O NASCIMENTO DE UMA IGREJA

Primeiro, como uma igreja passa a existir? E qual papel das duas ordenanças nisso? Estou explorando essa questão mais uma vez porque a resposta para o que constitui uma igreja é também a resposta para o que constitui alguém um membro da igreja. No capítulo anterior, vimos que, como a Ceia do Senhor é um sinal efetivo da existência da igreja como um só corpo, também é um sinal efetivo da membresia da igreja. O mesmo ato que constitui uma igreja constitui alguém um membro da igreja. A membresia da igreja é a relação que constitui a igreja descrita do ponto de vista da relação do indivíduo com a igreja. A relação que une muitos em um é também a que une um a muitos.

Para responder a nossa pergunta, vamos nos dedicar em um exercício mental não muito diferente do que fizemos com nosso amigo Philippos no último capítulo. Pense no primeiro século d.C. Lembre-se de que, quando o evangelho se espalhou, havia apenas uma igreja em cada cidade. Não há denominações concorrentes, nem entendimentos ou práticas conflitantes de batismo. E não há incentivo social para se tornar cristão, muito pelo contrário.

Digamos que você seja membro da igreja na Antioquia da Pisídia, onde hoje é o sul da Turquia. Estamos no final dos anos 40 d.C. Uma fome assola a cidade e você ouve que as condições estão melhores no norte da Ancyra, então você viaja para lá em busca de comida e trabalho. Ao chegar lá, descobre que o evangelho ainda não chegou a Ancyra. Você é o único crente em Jesus em toda a cidade. Então você se aproxima de alguns judeus locais. Você vai às reuniões na sinagoga e discute com eles sobre como Jesus cumpre as promessas do Messias do Antigo Testamento. Você encontra muitos pagãos devotos no mercado e fala com eles sobre como existe um Deus verdadeiro, o Criador, o Governante e o Sustentador de todas as coisas. E este único Deus verdadeiro veio à terra como o homem Jesus, para nos resgatar da idolatria e da condenação.

Algum tempo depois, uma dúzia de judeus e gregos estão prontos para tornar-se cristãos. O que você faz? Você não é um apóstolo ou qualquer coisa parecida, mas você sabe que eles precisam ser batizados, então você os batiza no rio. E agora? Você sabe que Jesus deu ao seu povo uma refeição para celebrar juntos, então você começa a se reunir todos os domingos para celebrar esta refeição na casa do Fortunatus, o crente rico em seu grupo. Mesmo que você esteja trabalhando o tempo todo apenas para ganhar a vida, você conhece os ensinamentos de Jesus melhor do que qualquer um desses novos crentes, então você começa a ensiná-los nessas reuniões semanais. Você os ensina a amar a Deus, amar uns aos outros e amar o próximo. Você os ensina a perdoar uns aos outros, a compartilhar uns com os outros, e a carregar os fardos uns dos outros.

Algumas semanas depois, Julia, mãe de um dos crentes, chega à fé e pede para ser batizada. No domingo seguinte, em vez de se reunirem na casa de Fortunato, vocês se encontram no rio, a batizam e depois ela se junta a vocês na celebração da Ceia do Senhor. Com o tempo, mais alguns crentes de outras igrejas em cidades como Icônio e Listra se mudam para Ancyra e ouvem sobre a sua assembleia. Esses crentes foram batizados e confessam com ousadia que Jesus é o Senhor. Então, em sua reunião, você os apresenta aos outros crentes, que de bom grado os acolhem em sua comunhão. De vez em quando, um dos novos membros do Sul voltam, passam uma semana ou duas com os crentes de lá, participam da reunião semanal e depois voltam com uma mensagem da igreja. Em uma dessas viagens, eles até voltaram com uma cópia de uma carta do apóstolo Paulo para as igrejas da Galácia.

O que você tem aí em Ancyra? Uma igreja. Todos esses crentes, desde os primeiros convertidos até Júlia, bem como os de Icônio e Listra, são membros de sua igreja. Como esta igreja veio a existir? Nós poderíamos descrever isso em duas etapas. Na primeira etapa você pregou o evangelho (Rm 10.14), e o Espírito Santo fez com que o evangelho se enraizasse no coração das pessoas, fazendo surgir a fé (Jo 3.1–8; At 16.14; 2Co 4.6). Na segunda etapa, a fé desses novos crentes se manifestou no batismo, o ato público inicial de testemunho de sua fé em Cristo (Mt 28.19). E a sua fé se manifestou em uma vida comum: reunindo-se, compartilhando suas posses, cuidando uns dos outros e especialmente participando juntos da Ceia do Senhor (1Co 11.17-34).

Uma igreja nasce quando o povo do evangelho forma uma instituição do evangelho. Esses crentes em Ancyra são povo do evangelho porque foram recriados pelas boas novas de Cristo no poder do Espírito. E eles se uniram em uma instituição do evangelho na medida em que declararam uma nova fidelidade no batismo, entrando assim em um novo corpo político, e eles comem juntos como uma nova família na Ceia do Senhor.³ Deus constitui pessoas como cristãs através da aplicação do evangelho do Espírito Santo, e então, em resposta, essas pessoas se reúnem para constituir uma igreja. As ações divinas e humanas estão intimamente ligadas. Como diz John Webster, o ato humano de assembleia "segue, significa e medeia um ato divino de reunião; é um movimento movido da congregação." ⁴

Deus cria cristãos através do evangelho. Nesse sentido, o evangelho cria a igreja. Portanto, como Christoph Schwöbel diz: "Como criatura da Palavra divina, a Igreja é constituída pela ação divina."⁵ A Palavra de Deus sempre criou o povo de Deus. O mesmo poder que chamou as estrelas para serem estrelas, chamou cada novo crente para ser um novo ser. Nós não podemos criar a igreja mais do que podemos criar uma galáxia. Deus chama a igreja à existência.⁶

No entanto, Webster ressalta que esse momento "invisível", no qual Deus constitui um cristão, não é o "único

---

3. Note que eu estou usando "político" aqui não no sentido de uma forma ou processo de governo, mas simplesmente de uma sociedade organizada
4. John Webster, "In the Society of God: Some Principles of Ecclesiology," in *Perspectives on Ecclesiology and Ethnography*, ed. Pete Ward (Grand Rapids: Eerdmans, 2012), 216.
5. Christoph Schwöbel, "The creature of the word: recovering the ecclesiology of the reformers," in *On being the church. essays on the Christian community*, ed. Colin E. Gunton and Daniel W. Hardy (Edinburgh: T&T Clark, 1989), 122.
6. Para saber mais sobre isso, ver Jonathan Leeman, *Reverberation: How God's Word Brings Light, Freedom, and Action to His People* (Chicago: Moody, 2011), especialmente caps. 1–4; Timothy Ward, *Words of Life: Scripture as the Living and Active Word of God* (Downers Grove, IL: InterVarsity, 2009), especialmente o cap. 2.

momento constitutivo da eclesiologia". [7] Sim, Deus cria seu povo por meio do evangelho. Mas se a fé permanecesse invisível, não haveria igreja na terra, apenas cristãos individuais ou, na melhor das hipóteses, associações de crentes vagas e indistintas.[8] Em vez disso, o povo de Deus tem uma existência política, visível e corporativa na Terra. Somos uma polis pública. E, como vimos nos últimos quatro capítulos, Deus designou atos públicos e autoenvolventes de testemunho do evangelho, isto é, o batismo e a Ceia do Senhor, para criar a existência corporativa desse corpo. Deus constitui a igreja não apenas criando o povo do evangelho, mas ordenando e capacitando sua resposta social e institucional ao evangelho.[9]

Em outras palavras, o batismo e a Ceia do Senhor tornam a igreja visível. Eles são a ligação entre a igreja universal "invisível" e a igreja local "visível". Eles traçam uma linha ao redor da igreja, reunindo-a. [10]Eles reúnem muitos em

---

7. ohn Webster, "The Self-Organizing Power of the Gospel: Episcopacy and Community Formation," in *International Journal of Systematic Theology* 3, no. 1 (2001): 73.
8. Como Webster coloca: se atentarmos apenas ao momento constitutivo "invisível", "é promovida uma imagem da igreja na qual a comunidade cristã humana é instável, liminar e incapaz de sustentar uma trajetória histórica e social coerente." (ibid.).
9. Assim Webster escreve em outro lugar, "Que *tipo* de sociedade é a igreja? A resposta dada pela eclesiologia é a seguinte: a igreja é a assembleia humana que é o coeficiente social da criatura do trabalho exterior em que Deus restaura as suas criaturas para a comunhão com ele" ("In the Society of God," 201).
10. Grant Macaskill escreve que os dois sacramentos "têm uma importante dimensão social, marcando a comunidade de fé como distinta, circunscrevendo seus limites" . Essa função social é governada pelo seu caráter de aliança" (*Union with Christ in the new testament* [Oxford: Oxford University Press, 2013], 301).

um: o batismo incluindo um a muitos, a Ceia do Senhor, fazendo muitos tornarem-se um. Oliver O'Donovan escreve:

> Os sacramentos fornecem o caminho principal no qual a igreja é "tecida", isto é, obtém forma e ordem institucional. Sem eles, a igreja poderia ser uma sociedade "visível", sem dúvida, mas imaterial, derretendo-se indeterminadamente como uma névoa delicada quando estendemos nossos braços para abraçá-la. Nestes moldes, sabemos onde a igreja está e podemos nos apegar a ela. São ao mesmo tempo "sinais" do mistério da redenção realizada em Cristo e "sinais eficazes" que lhe conferem uma presença palpável na participação da igreja.[11]

Observe tudo o que O'Donovan reúne. Os sacramentos, o batismo e a Ceia do Senhor são o que "tece" a igreja, dando-lhe "forma e ordem institucional". Eles tornam a igreja visível. Nos dizem onde a igreja está e como podemos nos unir a ela. Uma vez que os sacramentos tornam a igreja visível, eles são sinais efetivos. Eles dão ao evangelho uma "presença palpável na participação da igreja" e assim tornam a própria igreja algo palpável.

O batismo e a Ceia do Senhor inscrevem o evangelho na forma e na estrutura da igreja. Os encaixes que mantém a

---

11. *The Desire of the Nations: Rediscovering the Roots of Political Theology* (Cambridge: Cambridge University Press, 1996), 172. Recall that O'Donovan locates the Lord's Supper's efficacy as a sign "not in a 'sacramental grace' which affects the believer in a different way from other kinds of grace; but in the *formation of the church*" (Ibid., 180; emphasis original).

igreja unida são feitos com madeira do evangelho. Webster escreve: "A ordem da igreja é a forma social do poder de conversão e atividade de Cristo presente como Espírito". [12] Como ritos de ordenação da igreja, o batismo e a Ceia do Senhor criam a forma social de nossa resposta ao evangelho. Eles definem a forma da igreja, marcando o espaço que ela ocupa. Como afirma Balthasar Hubmaier, aquilo que o batismo e a Ceia do Senhor "buscam alcançar", o fim para o qual essas ordenanças "devem finalmente ser dirigidas" é "reunir uma igreja". [13]

Outra maneira de chegar a isso é dizer que as próprias ordenanças dão à igreja a sua "essência". Reunindo muitos

---

12. Webster, "Self-Organizing Power," 73. Mais: "A igreja é uma sociedade política; isto é, é uma esfera de comunhão humana, embora não criada por afinidade ou associação natural, mas pelo poder crescente do evangelho". (ibid., 77).
13. Balthasar Hubmaier, "On Fraternal Admonition," in *Balthasar Hubmaier: Theologian of Anabaptism*, ed. H. Wayne Pipkin and John Howard Yoder, Classics of the Radical Reformation, vol. 5 (Scottdale, PA: Herald, 1989), 384. A declaração completa de Hubmaier requer uma leitura cuidadosa: "Então, todos aqueles que choram: 'Bem, e quanto ao batismo nas águas? Por que todo o alarido sobre a Ceia do Senhor? Afinal, são apenas sinais exteriores! Eles não são nada além de água, pão e vinho! Por que brigar por isso?'. Eles não aprenderam o suficiente em toda a sua vida para saber por que os sinais foram instituídos por Cristo, o que eles buscam alcançar ou em direção ao que deveriam ser dirigidos, a saber, reunir uma igreja, se comprometer publicamente a viver de acordo com a Palavra de Cristo na fé e no amor fraternal, e por causa do pecado sujeitar-se à admoestação fraternal e à excomunhão cristã, e fazer tudo isso com um juramento sacramental diante da Igreja Cristã e de todos os seus membros, reunidos parcialmente no corpo e completamente em Espírito, testemunhando publicamente, no poder de Deus, Pai e Espírito Santo, ou no poder de nosso Senhor Jesus Cristo (que é o mesmo poder), e entregando-se a ela em fidelidade empenhada. Olhem para isto, queridos irmãos, e não para a água, pão ou vinho a menos que a nossa água do batismo e o partir o pão também possa ser apenas aparência ou um truque, nada melhor do que o batismo estúpido de uma criança e a alimentação de um bebê precocemente, se a admoestação fraterna e a excomunhão cristã não os acompanharem constantemente"

em um, as ordenanças fazem da igreja algo mais do que a soma de suas partes. Ao traçar uma linha entre a igreja e o mundo, as ordenanças possibilitam apontar algo e dizer "igreja", em vez de apenas apontar muitas coisas e dizer "cristãos". Nasce uma igreja quando o povo do evangelho forma uma instituição do evangelho, e as ordenanças são os sinais efetivos dessa instituição. Eles dão à igreja uma forma e ordem visível e institucional. Eles ligam muitos em um.

E QUANTO À "ALIANÇA MÚTUA" DA MEMBRESIA?

Mas e quanto à descrição clássica da igreja livre, que endossei no capítulo 5, na qual uma igreja é constituída pela "aliança mútua" de seus membros? As "ordenanças" e "aliança mútua" são descrições contraditórias de como uma igreja é constituída?

Na descrição do nascimento de uma igreja que acabei de esboçar, uma aliança explícita é notável por sua ausência. Eu não mencionei uma reunião em que os membros redigiram uma aliança escrita ou fizeram votos verbais uns com os outros e eu nunca mencionei novos membros fazendo uma promessa verbal à igreja e a igreja se comprometendo em troca. A razão para isso é simples: o Novo Testamento não menciona nada disso.

Com base nesta evidente ausência, alguns argumentaram contra a prática da membresia formal da igreja. Uma resposta tradicional tem sido afirmar que, de fato, o Novo Testamento *atesta* a prática de alianças como igrejas locais.[14] Por exemplo, 2Coríntios 8.5 diz: "mas também deram-se a si mesmos primeiro ao Senhor, depois a nós, pela vontade de Deus". Pode-se argumentar do menor para o maior: se nessa passagem os crentes macedônios estivessem "aliançados" no sentido de ajudar os santos pobres em Jerusalém, quanto mais solene deveria ser o compromisso assumido com Deus e uns com os outros quando se tornaram uma igreja? Embora possa haver algum mérito nisso, permanece especulativo. O Novo Testamento simplesmente não fornece nenhuma narrativa detalhada do nascimento das igrejas locais. E no pouco que temos, não vemos nada que pareça um ato formal de pactuação.

Lembre-se do que vimos em Atos 2.41, e de novo no capítulo 5: para os novos convertidos, pelo menos, o batismo é a maneira do Novo Testamento de se unir a uma igreja. E nós simplesmente não temos um registro do que aconteceu quando os cristãos batizados se mudaram para igrejas em outras cidades. Portanto, uma vez que uma "aliança verbal da igreja" parece ausente das páginas do Novo Testamento, hesito em vê-la como absolutamente essencial para a existência ou ordenação correta de uma igreja local.

---

14. Para um exemplo histórico, ver Richard Mather, *An apologie of the churches in new-England for church-covenant*... (London, 1643), in *Church covenant: two tracts*, Research Library of Colonial America (New York: Arno, 1972).

No entanto, a realidade da membresia, ou seja, que algumas pessoas estão na igreja e outras estão fora, está presente em todo lugar no Novo Testamento[15]. Por exemplo, Paulo escreve: "Pois com que direito haveria eu de julgar os de fora? Não julgais vós os de dentro? Os de fora, porém, Deus os julgará." (1Co 5.12-13). Provisoriamente, podemos definir a membresia da igreja como uma relação entre uma igreja local e um cristão em que o cristão pertence e se submete à igreja e a igreja confirma e supervisiona a sua profissão cristã de fé em Cristo. Vamos trabalhar em direção a uma definição mais precisa em breve. Por enquanto, porém, precisamos perguntar: como esse conceito de membresia se relaciona com as ordenanças? Mais especificamente, que território a membresia conquista além do terreno já reivindicado pelas ordenanças? Eu responderei em três partes.

Primeiro, "membresia" torna explícito o que está implícito nas duas ordenanças. Vimos que tanto o batismo quanto a Ceia do Senhor são sinais de juramento, isto é, são atos não verbais que desempenham a mesma função que um juramento verbal. Ambas as ordenanças têm elementos verticais e horizontais: eles nos comprometem com Deus e

---

15. See Jonathan Leeman, *Church membership: how the world knows who represents Jesus* (Wheaton, IL: Crossway, 2012), cap. 2. 3 [Disponível em Português: Leeman, Jonathan. Membresia na igreja: como o mundo sabe quem representa Jesus. São Paulo: Vida Nova, 2016].

uns com os outros. E, em termos eclesiais, ambas as ordenanças são sinais eficazes. Eles unem o corpo: o batismo acrescenta um a muitos e a Ceia do Senhor torna muitos em um. Assim, podemos dizer que ambas as ordenações implicam uma aliança não apenas entre um indivíduo e Deus, mas também entre um indivíduo e a igreja. Ou, para usar um termo mais antigo, cada ordenança é uma "aliança implícita": elas promulgam o compromisso entre o crente e a igreja e entre a igreja e o crente. O batismo inicia essa aliança e a Ceia do Senhor a renova.

Visto deste ângulo, a "membresia" nomeia a relação que as ordenanças implicam e normalmente criam. Chamar alguém de "membro" é dizer que ele foi batizado, participa da Ceia do Senhor e é acolhido e responsável pela vida eclesial que esses sinais efetivos implicam. Considere que as duas ordenanças se estendem ao longo do tempo: o batismo inicia uma relação e a Ceia do Senhor renova-a regularmente. O termo *membro*, então, descreve uma pessoa cuja identidade eclesial é determinada pela participação contínua em um determinado corpo local. As ordenanças criam uma realidade eclesial e a membresia nomeia essa realidade.

Em segundo lugar, o conceito de "membresia" distingue as ordenanças da relação que normalmente implicam quando, em circunstâncias legítimas, embora excepcionais, as duas são separadas. Como vimos, o eunuco etíope não se tornou membro de uma igreja após o batismo porque ainda não existia nenhuma igreja onde ele vivia (At 8.26–40). E aqueles visitantes que podem ter celebrado a Ceia do Senhor em Trôade (At 20.7) presumivelmente não eram considerados "membros" da igreja ali, já que moravam em outro lugar. A relação entre as ordenanças e a membresia não é automática, assim, não é apenas possível teoricamente, mas ocasionalmente legítimo ter um sem o outro. "Membresia", portanto, é um conceito teológico válido e necessário porque descreve a relação durável entre uma igreja e um cristão que é normalmente, embora não invariavelmente, selado nos sinais efetivos do batismo e da Ceia do Senhor.

Uma terceira característica da membresia não é atestada diretamente no Novo Testamento, mas é, no entanto, uma inferência válida de seu ensino. Essa característica entra em ação quando um crente professo tenta participar das ordenanças enquanto evita a responsabilidade de ser membro. Novamente, pense em um referencial do primeiro século, apenas uma igreja em cada cidade. Diga que alguém aparece na reunião da igreja, afirma ter se tornado um cristão e quer ser batizado, mas também indica que não tem intenção de se reunir com a igreja semanalmente ou se submeter aos líderes. O batismo deve ser negado a tal pessoa, porque ela está recusando a relação que o batismo implica. Ou considere um cristão batizado que se muda para uma nova cidade, frequenta a igreja algumas vezes, mas para de aparecer. Esta pessoa está dentro ou fora da igreja? Ela tinha o hábito de participar da Ceia do Senhor, mas agora ele está abandonando a assembleia (Hb 10.24-25). A situação dessa pessoa precisa ser esclarecida em uma direção ou outra: ou ela se arrepende e retoma a frequência regular, ou a igreja deve impedi-la de participar da Ceia do Senhor.

A membresia da igreja, portanto, cumpre o papel crucial de proteger as ordenanças como práticas *da igreja*. A membresia garante que as ordenanças mantenham o caráter relacional que a Bíblia lhes dá: o batismo cria um relacionamento com a igreja e a Ceia do Senhor renova esse relacionamento. A membresia é a forma na qual as ordenanças constroem a igreja. Sem membros, as ordenanças correm o risco de se tornarem acessórios espirituais dos consumidores autônomos, em vez de selos autoritativos que a igreja confere às profissões de fé confiáveis. A membresia ajuda a preservar a forma e o significado das ordenanças, como uma estrutura sustenta um telhado.

Note que em toda essa "membresia" existe uma descrição de segunda ordem, uma explicação teológica da relação que as ordenanças normalmente criam. Essa relação está claramente presente no Novo Testamento, mas não é nomeada ou definida. Desta forma, a *membresia* é como qualquer outro termo teológico. Por exemplo, todos os componentes da doutrina trinitária clássica são declarados ou implícitos no Novo Testamento, mas a doutrina como tal nunca é explicitamente articulada.[16] Da mesma forma, com a membresia.

Esta seção nos levou por um longo caminho na direção de reconciliar esses dois relatos conflitantes sobre o que constitui uma igreja e a membresia da igreja. Nós esclarecemos que a relação que chamamos de "membresia" é encontrada no Novo Testamento. Vimos que a linguagem e a prática da membresia tornam explícito o que está implícito nas ordenanças. Nomeia a relação que as ordenanças normalmente criam. Distingue essa relação das ordenanças nas circunstâncias excepcionais em que podem ser legitimamente separadas. E protege as ordenanças quando um crente professo tenta pecaminosamente participar delas enquanto se recusa a entrar no relacionamento de submissão e supervisão que elas pressupõem.

Mas o que ainda não resolvemos é o seguinte: o que é essencial para constituir esse relacionamento? Deve haver uma declaração verbal explícita de comprometimento para que um cristão se torne um membro da igreja e para que vários cristãos se tornem uma igreja?

---

16. Ver por exemplo, o artigo de David Yeago's "The New Testament and the nicene dogma: a contribution to the recovery of theological exegesis," in Sewanee theological review 45, no. 4 (2002): 371-84.

O QUE É ESSA COISA CHAMADA MEMBRESIA?

Para responder a essa pergunta, precisamos fazer uma tentativa mais forte de definir a membresia da igreja. No espírito de não reinventar a roda, começarei com a definição de membresia de Jonathan Leeman, adicionarei uma frase e, em seguida, cavarei um termo-chave. Ao longo do caminho, espero desvendar essa questão intrigante de como um "pacto de membresia" se relaciona com as ordenanças como sinais efetivos da membresia. Aqui está a definição de Leeman: "A membresia na igreja é (1) um pacto de união entre uma igreja particular e um cristão, um pacto que consiste na (2) afirmação da igreja da profissão cristã do evangelho, (3) a promessa de a igreja supervisionar o cristão e (4) a promessa do cristão de reunir-se com a igreja e submeter-se à sua supervisão."[17]

A primeira coisa que precisamos fazer é acrescentar as seguintes palavras em itálico: "A membresia na igreja é (1) um pacto de união entre uma igreja particular e um cristão, um pacto *cujos sinais efetivos são o batismo e a Ceia do Senhor*", que consiste em... [18] Para nossos objetivos, é importante tornar explícita a conexão da membresia com as ordenanças. A membresia nomeia a relação que as ordenanças pressupõem

---

17. Leeman, *The church and the surprising offense*, 217.
18. Esta adição está em consonância com a exposição do próprio Leeman. Ver a discussão do batismo e da Ceia do Senhor em ibid., 165, 191, 193, 199, 268; e, com formulações que estão mais próximas e influenciaram a minha, em *A political assembly: how Jesus establishes local churches as embassies of his international rule* (Downers Grove, IL: InterVarsity, forthcoming), cap. 6.

e normalmente criam. Para entender essa relação, precisamos entender que as ordenanças a criam.

Em seguida, o termo chave que precisamos usar é "pacto". Leeman diz que ser membro *é* um pacto. Isso faz sentido à luz das promessas mutuamente vinculantes que os seus pontos três e quatro descrevem: a igreja promete dar supervisão ao discipulado cristão, e os cristãos prometem se reunir e se submeter à igreja. Assim, chamar a membresia de um pacto é simplesmente dizer que é um relacionamento formal definido por promessas mútuas. Ao contrário de algumas das alianças descritas nas Escrituras, como o casamento ou a aliança de Deus com Abraão, a aliança da membresia não é permanente. Os cristãos podem mudar de igreja por várias razões legítimas, como mudar-se para outra cidade. Deixar uma igreja não é necessariamente equivalente ao divórcio. No entanto, a aliança da membresia é como certas alianças bíblicas, na medida em que o subordinado, ou seja, o cristão, não pode terminar unilateralmente a aliança. Uma pessoa pode entrar ou sair de uma igreja somente com o consentimento da igreja. [19] Portanto, essa definição de membresia usa o termo *aliança*

---

19. Veja Leeman, *A Igreja e a surpreendente ofensa do amor de Deus*. Isso foi amplamente reconhecido por gerações anteriores de batistas. Por exemplo, a Associação de Charleston escreveu em 1774: "Como o consentimento é necessário para a entrada de uma pessoa na igreja, ninguém pode sair dela sem o seu consentimento" (*A summary of church discipline* [Charleston: David Bruce, 1774] in *Polity: biblical arguments on how to conduct church Life*, ed. Mark Dever [Washington, DC: Center for Church Reform, 2001], 129).

de maneira um tanto analógica ou metafórica, mas com paralelos substanciais aos usos bíblicos da palavra.

Além disso, esse uso do termo *pacto* para descrever a membresia na verdade fornece a chave para resolver nosso conflito entre a igreja como constituída por "aliança mútua" e a igreja como constituída pelas ordenanças. Como Leeman usa o termo aqui, "pacto" descreve a relação da membresia, um vínculo durável entre igreja e indivíduo. Como vimos, o batismo e a Ceia do Senhor são sinais de juramento da aliança, iniciando e renovando a participação do crente na nova aliança. No entanto, eles também ratificam e renovam o "pacto" de membros de uma igreja local. No batismo, no mesmo ato pelo qual você se compromete a Cristo, você se compromete e é recebido por seu povo. E na Ceia do Senhor, no mesmo ato em que você renova seu compromisso com Cristo, você renova seu compromisso com os que estão sentados ao seu lado.

Pela mesma razão que as ordenanças são a ligação entre a igreja universal e a igreja local, elas também são a conexão entre a nova aliança e a aliança da membresia da igreja local. No evangelho, recebemos Deus como nosso Pai, e os cristãos como nossos irmãos e irmãs em um só ato. O teólogo congregacionalista P. T. Forsyth escreveu: "*O mesmo ato que nos estabelece em Cristo nos coloca também na sociedade de Cristo. Isso faz ipso facto*, e não por mera consequência ou sequência, mais ou menos opcional.

Estar em Cristo é o mesmo ato de estar na Igreja (...). Isso nos coloca em uma relação com todos os santos que podemos negligenciar para a nossa perdição, mas que não podemos destruir."[20]

E ambas as ordenanças do evangelho promovem essa recepção simultânea vertical e horizontal. Normalmente, o mesmo ato ratifica a sua aliança com Cristo e a igreja local.

Consideramos se a membresia da igreja e, portanto, a própria igreja, é constituída por um "pacto" ou pelas ordenanças. Agora deve ficar claro que esta é uma falsa dicotomia. Uma igreja e a membresia da igreja não são constituídas por uma aliança em oposição às duas ordenanças, ou vice-versa, *mas pelas duas ordenanças que ratificam a aliança*. A relação que liga um a muitos e muitos a um *é* um pacto, um conjunto de promessas mutuamente vinculativas. E essa relação é iniciada e ratificada pelas duas ordenanças, sinais de juramento da nova aliança. Assim como esses atos rituais ratificam a nova aliança, eles também constituem o correlato comunitário da nova aliança na terra: a igreja local. As ordenanças iniciam e confirmam a relação de aliança entre os cristãos que chamamos de

---

20. P. T. Forsyth, *The church, the gospel, and society* (London: Independent Press, 1962), 61–62, ênfase original. Miroslav Volf igualmente escreve: "A comunhão com este Deus é também comunhão com aqueles que se confiaram na fé ao mesmo Deus. Por isso, o mesmo ato de fé coloca a pessoa em um novo relacionamento com Deus e com todos os outros que estão em comunhão com Deus" (*After our likeness: the church as the image of the Trinity* [Grand Rapids: Eerdmans, 1999], 173.

membresia da igreja. Juntos, eles transformam cristãos no corpo que chamamos de igreja.[21]

Vamos voltar mais uma vez à analogia favorita do livro. Imagine uma sociedade cuja cerimônia de casamento não contenha palavras, mas apenas sinais simbólicos de juramento. Por exemplo: o pai do noivo toca uma campainha na praça da cidade para convocar o público. Quando as pessoas se reúnem, um ancião da cidade serve uma taça de vinho. O pai da noiva entrega-a ao noivo, que leva a mão direita à esquerda. Com a mão direita, ele pega o cálice, bebe e depois o leva para os lábios da noiva. Ela bebe, o pai do noivo toca a campainha novamente e a multidão explode em comemoração à nova união.

Se todos na cultura compreenderem este conjunto de atos simbólicos para decretar a intenção de ambos os partidos de casar, então os votos verbais não são necessários. O ato diz o que as palavras deveriam dizer. É assim que as ordenanças constituem uma igreja: são atos que falam. Eles efetuam uma nova relação mútua entre os cristãos que participam juntos. No batismo, um crente se submete à igreja, e a igreja afirma a profissão do crente, criando a

---

21. Sobre o batismo, compare John Smyth, "A verdadeira forma da Igreja é uma aliança entre Deus e os fiéis, feita no batismo [sic], no qual Cristo é visivelmente colocado" (*The Works of John Smyth, Fellow of Christ's College, 1594–1598*, 2 vols., ed. William Thomas Whitley [London: Cambridge University Press, 1915], 2:645). Note que Smyth chama essa aliança constituinte da igreja de "formadora" e posteriormente afirma ainda que essa aliança é feita no batismo. Veja a discussão em Jason K. Lee, *The Theology of John Smyth: Puritan, Separatist, Baptist, Mennonite* (Macon, GA: Mercer University Press, 2003), 151–52.

relação que chamamos de "membresia". Na Ceia do Senhor, a igreja é constituída como um corpo, participando juntos da salvação de Cristo. O batismo une um a muitos e a Ceia do Senhor une muitos em um. Isso significa que um grupo de crentes não precisa realizar um *ato* distinto e formal, a parte de sua participação nas ordenanças, a fim de se constituírem como um corpo.[22]

Lembre-se do que vimos no capítulo 5: aqueles que foram batizados em Atos 2.41 foram acrescentados à igreja em e por essa mesma ação. Não houve um processo em duas etapas de ser batizado e depois, por um ato posterior, ser adicionado à igreja. Da mesma forma, toda vez que uma igreja celebra a Ceia do Senhor, eles renovam seu compromisso uns com os outros por esse ato. Participar da Ceia do Senhor é assumir a responsabilidade pelo corpo.

No entanto, esses "atos de fala" sempre devem ser precedidos e cercados por palavras reais que expliquem e confirmem seu significado. Não há povo do evangelho sem a pregação do evangelho. Assim, a igreja deve sempre pregar o evangelho e chamar as pessoas a se arrependerem e

---

22. Embora, como o precedente histórico congregacionalista e batista testifique, eu acho que um culto formal de "aliança" ou "constituição" é eminentemente aconselhável. Ele esclarece quem fará parte da igreja e o que significa formar uma igreja, exige um compromisso explícito para com a igreja de cada membro fundador e demarca um começo claro para a existência da igreja como um corpo. Apropriadamente, tais cultos culminaram muitas vezes na celebração da Ceia do Senhor da nova igreja. Veja, por exemplo, a Associação Batista em Charleston, Carolina do Sul, *A Summary of Church Discipline* (Charleston: David Bruce, 1774) in *Polity: Biblical Arguments on How to Conduct Church Life*, ed. Mark Dever (Washington, DC: Center for Church Reform, 2001), 118–19.

crerem. Além disso, uma igreja não pode identificar uma pessoa do evangelho sem ouvir uma confissão do evangelho. Assim, para que alguém se torne um sujeito adequado para o batismo e, portanto, um participante qualificado na Ceia do Senhor, essa pessoa deve, de uma forma ou outra, confessar verbalmente sua fé em Cristo à igreja (Rm 10.9-10).

Além disso, a igreja deve estar sempre explicando todo o conselho de Deus (At 20.27) e exortando os crentes a obedecerem a tudo o que Jesus ordenou (Mt 28.19). Também deve instruir os candidatos ao batismo de que ser batizado é se submeter à autoridade de Jesus e se comprometer com o povo de Jesus. Uma igreja deve ensinar que o batismo não é apenas professar a fé, mas prometer obediência. E somente aqueles que ouvem esta instrução e a abraçam livremente devem ser batizados.

Sem essa instrução prévia e consentimento, o batismo seria como vendar os olhos de um casal, levá-los ao juiz de paz e fazê-los assinar a linha pontilhada de uma certidão de casamento, sem nunca saberem o que estavam fazendo. Nesse caso, o casal realmente fez um voto, mas eles não têm ideia de que fizeram um voto. Sua postura subjetiva é completamente diferente e divorciada da realidade objetiva da qual participaram. Similarmente, uma igreja deve instruir seus membros e possíveis membros que a participação na Ceia do Senhor é assinar o seu nome sob o voto solene: "Eu me comprometo a amar esse corpo de crentes como Cristo os ama." As igrejas devem ensinar os crentes *que* as ordenanças são votos e *quais* votos as ordenanças promulgam.

Essa instrução a respeito das ordenanças é necessária, em parte, porque a relação entre o signo e o que ele significa é ordenada por Jesus, e não intrínseca ao próprio ato. Você não está comendo a Ceia do Senhor toda vez que come pão e bebe vinho. Você não está batizando seu amigo se você o afundar na piscina porque ele espirrou água em você. Esses sinais significam o que eles realizam porque Jesus os ligou ao seu evangelho. Para tomar emprestado um termo antigo útil, como "ordenanças positivas" designadas unicamente pelo mandamento de Cristo, o batismo e a Ceia do Senhor precisam ser explicados para serem realizados com integridade.[23]

Assim, as próprias ordenanças constituem a igreja como um corpo. No entanto, para que o exercício das ordenanças tenha integridade, deve haver algo análogo tanto à classe de membresia quanto ao pacto da igreja, pelo menos em forma de semente. Imagine que um missionário esteja pregando

---

23. No histórico léxico batista, uma "ordenança positiva" se distingue de outras obrigações éticas pelo fato de ser apenas obrigatória em virtude do mandamento de Cristo. Por exemplo, a revelação de Deus sobre si mesmo na ordem criada é suficiente para nos convencer de que os pais devem sustentar seus filhos, o que é uma obrigação universalmente obrigatória. Mas não há obrigação universal de ser imerso na água ou de comer pão e beber vinho. No entanto, as formas especiais desses atos incorporadas no batismo e na Ceia do Senhor são vinculativas para os crentes por causa do mandamento de Cristo. Esse comando, portanto, é também o que aplica essas "ordenanças positivas" com significado especial.

para um grupo de locais não evangelizados nas montanhas do Peru, e oito desses habitantes dizem ao missionário que acreditam em Jesus e querem ser batizados. Para que seu batismo tenha integridade, ou seja, para que a sua intenção subjetiva seja coerente com a realidade objetiva encenada, eles devem primeiro ser ensinados sobre o que é o batismo, o que o batismo faz e o que ele os chama a fazer em resposta. Assim também com a Ceia do Senhor. O missionário deve ensinar a esses crentes que ser batizado e participar da Ceia do Senhor é se submeter a Jesus e se comprometer com o seu povo. Preparar o que isso significa para toda a vida é a tarefa vitalícia do discipulado. Mas a semente deve ser plantada antes do batismo. Aqueles que se inscrevem como cidadãos no reino de Cristo devem saber para o que estão se inscrevendo. Uma classe de membresia formal simplesmente desenvolve o que já está presente nesta semente de instrução pré-batismal necessária.

Agora, vamos supor que esses oito novos crentes concordem que querem seguir a Jesus e ser parte do seu povo. Ao fazerem isso, eles também estão ao mesmo tempo se identificando com aqueles cristãos com quem estão se comprometendo. Em outras palavras, o consentimento deles para entrar no corpo inclui seu reconhecimento e afirmação um do outro como outros membros do corpo. Seja qual for a forma, seja implícito ou explícito, verbal ou simplesmente colocado em prática, esta aprovação pré-batismal é a semente de um pacto da igreja, uma vez que transmite o compromisso de um indivíduo de se submeter e supervisionar esse grupo particular de crentes. O batismo significa mais do que o compromisso de um indivíduo em seguir a Cristo e se juntar ao seu povo, mas nunca menos. E um pacto formal da igreja simplesmente torna explícito esse compromisso e especifica seus termos.[24]

Para voltar ao ponto principal de que as próprias ordenanças constituem uma igreja local, considere tudo isso a partir da perspectiva das chaves do reino (Mt 16.19; 18.18-19). As chaves do reino são o alvará institucional da igreja local. Elas autorizam um grupo de cristãos a agir em nome de Jesus ao declararem representativamente quem na terra pertence ao reino dos céus. E os principais meios pelos quais as chaves são exercidas são o batismo (afirmação inicial) e a Ceia do Senhor (afirmação contínua). Jesus não prescreveu qualquer forma ou ritual específico pelo qual um grupo de cristãos é investido das chaves. Não há transferência de autoridade de um bispo ou presbitério. Não há uma regressão infinita de autorização. Em vez disso, essas chaves são exercidas e assumidas congregacionalmente. Além disso, não há culto de constituição de igreja prescrito nas

---

24. O que também está presente aqui é a forma inicial de uma entrevista de membresia, na medida em que o missionário, avaliando a credibilidade destas confissões de fé, cumpre um papel análogo ao dos presbíteros da igreja local que guardam a porta da frente da igreja. A princípio, o missionário não batizaria alguém se considerasse a sua profissão não confiável ou duvidosa.

Escrituras. Em vez disso, um grupo de cristãos assume a responsabilidade das chaves quando se reúnem regularmente e celebram as ordenanças.

Dizer que as ordenanças são os sinais efetivos da membresia da igreja é dizer que as ordenanças ratificam a aliança que é a membresia. E a Ceia do Senhor, em particular, ratifica o pacto que constitui uma igreja como igreja. Lembre-se, a mesma relação que constitui uma igreja constitui um membro da igreja. A relação que inclui um a muitos também torna muitos em um.

Esse esclarecimento da confusão da aliança ilumina ainda mais o que vimos acima: a membresia nomeia a relação que as ordenanças criam. O batismo efetua uma nova relação entre um e muitos, e a Ceia do Senhor efetua a relação que torna muitos em um. As ordenanças moldam a igreja em uma forma chamada membresia.

FECHANDO O CICLO

Agora é hora de fechar o ciclo. Vimos que a membresia não é uma terceira coisa ao lado do batismo e da Ceia do Senhor. Em vez disso, ela nomeia a relação que as ordenanças implicam e normalmente criam. Nesta seção, mostrarei como essa percepção conclui nosso caso para o batismo e a membresia da igreja.

O resultado principal é o seguinte: não podemos remover o batismo da membresia porque a membresia não existe sem o batismo. Remover o batismo da membresia é como remover os votos do casamento. Como vimos acima, um voto de casamento pode ser verbal ou não-verbal, um juramento ou um sinal de juramento. Mas sem o voto não há união. Se um homem e uma mulher que não se prometeram um ao outro se envolvem em união sexual, o resultado não é o casamento. Da mesma forma, o batismo é o voto que cria a união da membresia. Como o batismo é um sinal de juramento, um ato que realiza um voto, pode ou não ser acompanhado por um voto verbal. A analogia se rompe eventualmente porque o casamento é vitalício enquanto a membresia da igreja não é necessariamente. Mas o ponto é: como um casamento não existe sem um voto, então a membresia não existe sem o batismo.

A membresia da igreja é um *status* público, e o batismo é a entrada inicial para esse status. A membresia da igreja é o endosso da igreja de uma profissão, e o batismo é a profissão inicial que a afirmação contínua da igreja continua a endossar. Todo este debate se resume a isto: Jesus nomeou o batismo para ser a entrada inicial de uma pessoa na igreja. O batismo é a porta da frente da igreja; não há outra maneira de entrar.

O que este capítulo acrescentou ao nosso caso é que a "membresia" nomeia a relação que as ordenanças criam. A membresia é como uma igreja afirma que o voto que você fez a Jesus no batismo é válido, tenha feito esse voto cinco minutos atrás nesta igreja ou cinco anos atrás em outro país. A membresia torna explícito o que está implícito no batismo e na Ceia do Senhor. Portanto, simplesmente não existe membresia sem batismo.

É claro que não nego que uma igreja tenha a *capacidade* de estender a membresia a pessoas não batizadas. Mas capacidade não é autoridade. Se uma igreja estende a membresia a uma pessoa não batizada, a pessoa realmente se torna membro daquela igreja com todos os privilégios e responsabilidades que ela implica. Mas ao fazê-lo, a igreja se afasta da autorização autorizadora de Jesus e opera fora de sua constituição celestial. Isso é análogo ao que aconteceria se uma igreja designasse uma presbítera mulher. Um presbítero é alguém que o Espírito Santo designa para o ofício (At 20.28), e o Espírito Santo nos diz que somente os homens devem ocupar este ofício (1Tm 2.12). Assim, neste caso, a igreja nomeia para o ofício alguém a quem o Espírito Santo não fez e não fará. [25] Da mesma forma, quando uma igreja estende a membresia a alguém que não foi batizado, eles entendem mal o que é membresia da igreja e concedem o título para algo que não condiz com a realidade.

---

25. Estou supondo que a grande maioria dos leitores possui convicções complementares sobre o ensino da Bíblia sobre homens e mulheres. Eu encorajaria os leitores que estão preocupados, ou que simplesmente não investigaram o assunto, a consultar *Recovering Biblical Manhood and Womanhood: A Response to Evangelical Feminism*, ed. John Piper and Wayne Grudem (redesign ed.; Wheaton, IL: Crossway, 2012).

SELANDO O CASO

Meu argumento central neste livro é que o batismo e a membresia da igreja estão de forma vital e orgânica vinculados. Portanto, as igrejas não devem dar o último para aqueles que não têm o primeiro. Nos capítulos 3-5, colocamos o batismo em primeiro plano para examinar sua relação com a igreja e, no capítulo 6, fizemos o mesmo com a Ceia do Senhor. Neste capítulo colocamos a própria igreja em primeiro plano, revisitando a questão do que constitui uma igreja e membros da igreja à luz do fato de que o batismo e a Ceia do Senhor são seus sinais efetivos. Nós mudamos nosso enfoque da forma eclesial do batismo (e da Ceia do Senhor) para a forma batismal (e eucarística) da membresia da igreja.

E descobrimos que a membresia nomeia a relação que as ordenanças implicam e normalmente criam. As ordenanças ratificam a aliança de união que é a membresia da igreja. Portanto, não existe uma coisa como a membresia sem o batismo. Falar de membresia sem batismo é como falar em casamento sem votos. O casamento é uma relação de aliança constituída por votos, e a membresia é uma relação de aliança constituída pelos sinais de juramento das ordenanças.

Aqueles que querem estender a membresia aos pedobatistas intencionam ampliar a cerca em torno da igreja, mas o que eles estão realmente fazendo é desmantelando a cerca. Jesus estabeleceu o batismo como a linha entre a igreja e o mundo. Uma igreja que inclui pessoas não batizadas não está aumentando corretamente a casa de Deus, mas desmontando suas paredes. Sem batismo não há igreja local.

O batismo promove e protege o evangelho exigindo que aqueles que creem no evangelho o confessem publicamente. Quando uma igreja remove o batismo dos requisitos de membresia, ela torna a profissão cristã privada. Abala a autoridade dos mandamentos de Cristo ao permitir que os cristãos desobedeçam a um deles impunemente. Permite que a consciência individual supere a autoridade da igreja local. A princípio, embora não intencionalmente, permitir que pessoas não batizadas se unam a uma igreja enfraquece o testemunho dessa igreja ao evangelho. Para o bem da liberdade, essa igreja compromete a verdadeira liberdade encontrada em manter todos os mandamentos de Cristo.[26]

Ao longo dos últimos cinco capítulos, eu construí um caso para entender o batismo como um requisito para a membresia da igreja. Com base no fundamento geral do capítulo 3, os capítulos 4–6 apresentam razões decisivas para que o batismo seja necessário para a membresia da igreja. Assim, o argumento deste livro não depende exclusivamente deste capítulo, ainda que ele leve o caso um passo

---

26. Para uma discussão mais completa sobre as consequências da membresia aberta, ver o capítulo 10.

adiante e na minha opinião seja conclusivo. As igrejas não têm liberdade para conceder a membresia sem o batismo. Fazer isso é identificar erroneamente a membresia, como às vezes eu confundo minhas filhas ou suas roupas. Além disso, conceder a membresia sem o batismo é conferir o rótulo onde a realidade de fato não existe. O batismo não é incidental à membresia. Em vez disso, inicia a membresia. Portanto, o batismo é necessário para a membresia da igreja.

IDEIAS PRINCIPAIS
Uma igreja nasce quando as pessoas do evangelho formam uma organização do evangelho, e as ordenanças do batismo e da Ceia do Senhor são os sinais efetivos dessa política.
O batismo e a Ceia do Senhor dão à igreja forma e ordem visíveis e institucionais. Eles unem muitos em um.
A "membresia da igreja" nomeia a relação que as ordenanças criam. As ordenanças moldam a igreja em uma forma chamada "membresia".
Portanto, não podemos remover o batismo da membresia porque, sem o batismo, a membresia não existe. Isso seria como falar de um casamento sem votos. O casamento é uma relação de aliança constituída por votos. A membresia é uma relação de aliança constituída pelos sinais de juramento das ordenanças.
Quando uma igreja concede a membresia a alguém que não foi batizado, eles entendem mal o que é membresia da igreja e concedem o rótulo a algo que não contém a realidade.
Jesus designou o batismo para ser a entrada inicial de uma pessoa na igreja. O batismo é a porta da frente da igreja. Não há outra maneira de entrar.

PARTE TRÊS

O CASO DECLARADO, DEFENDIDO, APLICADO

CAPÍTULO 8

POR QUE O BATISMO É NECESSÁRIO PARA A MEMBRESIA DA IGREJA? UM RESUMO

Nos últimos cinco capítulos, construí as partes de um caso sobre o motivo pelo qual o batismo é necessário para a membresia da igreja. Agora é hora de juntar essas peças. Para mudar as metáforas, nadamos em águas profundas e pedimos que você prenda a respiração por muito tempo. Agora vamos à superfície, tomar fôlego e dar uma olhada ao redor.

Estou escrevendo este capítulo por dois motivos. Primeiro, juntar todas as peças do quebra-cabeça na esperança de que surja uma imagem coerente e conclusiva. Se você acha que essa imagem já surgiu, fique à vontade para pular este capítulo. Segundo, muitas pessoas não lerão um livro sobre esse assunto, mas lerão um capítulo. Então vá em frente tire cópias deste capítulo para dar às pessoas que estão lutando com o motivo pelo qual elas precisam ser batizadas para se unirem à sua igreja. Você tem minha permissão. Não que você precise, pois a fotocópia deste capítulo se enquadra nas leis de direitos autorais de *uso justo*.

Mantendo o padrão de usar dois argumentos, vou fazer duas coisas neste capítulo. Primeiro, vou unir, uma a uma, todas as peças do caso que criamos nos últimos cinco capítulos. Em segundo lugar, vou ressaltar uma importante implicação deste caso: Jesus disse à igreja como devemos reconhecer os cristãos. Ele não deixou essa decisão para nós.

SETE MOTIVOS PARA BATISMO SER NECESSÁRIO PARA A MEMBRESIA DA IGREJA

Aqui, então, existem sete motivos pelos quais o batismo é necessário para a membresia da igreja. Cinco deles são basicamente resumos dos cinco capítulos anteriores. Os outros dois, os números quatro e cinco, tiram conclusões desses capítulos que já abordamos. Se essas razões levantarem questões, confio que os cinco capítulos anteriores respondem a muitas delas. Se você não concordar com esses motivos, aguarde até o próximo capítulo, que é dedicado a responder a argumentos contra o caso que eu resumir aqui.

1. Batismo é onde a fé se torna pública

Primeiro, o batismo é onde a fé se torna pública. A vida cristã é uma vida de testemunho público de Cristo (Mt 10.32-33), e esse testemunho começa no batismo. No Pentecostes, os convertidos pela pregação de Pedro saíram da multidão, declarando fidelidade a Cristo como Senhor e Salvador, submetendo-se ao batismo (At 2.38-41). No batismo, nos revelamos como cristãos. Nós nos identificamos publicamente com o Cristo crucificado e ressurreto e com o seu povo.

Jesus ordenou a seus discípulos que fizessem discípulos pregando o evangelho a eles, batizando-os e ensinando-os a obedecer a tudo o que ele ordenava (Mt 28.19). Portanto, não é surpresa que no Pentecostes Pedro tenha ordenado aos seus ouvintes: "Arrependam-se e sejam batizados cada um de vocês em nome de Jesus Cristo, para o perdão dos seus pecados" (At 2.38). Se você afirma seguir a Cristo, este é o primeiro dos seus mandamentos que você deve obedecer. O batismo é a primeira coisa que a fé faz. Se você não fez isso, você ainda não cumpriu o primeiro item da lista de tarefas de discipulado de Jesus.

Por que o batismo é necessário para a membresia da igreja? Porque o batismo é onde a fé se torna pública. É onde a fé invisível se torna visível pela primeira vez. É como um novo cristão aparece na igreja e no radar do mundo. Esta é a semente da qual os outros motivos brotam.

2. O batismo é o sinal de juramento iniciador da nova aliança

O batismo é também o sinal de juramento inicial da nova aliança. Por meio de sua morte, Jesus inaugurou a nova aliança prometida (Jr 31.31-34; Lc 22.19-20; Hb 8.1-13). Todas as alianças são ratificadas por um juramento, isto é, uma promessa solene de obrigação. No entanto, um juramento também pode assumir formas não verbais. Quando Deus fez um pacto com Abraão, ele passou entre as metades dos animais abatidos (Gn 15.1-21). Esse sinal de juramento ratificou sua promessa a Abraão e significava que, se Deus se mostrasse infiel a seu próprio pacto, ele mesmo seria julgado.

Na morte de Jesus, o Deus Filho carregou o julgamento, não por sua falta de fé, mas pela nossa. A nova aliança, portanto, foi ratificada quando o próprio Jesus pagou o preço final pelos nossos pecados (Hb 9.15). A antiga aliança tinha a circuncisão, um sinal de juramento que marcava a entrada de um indivíduo. Assim também a nova aliança vem com um sinal de juramento. Na verdade, dois deles. O primeiro, o batismo, é o seu sinal de juramento inicial. É um voto simbólico e solene que ratifica a entrada da nova aliança. No batismo, apelamos a Deus para nos aceitar nos termos de sua nova aliança (1Pe 3.21), e nos comprometemos a cumprir tudo o que sua nova aliança exige de nós (Mt 28.19). No batismo, temos Deus como nosso Deus e ele nos tem como seu povo.

Então, quando a igreja pergunta: "Quem pertence ao novo pacto?", uma parte da resposta é: "Quem jurou o juramento?" Isto é, quem foi batizado? Assim como um soldado não pode pegar em armas até que ele tenha jurado lealdade ao seu país, você não pode entrar na comunidade da aliança até que você tenha jurado o juramento da aliança.

3. O Batismo é o passaporte do reino e a cerimônia de juramento do cidadão do reino

Terceiro, o batismo é o passaporte do reino e a cerimônia de juramento do cidadão do reino. Quando Jesus inaugurou o reino dos céus na terra, ele estabeleceu a igreja como sua embaixada. Ele deu à igreja as "chaves do reino" a fim de identificar seus cidadãos perante o mundo, afirmando as profissões daqueles que confessam com credibilidade a sua fé nele (Mt 16.19; 18.18-19). E o meio inicial e iniciador pelo qual a igreja identifica os indivíduos como cidadãos do reino é o batismo (Mt 28.19).

O batismo é o passaporte do reino. Nos tornamos cidadãos do reino pela fé no rei, mas no batismo a igreja reconhece e afirma a nossa cidadania. E o batismo permite que outras embaixadas do reino, isto é, outras igrejas locais, nos reconheçam como cidadãos do reino. De outro ângulo, o batismo é uma cerimônia de juramento do cidadão do reino. É quando assumimos formalmente nossa nova função de representar Cristo e seu reino na Terra. Portanto, para que uma igreja reconheça alguém como cidadão do reino, esse cidadão precisa produzir seu passaporte. O batismo é necessário para a membresia da igreja porque é o passaporte do reino e a cerimônia de juramento do cidadão do reino.

4. O batismo é um critério necessário pelo qual uma igreja reconhece um cristão

Uma quarta razão pela qual o batismo é necessário para a membresia da igreja é uma inferência de nossos três primeiros pontos. Uma vez que o batismo é como uma igreja identifica publicamente alguém como cristão, é também um critério necessário pelo qual uma igreja reconhece quem é um cristão. A identificação é para o reconhecimento. Os jogadores do Real Madrid vestem branco para que eles possam se reconhecer em campo quando estão jogando com o Barcelona, que usa o azul e o vermelho. E o batismo é a camisa do cristianismo.

O batismo é, portanto, um critério necessário, embora não suficiente, pelo qual a igreja deve reconhecer os cristãos. Não é suficiente que alguém afirme ser cristão ou que todos na igreja pensem que alguém é cristão. Jesus ligou o julgamento da igreja ao batismo. Jesus nos deu o batismo, em parte, para que pudéssemos comunicar uns aos outros que estamos separados do mundo. Identificando publicamente as pessoas como cristãos, o batismo traça uma linha entre a igreja e o mundo. O que significa que o batismo é necessário para a membresia da igreja.

5. O batismo é um sinal efetivo de membresia da igreja

Quinto, o batismo é um sinal efetivo da membresia da igreja. Esta é também uma inferência de nossos três primeiros pontos. Se o batismo é onde a fé vai a público, o sinal de juramento inicial da nova aliança, o passaporte do reino e o juramento de um cidadão do reino em cerimônia, então o batismo é um sinal efetivo da membresia da igreja. Cria a realidade da igreja para a qual ela aponta: um cristão pertencente a uma igreja local, e esta igreja local afirma a profissão de um cristão e une-o a si mesma.

Se a membresia é uma casa, o batismo é a porta da frente. Ao entrar pela porta da frente, você entra na casa. Normalmente, portanto, o batismo não é apenas um precursor da membresia da igreja; confere a membresia da igreja. Para um novo convertido, o batismo é a maneira do Novo Testamento de se unir a uma igreja. Você não pode ser afirmado como um cidadão sem entrar no corpo político. Você não veste a camisa sem se juntar à equipe. E você também não pode jogar pelo time sem usar a camisa. Uma vez que o batismo é um sinal efetivo da membresia da igreja, ele é necessário para a membresia da igreja.

6. A Ceia do Senhor é o outro sinal efetivo da membresia da igreja

No segundo ponto, vimos que a nova aliança vem com dois sinais. O primeiro é o batismo, o seu sinal de juramento inicial. O segundo é a Ceia do Senhor, que é o juramento renovador do novo pacto. Quando partilhamos do pão e do cálice, nos comprometemos novamente com Cristo e seu pacto.

No entanto, isso não é algo que fazemos como indivíduos, mas como uma igreja (1Co 11.17-18, 20, 33-34). E participar da Ceia do Senhor implica responsabilidade pela igreja. Comer e beber de uma maneira que despreza o corpo, nega a Ceia do Senhor e incorre no julgamento de Deus (1Co 11.27, 29). Portanto, assim como nos comprometemos com Cristo na Ceia do Senhor, também nos comprometemos uns com os outros. No mesmo ato em que novamente o temos como nosso Salvador, temos um ao outro como irmãos e irmãs.

Isso significa que a Ceia do Senhor é outro sinal efetivo da membresia da igreja. Como Paulo diz: "Porque nós, embora muitos, somos unicamente um pão, um só corpo; porque todos participamos do único pão" (1Co 10.17). A Ceia do Senhor não apenas representa a nossa unidade, mas ratifica e a sela. Por representar nossa comunhão uns com os outros, a Ceia do Senhor torna muitos em um. É por isso que a membresia da igreja é, antes de tudo, a inclusão na mesa, e a disciplina da igreja é, em primeiro lugar, a exclusão da mesa.

O batismo é necessário para a membresia da igreja, porque você não pode participar da renovação do sinal de juramento da aliança até que você tenha feito o seu sinal de juramento inicial. Você não pode participar da refeição em família da Ceia do Senhor até entrar na casa pela porta da frente do batismo.

7. Sem batismo, a membresia não existe

Qual o resultado de tudo isso? Simples: não podemos remover o batismo do que é exigido para a membresia da igreja porque sem o batismo a membresia na verdade não existe.

"Membresia" é um termo teológico para a relação entre um cristão e uma igreja que as ordenações implicam e normalmente criam. O batismo e a Ceia do Senhor ratificam a relação de aliança que é a membresia da igreja. Portanto, não existe membro sem batismo. Falar de membresia sem batismo é como falar de um casamento sem votos. O casamento é uma relação de aliança constituída por votos. A membresia é uma relação de aliança constituída pelos sinais de juramento do batismo e da Ceia do Senhor. Você não pode ter a relação sem o juramento que a constitui. Portanto, você não pode ter membresia sem batismo.

UMA DECLARAÇÃO PÚBLICA

Quero enfatizar mais um ponto, que está implícito em todo o meu argumento: a membresia da igreja é uma declaração pública. Não quero dizer isso no sentido de algo amplamente disseminado em oposição a algo mantido em sigilo, embora haja um elemento disso. Em vez disso, quero dizer "público" em um sentido mais teológico, mais próximo de "representante". Os teólogos mais antigos falavam de Adão como uma "pessoa pública" porque suas ações representavam toda a sua descendência. Da mesma forma, é importante distinguir as decisões públicas de uma igreja dos julgamentos privados de cristãos individuais.

Por quê? Porque a igreja representa Jesus. Jesus delegou autoridade à igreja local como um corpo que ele não deu a você ou a mim como cristãos individuais. Por meio da membresia e da disciplina, uma igreja fala pelo céu na terra. É isso que Jesus quis dizer quando concedeu à igreja "as chaves do reino" (Mt 16.19; 18.18-19; ver cap. 5). Depois de ordenar à igreja a excluir um crente professo que se recusa a arrepender-se do pecado, Jesus disse: "Em verdade vos digo que tudo o que ligardes na terra terá sido ligado nos céus, e tudo o que desligardes na terra terá sido desligado nos céus." (Mt 18.18) Quando a igreja admite um membro, faz uma declaração sancionada pelo céu de que a pessoa é um cristão. Quando uma igreja exclui um membro, ela revoga essa afirmação apoiada pelo céu.

Quando uma igreja admite um membro, eles não estão dizendo: "O pastor acha que essa pessoa é um cristão", ou "O João acha que essa pessoa é um cristão", ou ainda "essa pessoa afirma ser cristã, o que é bom o suficiente para nós". Em vez disso, eles estão dizendo: "Nós, como igreja, em nome de Jesus e de acordo com os critérios que ele nos deu, solenemente confirmamos a declaração dessa pessoa de ser um cristão." Eles estão fazendo uma declaração pública que está vinculada para um padrão público. Como a membresia da igreja é uma declaração pública da profissão de alguém, essa afirmação está vinculada aos critérios de Jesus, e o batismo está nessa lista. Jesus apontou o batismo, em parte, para ser o meio público e formal da igreja de marcar alguém como cristão. O que significa que o batismo está entre os critérios que ele deu à igreja para reconhecer formalmente os cristãos.

Dois pontos estão ligados nessa ideia de membresia como uma declaração pública. O primeiro é que a membresia é uma declaração *da igreja*, não de um cristão individual. Nenhum cristão individual tem o direito de estender a membresia a alguém. Isso é uma prerrogativa da igreja como igreja. Em segundo lugar, porque a membresia é uma prerrogativa da igreja, e a igreja fala por Jesus, a igreja pode somente estender a membresia àqueles a quem Jesus autorizou serem membros. Uma vez que Jesus delegou autoridade à igreja, a igreja deve exercer essa autoridade nos termos que estabelece. E Jesus estabeleceu o batismo como a porta da frente da igreja.

É claro que o batismo não é um critério suficiente para reconhecer alguém como cristão. Pedro disse a Simão, o mago, que, apesar de seu batismo, ele estava a caminho do inferno (At 8.20-23). Uma igreja precisa considerar o conteúdo da confissão de uma pessoa e se alguma coisa em sua vida questiona a credibilidade de sua confissão. Mas isso não é tudo que eles precisam fazer. Eles também precisam perguntar: "Você se tornou um seguidor de Cristo publicamente no batismo?" Se não, uma igreja não tem autoridade para estender a declaração pública que é a membresia da igreja.

Isso *não* significa que uma igreja deva considerar que todos que não são batizados são não cristãos. Muitos cristãos simplesmente não aprenderam que o batismo é um mandamento bíblico. Ou se tiverem, eles podem precisar apenas de um desafio amoroso para obedecer. Outros cristãos consideram-se "batizados" como crianças. Muitos desses irmãos e irmãs podem fornecer uma justificativa sofisticada e honrada para isso com base em sua compreensão das alianças bíblicas. Em nenhum caso, a recusa em admitir essas pessoas como membro é equivalente a dizer: "Achamos que você não é cristão". Em vez disso, está simplesmente retendo uma afirmação pública porque um critério para essa afirmação não foi cumprido. Não é que a embaixada pense que a pessoa não é um cidadão. É só que eles não têm autoridade para emitir um visto para alguém sem passaporte. Vamos pensar nisso com muito mais detalhes no próximo capítulo.

DO ATAQUE À DEFESA

Ao longo desses seis capítulos, construí um caso favorável à necessidade do batismo para a membresia da igreja. Eu deliberadamente evitei argumentos opostos simplesmente porque você não pode dizer tudo de uma vez. Antes de responder às objeções, primeiro construí um caso a partir do zero, sintetizando o ensino da Bíblia sobre o batismo, a Ceia do Senhor e a membresia da igreja. Agora é hora de mudar de ataque para defesa. Muitas objeções sérias foram levantadas contra a posição que este livro defende. O próximo capítulo é dedicado a respondê-las.

IDEIAS PRINCIPAIS

Uma vez que o batismo é como uma igreja identifica publicamente alguém como cristão, é também um critério necessário pelo qual uma igreja reconhece um cristão.

O batismo é como a camisa do cristianismo: identifica os cristãos para que a igreja possa reconhecê-los.

Não é suficiente que alguém afirme ser cristão ou que todos na igreja pensem que alguém é cristão; Jesus ligou o julgamento da igreja ao batismo. Jesus nos deu o batismo, em parte, para que pudéssemos comunicar uns aos outros que estamos separados do mundo.

A membresia da igreja é uma declaração da igreja, e não de um cristão individual.

Como a membresia é uma prerrogativa da igreja, e a igreja fala por Jesus, a igreja pode estender a membresia somente àqueles a quem Jesus autorizou serem membros. E o batismo está entre os critérios que Jesus deu à igreja para reconhecer e confirmar os cristãos.

CAPÍTULO 9

RESPONDENDO ÀS OBJEÇÕES

Você foi paciente. Tenho certeza de que, nas mentes de muitos leitores, os contra-argumentos estão fazendo barulho e tentando entrar na pista desde o capítulo 1. Agora, finalmente, vou deixar esses argumentos saírem para a pista e tentar ultrapassá-los um por um.

Neste capítulo, discutirei os sete argumentos mais fortes que encontrei contra a exigência do batismo para a membresia. Vou apresentar esses argumentos da forma mais simpática e convincente que puder. Em muitos casos, esses argumentos foram publicados, então deixarei seus expoentes falarem por si mesmos antes de responder. E em cada caso eu farei o meu melhor para oferecer uma resposta satisfatória.

UMA RESPOSTA A SETE ARGUMENTOS OPOSTOS

Aqui está uma prévia dos sete argumentos que este capítulo irá abordar, então vamos pular direto para o primeiro, que é o mais significativo.

1. É errado uma igreja excluir da membresia alguém que tenha confiança de que é um cristão.
2. Esta é uma questão que deve ser deixada à consciência dos indivíduos em vez de ser um padrão de comunhão.
3. É errado conferir ao batismo uma condição determinante de membresia quando a concordância com outras doutrinas mais importantes não é exigida para a membresia.
4. O Novo Testamento simplesmente não aborda essa situação, então não podemos apelar para isso como um modelo normativo.
5. Somos a única igreja evangélica em nossa área! Não há outro lugar para eles irem.
6. É inconsistente excluir os pedobatistas da membresia, ao mesmo tempo convidando-os a pregar em sua igreja e trabalhando juntos em outros esforços do evangelho.
7. É errado excluir pessoas de nossas igrejas que não nos excluem das suas igrejas.

1. É errado uma igreja excluir da membresia alguém que tenha confiança de que é um cristão

O primeiro e mais importante argumento que precisamos responder é que é errado para uma igreja excluir alguém da sua membresia, apesar de terem certeza de se tratar de um cristão. Esta tem sido a reivindicação central dos defensores da membresia aberta do século XVII aos dias de hoje. John Bunyan, por exemplo, escreveu: "Tudo que eu digo é que a igreja de Cristo não tem autorização para manter fora de sua comunhão o cristão que revela ser um visível santo pela Palavra, o cristão que anda de acordo com a sua luz com Deus."[1] Isto é, uma igreja é obrigada a estender a membresia a todos os candidatos que considera cristãos.[2] Nos últimos anos, John Piper escreveu:

> Quando eu peso o tipo de imperfeição envolvida em tolerar um batismo inválido porque alguns de nossos membros estão profundamente convencidos de que é biblicamente válido, contra o tipo de imperfeição envolvida em dizer para um filho ou filha do Deus vivo: "Você está excluído da igreja local", meu senso bíblico me diz que o último é mais impensável do que o primeiro. A igreja local é uma expressão

---

1. John Bunyan, *Differences in judgment about water-baptism, no bar to communion*, in *The miscellaneous works of John Bunyan*, vol. 4, ed. T. L. Underwood (Oxford: Clarendon Press, 1989), 193.
2. No século XIX, Robert Hall também argumentou que é ilegítimo para uma igreja decretar qualquer coisa como um requisito para a membresia que não seja um requisito para a salvação. "Se é uma vez admitido que um corpo de homens que se associam para o culto cristão tem o direito de decretar como termos de comunhão, algo mais do que está incluído nos termos da salvação, a questão sugerida por São Paulo:"Cristo é dividido" é totalmente fútil: o que ele considerou como um solecismo é reduzido à prática e estabelecido por lei" (*On Terms of Communion; with a Particular View to the Case of the Baptists and Paedobaptists* [1st American ed., from the 3rd English ed., Philadelphia, 1816; repr. London: Forgotten Books, 2012], 135).

visível do corpo invisível e universal de Cristo. Excluir dela é praticamente o mesmo que excomunhão (...). Muito poucos, parece-me, realmente chegaram a um acordo com a seriedade de excluir os crentes da participação na igreja local. É a excomunhão preventiva. [3]

Dizer que excluir um cristão não batizado de ser membro é "excomunhão preventiva" é uma acusação poderosa, e eu responderei detalhadamente. Mas primeiro eu quero pesquisar três respostas que outros batistas ofereceram e mostrar porque eu as acho um pouco insuficientes.

Primeiro, William Kiffin apela ao mandamento de Paulo em 2 Tessalonicenses 3.6 para "se afastarem de todo irmão que anda desordenadamente" (ARA). Ele raciocina que os pedobatistas são irmãos cuja "caminhada" está em desacordo com o mandamento divino referente ao batismo, portanto, estamos justificados em retirar a comunhão deles. [4] Contudo, a palavra que a ARA traduz como "desordenada" (*ataktos*) parece, no contexto, referir-se a comportamento desordeiro ou irresponsável, especificamente ócio, não a um afastamento da ordem eclesiástica. Assim, o ESV traduz a palavra "na ociosidade", a NIV "está ociosa", e o HCSB diz

---

3. John Piper, "Response to Grudem on Baptism and Church Membership" (August 9, 2007), available at https://www.desiringgod.org/articles/response-to-grudem-on-baptism-and-church-membership
4. William Kiffin, *A sober discourse of right to church communion* (London, 1681; repr. Paris, AR: Baptist Standard Bearer, 2006), 32–33.

"irresponsavelmente". O versículo 7 esclarece: "Vocês sabem como devem nos imitar, porque não fomos ociosos quando estávamos com vocês." E então, novamente no versículo 11, *ataktos* é definido como ociosidade: "Pois ouvimos que alguns dentre vós andam em *ataktos*, não ocupados no trabalho, mas intrometidos."

Portanto, parece um pouco difícil aplicar essa passagem àqueles que recusam o credobatismo, porque estão convencidos da validade do pedobatismo. A questão no cerne de 2 Tessalonicenses 3 é que as vidas ociosas de alguns crentes não estavam de acordo com uma profissão de fé cristã. Abordando o mesmo assunto em outros lugares, Paulo diz: "Ora, se alguém não tem cuidado dos seus e especialmente dos da própria casa, tem negado a fé e é pior do que o descrente." (1Tm 5.8). Em contraste, a vida de muitos pedobatistas está acima de qualquer reprovação e o fracasso em ser batizado não torna a sua profissão duvidosa.[5]

Em segundo lugar, apelando para 1Coríntios 5, Abraão Booth argumenta que, às vezes, as igrejas têm o dever de impedir a Ceia daqueles que eles, todavia, consideram cristãos verdadeiros:

---

5. Embora eu seja crítico de Kiffin nesse ponto, muitos de seus argumentos são mais persuasivos, assim como os outros dois autores com os quais eu me envolvo aqui. Para uma visão geral concisa de *Sober discourse*, de Kiffin, ver Michael A. G. Haykin and C. Jeffrey Robinson, "particular baptist debates about communion and hymn-singing," em *drawn into controversie: reformed theological diversity and debates within seventeenth-century british puritanism*, ed. Michael A. G. Haykin and Mark Jones (Göttingen: Vandenhoek & Ruprecht, 2012), 292–95.

Além disso, as igrejas evangélicas às vezes são obrigadas, pelas leis de Cristo, a excluir de sua Ceia aqueles a quem receberam, como aparece no caso da pessoa incestuosa na igreja de Corinto. E as igrejas que praticam a ceia livre, nunca excluíram ninguém por escandalosos deslizes, a quem, não obstante, eles não podiam senão considerar como recebidos de Cristo?

E Booth raciocina sobre a legitimidade de excomungar um verdadeiro irmão até a legitimidade de recusar a Ceia a um verdadeiro irmão.[6] No entanto, acho que Booth está raciocinando a partir de uma premissa falsa.

Primeiro, Paulo não considera o homem imoral em 1Coríntios 5 como um verdadeiro crente. Em vez disso, Paulo diz que ele precisa passar por uma transformação radical para ser salvo no último dia (1Co 5.5). Além disso, quando Paulo aplica seu ensino sobre a disciplina de maneira mais ampla, ele instrui os coríntios a "não se associarem com alguém *que leva o nome de irmão* se ele é culpado de imoralidade sexual ou ganância, ou é idólatra, corrupto, bêbado. ou vigarista" (1Co 5.11). Essas pessoas alegam acreditar em Cristo, mas suas vidas contradizem essa afirmação. Paulo não diz que eles são "irmãos", mas que eles carregam esse

---

6. Abraham Booth, *An apology for the baptists* (London, 1778), in *A defense of the baptists* (Paris, AR: The Baptist Standard Bearer, 2006), 81.

nome, o que implica que suas vidas comprometem o rótulo. Como Jonathan Leeman escreve:

> Uma igreja não pode acreditar responsavelmente nas palavras de um membro que vive intencionalmente em um pecado habitual. É quase como se a natureza de alguns pecados "desativasse" a capacidade da igreja de continuar afirmando a postura geral de arrependimento da pessoa, e assim a igreja não tem escolha a não ser remover a sua declaração por enquanto. O pecado empurra o seu lado da balança para baixo e a evidência do arrependimento o ergue para cima.[7]

A exclusão da comunhão da igreja é a remoção de sua declaração da profissão de fé de alguém. Portanto, uma igreja não deve remover ninguém que está convencida de que é genuinamente arrependido de sua comunhão.[8] Como tal, o apelo de Booth aos princípios mais amplos da disciplina da igreja não fornece uma resposta satisfatória para a acusação de Piper de excomunhão preventiva.

Em terceiro lugar, John Dagg responde à acusação de excomunhão preventiva da seguinte forma: "A igreja que exclui um pedobatista da mesa do Senhor, não pretende infligir uma punição a ele, mas simplesmente cumprir seu

---

7. Jonathan Leeman, *Church discipline: how the church protects the name of Jesus* (Wheaton, IL: Crossway, 2012), 62.
8. Ibid., 63.

próprio dever, como um corpo ao qual o Senhor tem confiado uma de suas ordenanças. O objetivo simples é regular a observância de acordo com a vontade do Senhor".[9]

Dagg faz alguns bons pontos aqui, e sua afirmação de que tal igreja está cumprindo seu dever é verdadeira e importante, mas é insuficiente. Recusar a membresia é recusar-se a validar a profissão de fé de alguém em Cristo. Portanto, exigir o batismo para a membresia nos coloca em um sério dilema. Igrejas que exigem batismo para a membresia, em princípio, serão forçadas a negar a sua confirmação de pessoas que elas estão convencidas que são genuínos seguidores de Cristo, deixando uma tensão aguda entre nosso julgamento pessoal e o julgamento público da igreja. Isso não é um problema pequeno.

Mas isto é uma objeção decisiva contra a exigência do batismo para a membresia? Acho que não. A primeira coisa a notar é que o próprio Piper não mantém a sua visão de "excomunhão preventiva" de forma consistente. Note que ele regularmente diz coisas como: "A igreja local, nos parece, deveria ter uma porta da frente quase tão larga quanto a porta que Cristo construiu para a sua própria igreja invisível."[10] Mas a palavra "quase" reconhece alguma

---

9. John L. Dagg, *Manual of church order* (repr.; Harrisonburg, VA: Gano, 1990), 219.
10. John Piper com Alex Chediak e Tom Steller, "Baptism and church membership at bethlehem baptist church: eight recommendations for constitutional revision," 19; available at http://cdn.desiringgod.org/pdf/baptism_and_membership.pdf.

diferença entre as duas, e a Declaração de Fé da Membresia de Bethlehem inclui declarações de que o próprio Piper reconheceria que alguém poderia discordar e ainda ser um cristão. Portanto, em princípio, Piper poderia encontrar-se na posição de "excomungar preventivamente" alguém que discorda de uma de suas afirmações doutrinárias da sua igreja, como, por exemplo, a inerrância dos manuscritos originais da Bíblia, que Piper, no entanto, considera um verdadeiro cristão. Então, Piper não está isento de sua própria carga.

Além disso, como argumentei ao longo do livro, o batismo se encaixa dentro da caixa marcada "como uma igreja sabe que alguém é cristão". O batismo não é um requisito separado de "profissão de fé confiável", mas é como alguém professa fé. Portanto, é um fator necessário, mas não suficiente, em como uma igreja deve saber quem é um cristão em primeiro lugar. Todos os membros de uma igreja podem estar convencidos de que uma certa pessoa não batizada é cristã, mas Jesus vinculou o julgamento da igreja, e, portanto, sua afirmação formal e pública, ao batismo. Mesmo que todos os membros de uma igreja estejam convencidos de que a fé de uma pessoa em Cristo é genuína, Jesus não deu autoridade à igreja para confirmar essa fé até que ela seja publicamente professada no batismo.

Lembre-se da afirmação de John Bunyan de que uma igreja "não tem a autorização de manter fora de sua comunhão o cristão que é revelado como sendo um santo visível pela palavra, o cristão que anda de acordo com sua luz com Deus."[11] Mas como alguém "revelou ser um santo visível pela palavra"? Sendo batizado! Portanto, William Kiffin está exatamente certo em dizer que, no batismo, os primeiros crentes "se tornaram professos visíveis do evangelho da verdade", e nós também. [12] John Dagg também está em questão: "Como a profissão é necessária para a membresia da igreja, assim é o batismo, que é a cerimônia designada para a profissão. Profissão é a substância, e o batismo é a forma. Mas o mandamento de Cristo requer tanto a forma como a substância".[13]

Lembre-se que o batismo é onde a fé se torna pública. É o que faz com que alguém apareça no radar da igreja como cristão. É o sinal de juramento inicial da nova aliança. É o passaporte do reino e a cerimônia de juramento de um cidadão do reino. É um sinal efetivo da membresia da igreja. Por causa de tudo o que o batismo é e faz, uma igreja simplesmente não está autorizada a estender a relação de membresia àqueles que não realizaram seu sinal efetivo. Uma igreja não pode admitir no sinal de juramento renovador da nova aliança, qualquer um que não tenha executado seu sinal de juramento inicial. Fazer isso seria se afastar dos

---

11. Bunyan, *Differences in judgment*, 193.
12. Kiffin, *Sober discourse*, 29.
13. Dagg, *Manual of church order*, 95.

meios designados por Jesus para separar as pessoas do seu povo do mundo e ligá-las umas às outras. O batismo traça a linha entre a igreja e o mundo. Não temos a liberdade de desenhá-la em outro lugar.

Imagine que eu vou ao aeroporto para pegar um avião. Quando chego à frente da linha de segurança, entrego meu cartão de embarque ao agente de segurança. Em vez de levá-lo de volta, deixo-o com ele e dirijo-me através da máquina de Raios-X. Por que? Porque estou convencido, pela minha leitura da política de companhias aéreas, que os cartões de embarque devem ser depositados junto aos agentes de segurança. No devido tempo, faço meu caminho até o portão, o meu grupo de embarque é chamado, e tento passar pelo agente do portão para embarcar no avião.

"Por favor, apresente seu cartão de embarque", diz a atendente da cia aérea. "Eu já entreguei para o agente de segurança."

Ignorando o debate exegético, ela vai direto ao ponto: "Desculpe, mas você não poderá embarcar no avião sem um cartão de embarque."

"Sério? Mas eu paguei por um assento neste voo." "Sinto muito, senhor, mas essa é a regra."

Desdobro uma folha de papel. "Não mesmo. Veja, aqui está minha declaração de cartão de crédito mostrando quando comprei a passagem."

"Desculpe, senhor, eu preciso de um cartão de embarque."

Eu pego um smartphone. "Mas aqui está a confirmação por e-mail. Olha, até tem meu nome e tudo mais."

"Eu acredito em você! Mas, a menos que você tenha um cartão de embarque, simplesmente não poderemos deixá-lo entrar no avião. Se você passar pelo meu colega aqui na mesa, podemos imprimir um novo para você agora mesmo."

"Temo não poder fazer isso. Estou convencido de que os cartões de embarque devem ser entregues a agentes de segurança. Se eu obtiver outro cartão de embarque, é o mesmo que afirmar que o primeiro não é válido."

"Então me desculpe, senhor, mas você não poderá embarcar no avião hoje. Por favor, afaste-se para permitir que outros passageiros embarquem."

Eu acho que os paralelos aqui são instrutivos. Se o batismo é uma profissão pública de fé, então o batismo infantil não é batismo. Não pretendo desrespeitar os pedobatistas quando digo isso. Nem os acuso de qualquer negligência intencional das ordenanças do Senhor. Confio que um irmão ou uma irmã pedobatista sincero pretenda obedecer aos mandamentos de Jesus, incluindo o mandamento de ser batizado, tanto quanto eu.

O problema é que a intenção não é suficiente. Como argumentei ao longo do livro, o batismo é marca que separa os cristãos do mundo. Identifica alguém como cristão, assim como um cartão de embarque identifica alguém como passageiro de avião.

Como Dagg colocou, o comando de Jesus requer uma forma da profissão, bem como a substância, e a forma é o batismo. Pensar que você foi batizado - mesmo com base em uma interpretação das Escrituras sofisticada, amplamente aceita e consagrada pelo tempo, não significa que você tenha sido batizado. E uma igreja não é mais livre para admitir uma pessoa não batizada como membro do que um agente do portão de embarque é para admitir alguém em um avião sem um cartão de embarque.

A membresia da igreja é definida pelo privilégio ritual de participação na Ceia do Senhor, e Jesus nomeou o batismo como o pré-requisito deste ritual.[14] Os pedobatistas são negados como membros porque falta *não a substância de uma profissão confiável, mas a sua forma*. Como vimos no capítulo 7, o batismo e a Ceia do Senhor dão à igreja sua "forma e ordem institucional".[15] Sem as ordenanças, a igreja fica sem forma.[16] A igreja local *é* simplesmente a forma pela qual o evangelho e as ordenanças nos moldam. Portanto, para se tornar um membro da igreja, alguém deve preencher o formulário pelo qual inscrevemos nossa fé no registro público da igreja.

---

14. "Para desfrutar de privilégios cerimoniais, deve haver qualificações cerimoniais" (Augustus H. Strong, *Systematic theology* [repr.; Valley Forge, PA: Judson, 1977], 972).
15. Frase de Oliver O'Donovan, em *The desire of the nations: rediscovering the roots of political theology* (Cambridge: Cambridge University Press, 1996), 172.
16. Strong escreve: "Porque nenhuma igreja visível é possível, a menos que haja a exigência de algum sinal de membresia, além dos sinais de membresia na igreja invisível" (*Systematic Theology*, 979).

Digamos que você foi comprar mantimentos, passou o seu cartão de débito e se recusou a digitar a senha quando solicitado. Por que o caixa interrompe a transação? Não é por você não ter o dinheiro no banco, pois o cartão de débito é um sinal desta realidade, por assim dizer. Em vez disso, você foi incapaz de fazer as compras devido a uma falha em cumprir uma etapa formal necessária da transação: autenticar sua identidade como titular do cartão. A questão do batismo e da membresia é semelhante. Não é que o fracasso de um pedobatista de ser batizado prejudique a credibilidade de sua fé em Cristo. Em vez disso, por mais intencional que seja, um pedobatista se recusa a autenticar a sua fé através do batismo, o meio que Jesus designou para esse fim. E sem essa autenticação, uma igreja não está autorizada a concluir a "transação" da membresia.

Sim, recusar a membresia a pedobatistas dá lugar a uma grande tensão entre nosso julgamento pessoal como indivíduos e o julgamento público da igreja. Estamos convencidos de que alguém é cristão, mas a igreja é forçada, por assim dizer, a recusar a sua confirmação. No entanto, o único caminho para resolver essa tensão de uma vez por todas, é o batismo de cada pessoa que afirma com credibilidade seguir a Cristo. É claro que os pedobatistas evangélicos não são não-batizados devido à rebelião, o que prejudicaria a sua pretensão de seguir a Cristo. Nem é por mera ignorância que, sendo corrigida, seria resolvida em obediência. Em vez disso, eles são não-batizados porque estão teologicamente comprometidos em ver o "batismo" infantil como o verdadeiro batismo bíblico. Enquanto eles mantêm essa convicção, eles permanecem, de forma não intencional, em tensão com as Escrituras.

E como os pedobatistas estão falhando em realizar uma ordenança que forma a igreja, essa tensão se manifesta agudamente na lacuna entre nosso julgamento pessoal e o julgamento público de membresia da igreja. Acreditamos que nossos irmãos pedobatistas pagaram uma passagem de avião, mas não podemos deixá-los no avião sem um cartão de embarque. Acreditamos que eles têm o "dinheiro no banco" de uma declaração confiável para seguir a Cristo, mas não podemos lhes estender a membresia sem a autenticação desta declaração no batismo.

Embora pareça aliviar a tensão entre nosso julgamento e o da igreja, aceitar os pedobatistas na membresia não resolve a raiz do problema. Só transfere para a membresia de uma igreja local. Falarei mais sobre como essa tensão pode ou não ser resolvida no próximo capítulo. Por ora, meu argumento é simplesmente que não temos autoridade para resolver essa tensão ao desvincular o batismo da membresia. A igreja deve conferir membresia àqueles que professam com credibilidade a fé em Jesus, e o batismo é a forma que esta profissão deve assumir.

Piper tem razão: é preocupante excluir da membresia um cristão pedobatista fiel e piedoso. Mas é mais preocupante modificar o papel que Cristo atribuiu ao batismo, para tornar um de seus mandamentos opcionais, e prejudicar a sua autoridade na igreja. É mais perturbador permitir que um cristão, por mais sincero que seja seu erro, continue desobedecendo a Cristo e obtenha a aprovação da igreja para essa desobediência. É mais problemático permitir que a profissão pública do evangelho seja privatizada. É mais preocupante tentar reunir a igreja deixando de lado a ordenança que Jesus designou para esse propósito. É mais perturbador desmantelar as paredes da igreja que o próprio Jesus emoldurou.

Estender a membresia a um cristão pedobatista pode parecer a coisa mais compassiva a ser feita, mas isso é uma visão limitada. Uma visão de longo prazo reconhece que, ao conceder a membresia apenas àqueles a quem Jesus nos autorizou concedê-la, aprofundamos as marcas da obediência da igreja a Cristo, promovemos seu testemunho de Cristo e fortalecemos o seu ministério não apenas para um pedobatista, mas para todos os que entram pelas portas.

De certo modo, todo o argumento dos capítulos 3-8 é a minha resposta à acusação de excomunhão preventiva. O batismo não pode se opor a uma profissão de fé confiável: ele *é* a profissão de fé. É profundamente entristecedor recusar a membresia a qualquer um que seja evidentemente cristão. No entanto, a membresia não é uma questão de opinião privada, mas de julgamento público, e Jesus vinculou o julgamento da igreja ao batismo.

2. Esta é uma questão que deve ser deixada à consciência das pessoas e não um padrão de comunhão

Um segundo argumento contra exigir o batismo para a membresia é que esta questão deve ser deixada à consciência dos indivíduos, em vez de ser um padrão de comunhão. Os cristãos ortodoxos evangélicos continuam a discordar sobre o batismo ser apenas para os crentes ou também para os seus filhos crianças. Não estamos mais perto de resolver essa questão do que há 500 anos. Não devemos deixar isso para as consciências de cristãos individuais, em vez de exigir concordância da membresia da igreja?

A maioria dos expoentes históricos da membresia aberta argumentou nesse sentido, e esse é um apelo popular hoje em dia. John Brown avançou uma versão desse argumento quando escreveu:

> A prática apostólica era permitir a liberdade de consciência e exercer grande tolerância em relação aos irmãos que, por meio da fraqueza e dos princípios educacionais, estavam enganados em coisas tão grandiosas quanto o modo exterior

de batismo nas águas, não recusando comunhão com os que eram zelosamente ligados a alguns dos ritos abolidos da lei cerimonial.[17]

Muitos tornam o apelo implícito de Brown a Romanos 14–15 explícito, argumentando que nós, batistas, deveríamos receber nossos irmãos pedobatistas, assim como Paulo exortou os romanos a receberem aqueles que tinham consciências fracas a respeito de carne e outras questões. Argumentando em Romanos 15: 7, Bunyan escreve: "Deus o recebeu, Cristo o recebeu, portanto você o recebe." [18]

Este é um argumento atraente. Paulo reconhece que algumas questões na igreja não podem ser resolvidas para a satisfação da consciência de todos. Assim, ele nos exorta a não julgar o servo alheio (Rm 14.4), mas, em vez disso, "acolher" aqueles que diferem (Rm 14.2). Devemos permitir que cada um seja plenamente convencido em sua própria mente (Rm 14.5), abster-nos de julgar (Rm 14.10), suportar os fracos (Rm 15.1) e receber um ao outro como Cristo nos acolheu (Rm 15.7). A questão na igreja romana era que alguns consideravam certas comidas proibidas para os cristãos. Alguns crentes judeus continuaram a observar as restrições alimentares da lei mosaica, e alguns gentios convertidos podem ter

---

17. John Brown, *The house of God opened and his table free for baptists and paedobaptists* (London, 1777; repr. Hampshire
18. John Bunyan, *A confession of my faith, and a reason of my practice*, in *The miscellaneous works of John Bunyan*, vol. 4, ed. T. L. Underwood (Oxford: Clarendon, 1989), 173

considerado toda a comida sacrificada aos ídolos como impura (cf. 1Co 8.1-13; 10.14-22). Em ambos os casos, Paulo abre espaço na igreja para aqueles com consciências mais fracas, recusa-se a permitir que seus escrúpulos obriguem os outros, e adverte os outros a suportá-los e evitar ofendê-los.

Mas os paralelos com o batismo são mais aparentes do que reais. A diferença decisiva entre o batismo e os casos de consciência em Romanos 14–15 é a seguinte: uma consciência sensível em relação à comida imagina um comando divino onde não existe, enquanto o batismo infantil resulta em desobediência a um comando divino. A este respeito, as duas situações são opostas exatas. Paulo se recusa a permitir que os alimentos dividam a comunhão porque Deus não ordenou que os cristãos se abstenham da carne de ídolos ou de alimentos rotulados como impuros pelo Antigo Testamento. No entanto, todos os cristãos são positivamente ordenados a serem batizados. Joseph Kinghorn escreve: "A fraqueza da fé levando os homens a fazer *o que não foi ordenado*, ou a evitar o que *não foi proibido*, é muito diferente da oposição à menor das coisas que *foram ordenadas*: e os casos diferem não apenas em grau, mas em sua natureza". [19]

---

19. Joseph Kinghorn, *Baptism, A term of communion* (Norwich, 1816; repr., Paris, AR: Baptist Standard Bearer, 2006), 44, ênfase original. Ver também Booth, *Apology for the baptists*, 86–90; William Buttfield, *Free communion an innovation: or, an answer to Mr. John Brown's Pamphlet* (London, 1778; repr. Hampshire, UK: ECCO), 18–19; R. B. C. Howell, *The Terms of Communion at the Lord's Table* (Philadelphia: American Baptist Publication Society, 1846; repr., Paris, AR: Baptist Standard Bearer, 2006), 85–88.

A conclusão aqui é que o batismo é um mandamento divino que um crente obedece ou desobedece. Há um grande abismo entre um pedobatista convicto e alguém que simplesmente se recusa a ser batizado, mas apesar do abismo ambos permanecem não batizados. Ambos ainda não ratificaram a nova aliança. Ambos ainda precisam ser jurados como cidadãos do reino. Ambos ainda não foram declarados cristãos pelos meios que Jesus designou.

Além disso, o batismo é um meio pelo qual a igreja exerce as chaves do reino, assim como a Ceia do Senhor. Isso significa que a igreja não pode submeter-se a uma consciência individual quanto à definição e prática apropriadas do batismo.[20] Fazer isso transfere as chaves do reino da igreja para a pessoa, o que Jesus não autoriza em nenhum lugar. A responsabilidade da igreja por suas ordenanças é inelegível. Como John Dagg escreve: "Mas cada indivíduo não pode ser deixado à sua própria consciência e à sua própria responsabilidade? Ele pode ser, e deve ser, na medida em que isso pode ser feito sem envolver a consciência e responsabilidade dos outros. Se cada um fosse deixado totalmente para si, a disciplina da igreja

---

20. Joseph Kinghorn escreve: "Questões de mera opinião ou gosto, e parcialidades para coisas que não são obrigações expressas, podem consistentemente ser gratificadas em particular; mas um comando de Cristo, respeitando a profissão de seu evangelho, deve ser reconhecido *na* igreja e colocado em seu devido lugar; caso contrário, nós praticamente diminuímos a autoridade do grande legislador" (*Baptism, a term of communion*, 105).

não seria nada, e o poder de exercê-la seria tratado sem nenhuma responsabilidade". [21]

O batismo é como uma igreja valida a profissão de fé de um crente e une esse crente a si mesma. Isso significa que o batismo é algo que Jesus exige que a igreja faça, não apenas cristãos individuais: um indivíduo é batizado, mas a igreja batiza. Portanto, uma igreja não tem a liberdade de permitir que cristãos individuais determinem o que o batismo significa e se foram batizados ou não. Fazemos isso em outras áreas de doutrina e prática? Permitimos aos cristãos a liberdade individual de decidir o que é o evangelho? Ou o que constitui fidelidade no casamento?

O que então o amor requer de nós, batistas, em relação aos nossos irmãos pedobatistas? Novamente Dagg é útil:

Para tal, como podemos ser outra coisa senão pacientes e tolerantes? Vamos persegui-los? Deus me livre. Preferimos dar a nossa vida por eles. Devemos tratá-los com qualquer amargura ou falta de caridade? Vamos amá-los com coração puro fervorosamente. Devemos, de alguma forma, impedi-los de adorar e servir a Deus de acordo com as imposições de sua consciência? O mesmo pensei estar longe de nós. Mesmo que eles errem, para

---

21. Dagg, *Manual of church order*, 221. Joseph Kinghorn acrescenta que exigir que a igreja se submeta ao julgamento de um indivíduo em relação ao batismo "aniquilaria praticamente todos os regulamentos para a admissão na membresia de qualquer sociedade, civil ou religiosa". (*Baptism, a term of communion*, 80).

o seu próprio Mestre eles ficam em pé ou caem. Nós também somos falíveis e errantes; e oraremos fervorosamente para que a graça que perdoa nossas falhas possa perdoá-los também.[22]

Devemos amar aqueles com uma prática diferente de batismo, estimá-los e orar por eles, e fazer uma parceria com eles no trabalho do evangelho até o máximo que nossa unidade na fé permitir. Tudo isso Deus exige que façamos quando ele nos manda amar uns aos outros (Jo 13.34–35). Mas os mandamentos de Deus não se contradizem.[23] As exigências da consciência e da paciência mútua não podem exigir que uma igreja separe o que Cristo uniu.

3. É errado conferir ao batismo uma condição determinante de membresia quando a concordância com outras doutrinas mais importantes não é exigida para a membresia.

Um terceiro argumento contra o meu caso é que é errado conferir ao batismo uma condição determinante de membresia quando não é necessário concordar com outras doutrinas mais importantes. Muitos argumentam que somente o acordo sobre doutrinas "essenciais" deveria ser

---

22. Ibid.
23. Abraham Booth aplica este ponto à presente questão em *Apology for the Baptists*, 93. Ver também Dagg, *Manual of Church Order*, 96: "Nós não devemos nada a um irmão fraco que pode tornar necessário desobedecer a Deus."

exigido para a membresia de uma igreja local. E o fato de que existem muitos pedobatistas evangélicos mostra que crer no credobatismo não é essencial para a salvação ou para a preservação da ortodoxia. Além disso, muitas igrejas cujos líderes estão totalmente comprometidos com as doutrinas da graça, também chamadas de "calvinistas", não precisam, contudo, de total concordância sobre essas doutrinas para se unirem. (Nem muitas igrejas arminianas se recusariam a admitir membros calvinistas.) Considerando tudo isso, por que deveríamos permitir que o batismo seja uma barreira para a membresia, quando as doutrinas da graça que apoiam o evangelho e alimentam a santificação sequer desempenham esse papel?[24]

Em resposta, a primeira coisa a salientar é que o batismo difere acentuadamente de outras questões ditas "secundárias", na medida em que envolve a obediência a um mandamento. Não há mandamento divino que você deixe de cumprir se a sua escatologia for amilenista em vez de pré-milenista ou vice-versa. Mesmo o entendimento das doutrinas da graça, que influenciam radicalmente toda a vida cristã, não implica o cumprimento ou a negligência

---

24. John Piper diz que esta é a força motriz por de traz de seu argumento sobre batismo e membresia em uma entrevista intitulada: "Can You Update Us on the Baptism and Church Membership Issue", de 2005 disponível no site: https://www.desiringgod.org/interviews/can-you-update-us-on-the-baptism-and-church-membership-issue-from-2005

de um dever específico. O batismo, por outro lado, é uma obrigação que Jesus impõe a todos que confiam nele.[25]

Além disso, o batismo está em uma categoria diferente de outras doutrinas porque, como vimos no capítulo 7, é uma das duas ordenanças que dão à igreja sua forma e ordem institucional. O batismo ordena a igreja em dois sentidos. Primeiro, identifica alguém como que fez profissão de fé pública em Cristo. Assim, faz um indivíduo se tornar "matéria" para uma igreja, usando um termo clássico. Em segundo lugar, o batismo une um indivíduo ao corpo. Tomando emprestado outro termo clássico, o batismo é, portanto, um aspecto da "forma" de uma igreja: é o que une a igreja em um corpo distinto. [26] O batismo e a Ceia

---

25. Comparando o batismo com o milênio, John Hammett escreve: "Mas o batismo é mais que uma doutrina; envolve obediência ao mandamento de Cristo. Em tal questão, hesito em agir contrariamente ao meu entendimento consciencioso desse mandamento ou encorajar outros a desrespeitarem e desobedecerem equivocadamente um mandamento bíblico." ("Membership, discipline, and the nature of the church," in *Those who must give an account: A Study of church membership and church discipline*, ed. John S. Hammett and Benjamin L. Merkle [Nashville: B&H, 2012], 20).

26. John Owen escreve: "A igreja pode ser considerada tanto quanto à sua *essência*, constituição e ser, ou quanto ao seu *poder* e *ordem*, quando é organizada. Quanto à sua essência e ser, suas partes constituintes são sua *matéria e forma* (...). Falando de igreja, entendemos as pessoas das quais a igreja consiste, com suas qualificações; e por sua forma, a razão, a causa e a maneira desse tipo de relação entre eles, que lhes dá o ser de uma igreja, e, portanto, um interesse em tudo o que pertence a uma igreja, seja privilégio ou poder, como tal" (*Of the true nature of a gospel church*, in *the works of John Owen*, ed. William H Gould, vol. 16 [repr.; Edinburgh: Banner of Truth Trust, 1965], 11, ênfase original). Benjamin Keach, batista do século XVII, escreveu: "A questão das igrejas são pessoas piedosas ou verdadeiros crentes; a verdadeira forma é a ordem ou constituição da Igreja do Evangelho, ou seja, o adulto depois da profissão de fé e arrependimento, batizado; e assim, com o consentimento comum, entregam-se ao Senhor e uns aos outros para andar em fraternidade e comunhão em todas as Ordenanças do Evangelho." (*The golden mine opened* [London, 1694], 9.

do Senhor são a argamassa que une os cristãos individuais em uma edificação. O batismo liga um a muitos e a Ceia do Senhor une muitos em um. Lembre-se, uma igreja é mais do que a soma de suas partes. Para ter uma igreja, você precisa não apenas de um povo evangélico, mas de uma política do evangelho: uma forma e ordem institucional. E o batismo e a Ceia do Senhor são os alicerces dessa política.

É reducionista e autodestrutivo dizer que uma igreja deve apenas exigir um acordo sobre os aspectos essenciais e definir o que é essencial para a igreja fora da categoria de itens essenciais. Fazer isso é minar os fundamentos teológicos da existência de uma igreja local como igreja. Se tratarmos o que é essencial para a existência de uma igreja local como "não essencial" para a membresia, então a igreja começa a serrar o galho em que está empoleirada. Como Joseph Kinghorn coloca: "Isso pode ser essencial para a *existência escriturística de uma igreja*, que *não* é essencial para a salvação do cristão".[27] O batismo deve ser exigido para a membresia, não porque tenha mais "peso" doutrinário do que, digamos, as doutrinas da graça, isso se pudéssemos ponderar os ensinamentos e comandos da Bíblia e então decidir em quais partes queremos insistir. Em vez disso, o batismo deve ser exigido para a membresia, porque ele está em uma classe por si só, ou melhor, uma classe com

---

27. Kinghorn, *Baptism, A Term of Communion*, 162, ênfase original.

apenas um outro item, a Ceia do Senhor. Como um sinal efetivo de participação na igreja, o batismo é essencial para a constituição de uma igreja local. Você não pode transformar "cristãos" em "igreja" sem o batismo e a Ceia do Senhor. Portanto, para ter uma igreja unida, você precisa concordar não apenas com o evangelho e as doutrinas essenciais implicadas pelo evangelho. Você precisa concordar com o batismo também.

4. O Novo Testamento simplesmente não aborda essa situação, então não podemos apelar para isso como um modelo normativo

Alguns argumentam que o Novo Testamento simplesmente não aborda essa situação, então não podemos apelar para ela como um modelo normativo. Robert Hall, por exemplo, atribui livremente que todos os que tiveram fé na igreja pós Pentecostes foram batizados e que ninguém teria sido admitido na membresia da igreja que se recusasse a ser batizado. [28] No entanto, "Vivemos em um mundo mutável, e a diversidade de sentimentos que surgiu na igreja cristã sobre o assunto do batismo, colocou as coisas em uma nova situação. Ele deu origem a um caso que pode ser determinado somente por um apelo aos princípios gerais do evangelho, e aquelas injunções em particular, que são

---

28. Hall, *On Terms of Communion*, 68–70

projetadas para regular a conduta dos cristãos, cujo julgamento em momentos secundários diverge."[29]

Em outras palavras, no Novo Testamento, apenas pessoas batizadas eram membros da igreja, mas isso era simplesmente do jeito que era, não do jeito que deve ser para nós. Ainda não havia cristãos genuínos cuja prática de batismo diferisse dos apóstolos. Uma vez que tal prática surgiu, colocou a igreja em uma situação genuinamente nova, fora do alcance do precedente apostólico.

Este argumento considera o fato de que todos os membros das igrejas do Novo Testamento foram batizados como mero acaso. Assume-se que, embora os apóstolos considerassem alguém que simplesmente recusasse o batismo como falso cristão, se alguém apresentasse uma razão suficientemente boa para recusar o batismo, os apóstolos os teriam admitido na comunhão. Mas isso torna "uma boa razão para recusar o batismo" um substituto legítimo para o batismo. Que garantia bíblica temos para isso? Além disso, essa postura afirma que não existe qualquer vínculo entre o batismo e a membresia na igreja, uma afirmação que todo o meu argumento procurou derrubar.

Portanto, em vez de considerar arbitrário o precedente apostólico em relação ao batismo e à membresia, considero isso uma evidência corroboradora dos elos teológicos que

---

29. Ibid., 75.

definimos entre o batismo e a membresia. Esse precedente pode não ser decisivo em si mesmo. [30]Mas, à luz do papel do batismo como um sinal efetivo de membresia da igreja, o precedente apostólico assume o caráter de um exemplo normativo a ser seguido, não uma circunstância contingente a ser transcendida.

Embora a persistente presença do pedobatismo crie certos desafios para as igrejas credobatistas, isso não nos coloca em uma situação teológica radicalmente nova. Se algumas pessoas entendem que o casamento é algo que não seja a união permanente e exclusiva de um homem e uma mulher, isso não muda o que é o casamento. Da mesma forma, se alguns cristãos passaram a entender o batismo se aplicando tanto a crianças quanto a crentes, isso não muda o que é o batismo. Nem rompe o laço bíblico que une o batismo e a membresia.

Há também uma questão de ônus da prova que paira sobre o assunto. Muitos defensores da membresia aberta exigiram um mandamento bíblico explícito para justificar a exigência do batismo para a membresia. [31] Mas isso é uma afirmação sem nenhuma base. É preciso um comando bíblico explícito para dizer que ver pornografia na Internet é um

---

30. Embora eu argumente que o ônus da prova está naqueles que dizem que não é.
31. E.g., Bunyan, *Differences in Judgment*, 218; Hall, *On Terms of Communion*, 78, 137; John Piper, "Should We Require Agreement of All Members on the Doctrine and Practice of Baptism?" Appendix A in "Baptism and Church Membership at Bethlehem Baptist Church," 21n12.

pecado? Claro que não. Por que? Porque está claramente dentro do território especificado por ensinamentos bíblicos mais amplos sobre a pureza sexual. Da mesma forma, o batismo é necessário para a membresia por causa do território teológico que ele ocupa, ou seja, um território que se sobrepõe à membresia da igreja de tal forma que você não pode entender corretamente um sem pressupor o outro. De qualquer maneira, a prova textual por si só não resolve o problema.[32]

5. Somos a única igreja evangélica na nossa área! Não há outro lugar para eles irem

Um quinto argumento contra a necessidade de batismo é esse: somos a única igreja evangélica em nossa área! Não há outro lugar para eles irem. Esta é uma objeção poderosa e é claramente motivada pela compaixão de Jesus. Nenhum pastor cristão deveria querer deixar ovelhas sem pastor.

Essa objeção é frequentemente apresentada por aqueles em um "contexto missionário": outro país que tem pouco testemunho evangélico e é dominado por outras

---

32. Abraham Booth coloca o sapato no outro pé: por causa do consenso em toda a história da igreja de que o batismo é necessário para a membresia, o fardo está nos defensores da membresia aberta para provar a sua posição a partir das Escrituras (*Apology for the Baptists*, 27). E a resposta de Joseph Kinghorn à acusação de ônus da prova está no alvo: "O Novo Testamento não proíbe os não-batizados de receberem a ceia do Senhor, porque nenhuma circunstância surgiu que tornou tal proibição necessária. É reconhecido que a lei do batismo foi claramente entendida e que os não-batizados não poderiam ser recebidos na igreja. Não havia, portanto, razão para que houvesse uma declaração proibitiva"(*Baptism, A Term of Communion*, 32).

religiões. Da mesma forma, um pastor meu amigo na Nova Inglaterra expressou essa preocupação porque a igreja evangélica mais próxima está a mais de quarenta minutos de carro. A suposição parece ser que, em circunstâncias normais, as igrejas devem exigir o batismo para a membresia, mas em um contexto missionário onde não há outras igrejas por perto, as igrejas devem permitir que os pedobatistas se juntem. Caso contrário, eles argumentam, os irmãos pedobatistas seriam excluídos da comunhão da igreja por completo.[33]

A primeira coisa que devemos apontar em resposta é que o próprio Novo Testamento é um documento missionário. As epístolas, por exemplo, foram escritas por apóstolos empenhados em levar o evangelho a lugares onde ainda não haviam sido ouvidos (Rm 15.20). Muitas dessas cartas foram escritas para jovens igrejas que foram os primeiros grupos de cristãos a emergir em sua área. E essas igrejas eram a única igreja em sua cidade. Então, se exigir o batismo para a membresia é verdadeiramente um princípio bíblico, então ele se aplica da mesma forma em um "contexto missionário", uma vez que o próprio Novo Testamento foi escrito a partir de um contexto missionário.

---

33. John Piper escreve: "Se não houver outras igrejas para as pessoas fazerem parte, devemos excluir os cristãos verdadeiros da membresia devido a desavenças sobre o batismo? Isso seria o mesmo que os excluir da igreja visível na terra. Seria o mesmo que uma excomunhão da igreja que os deixou para serem tratados "como gentios e publicanos" (Mateus 18.17). Isso é preocupante" ("Should We Require Agreement," 18–19).

Além disso, se você está plantando uma igreja em um contexto missionário, por que já existem cristãos pedobatistas em sua cidade? Se eles não são missionários, o que eles estão fazendo lá? E quem os ensinou a serem pedobatistas? Questões como essas revelam que podemos ter uma ideia equivocada do que constitui um "contexto missionário". De inúmeras maneiras, um lugar como, por exemplo, o Sri Lanka parece o lado mais distante da lua para quem vive no continente americano. E quando nos engajamos no ministério transcultural, precisamos considerar o contexto radicalmente diferente. Essa é a única maneira de nos assegurarmos de adotar princípios bíblicos em vez de costumes culturais e permitir que um verdadeiro cristianismo nativo crie raízes.[34] No entanto, do ponto de vista eclesial, eu diria que há apenas um contexto verdadeiramente missionário: um lugar onde uma igreja local ainda não existe. É quando estamos avançando na fronteira do progresso da criação da igreja do evangelho que encontramos exceções às normas eclesiais, da mesma maneira como as leis da física se decompõem à medida que você se aproxima da velocidade da luz. O eunuco etíope não foi batizado na membresia da igreja apenas porque ainda não existia nenhuma igreja na Etiópia. Esse é um contexto missionário no sentido mais

---

34. Para algumas reflexões sobre como fazer isso, ver "Contextualizing Ecclesiology," an interview with Ed Roberts, *9Marks Journal* 10, no. 4 (2013), disponível em https://www.9marks.org/

completo, e é por isso que você vê uma exceção à uma norma bíblica.[35]

Mas se você já tem uma igreja funcionando com membros e líderes e todo o resto, existe um sentido técnico, eclesial, no qual sua cidade não é mais um "contexto missionário". Louvado seja Deus, você cruzou a linha de "nenhuma igreja" para "igreja". Agora a sua igreja consegue continuar o trabalho de evangelismo, discipulando os crentes e plantando novas igrejas na sua região. Mas se o seu "contexto missionário" significa que você é a única igreja em sua área, sem igrejas pedobatistas ao redor, bem, essa é precisamente a situação que encontramos no Novo Testamento.[36] E se o Novo Testamento trata o batismo como requisito para a membresia, a sua igreja também deve fazer isso.

Então, sim, para ser claro, estou dizendo que você não deve aceitar pessoas não-batizadas como membros, mesmo se você for a única igreja em sua cidade, em uma nação dominada pelo islamismo ou hinduísmo, do outro lado do planeta de onde eu escrevo. Isso significa que estou lhe dizendo para lançar

---

35. Não estou dizendo que devemos reservar o título de missionário para pessoas que envolvem grupos de pessoas não alcançadas. Em vez disso, estou argumentando que certas normas eclesiais são flexíveis somente quando a primeira igreja em uma área está surgindo, não quando simplesmente passamos de um contexto cultural para outro. Além disso, mesmo se você estiver em um contexto missionário de "fronteira", sem nenhuma igreja ainda em existência, eu argumentaria que a norma bíblica de exigir o batismo para a membresia e a Ceia do Senhor ainda se mantém desde que o batismo e a Ceia do Senhor são precisamente como uma igreja local passa a existir.

36. Além disso, se um "contexto missionário" significa que não há igrejas pedobatistas, e ainda assim há cristãos pedobatistas, e isso é motivo para ter membros pedobatistas, como então uma igreja pedobatista virá a existir?

ovelhas pedobatistas no deserto eclesial? Não exatamente. Pense novamente em nosso eunuco etíope favorito. Como um cristão voltando para sua Etiópia natal, ele está sozinho, mas ele não deve permanecer assim por muito tempo. Se ele obedecer ao mandamento de Jesus de espalhar o evangelho (Mt 28.18-20), em algum momento ele descobrirá que um ou dois outros estão prontos para confessar a fé em Cristo. E uma vez que eles o façam, todos eles devem se reunir como um corpo para invocar o nome de seu Senhor e exercitar as chaves do reino que ele lhes dá (Mt 16.18-19; 18.18-20). Deixado a si mesmo, nenhum cristão deve permanecer sem igreja por muito tempo. Você não precisa de cinquenta pessoas, um púlpito e um pianista. No mínimo, tudo o que é necessário são dois ou três reunidos em nome de Jesus.

Então, se você é a única igreja em sua cidade, e você tem pedobatistas convictos frequentando a sua igreja, e eles permanecem assim apesar de seus melhores esforços para convencê-los do contrário, eu acredito que o seu objetivo a longo prazo seja ajudá-los a começar uma igreja. Algo como uma incubação de longo prazo pode ter maior probabilidade de dar frutos duradouros. Talvez essas pessoas assistam às reuniões da sua igreja por alguns meses ou alguns anos. Você e seus outros presbíteros podem ajudá-los a levantar líderes de seu grupo ou conectá-los a outros crentes que possam ajudá-los a encontrar um pastor. Quando eles estiverem prontos para começar a se reunir como uma igreja, você pode orar por eles e enviá-los com a sua bênção. Se a sua igreja tiver as suas próprias instalações, você poderá compartilhá-las. E você pode permanecer na parceria mais próxima possível ao proclamar o evangelho em toda a sua cidade, dia após dia.

John Piper desafia o raciocínio que sustenta essa solução quando escreve: "Se dissermos não, não estamos desviando pessoas para *nenhuma* igreja, mas para *outras* igrejas, então estamos, na verdade, justificando nossos padrões pela própria prática (em outras igrejas) com as quais discordamos. Estamos contentes que os outros farão o que não faremos e assim podemos sentirmo-nos bem em não fazer." [37] Em resposta, sugiro que as igrejas pedobatistas são relativamente boas. Um bem absoluto seria todo cristão ser batizado. Mas, se nem todo cristão for batizado porque alguns insistem em ver o "batismo" infantil como batismo, então é melhor que haja igrejas pedobatistas do que os pedobatistas não tenham igreja. Além disso, os pedobatistas verdadeiramente convictos formarão sua própria igreja, quer uma igreja batista goste ou não, já que essa é a única maneira pela qual eles podem praticar o batismo de acordo com a compreensão que eles têm das Escrituras.

Em suma, excluir pedobatistas da única igreja na cidade não é tanto uma questão absoluta quanto relativa. Em uma

---

37. "Baptism and Church Membership," 19; disponível em www.desiringgod.org

visão de lapso de tempo, a questão não é necessariamente fazer parte de uma igreja ou não ter igreja, mas ser parte de uma igreja relativamente mais próspera e mais populosa do que começar uma igreja nova menor. O resultado de excluir os pedobatistas da membresia não é que eles não tenham uma igreja, mas que eles possam começar uma: uma que incorpora, e não contradiz, suas convicções batismais. E, longe de enxotar essas ovelhas no deserto, você pode ajudá-las a construir seu próprio redil enquanto elas se abrigam informalmente em torno do seu.

6. É inconsistente excluir os pedobatistas da membresia, convidando-os a pregar em sua igreja e trabalhando juntos em outros esforços evangélicos

Uma sexta objeção: é inconsistente excluir os pedobatistas da membresia enquanto os convidamos para pregar em nossas igrejas e trabalhar juntos em outros esforços do evangelho.[38] Há uma versão mais ampla e mais restrita desse argumento. A versão mais ampla é a que me referi no capítulo 2: se os batistas e os pedobatistas podem adorar juntos e desfrutar da comunhão através de uma conferência como *Together for the Gospel*, eles devem ser capazes de desfrutar da comunhão da igreja local. Alguns dizem que, se tais irmãos não podem compartilhar a Ceia do Senhor juntos, sua "unidade" não é

---

38. See, e.g., John Brown, *The House of God Opened*, 21–22.

unidade alguma. A versão mais restrita desse argumento refere-se especificamente à comunhão no púlpito: batistas e pedobatistas pregando nas igrejas uns dos outros. Abordarei a versão mais ampla primeiro.

Minha principal resposta ao argumento "Se pode haver *Together for the Gospel*, então, pode haver a membresia da igreja" é que a membresia da igreja não é o único tipo de comunhão que os cristãos podem ter. [39] Por definição, os cristãos que estão geograficamente distantes não podem ser membros da mesma igreja. No entanto, lemos que eles desfrutam da comunhão de todos os modos: contribuindo juntos para as necessidades dos santos (2Co 8.6; 9.13), apoiando o ministério de um apóstolo (Fp 1.5), enviando e recebendo pregadores e missionários (2Co 8.18; 3 Jo 5–6a) e assim por diante. [40] A comunhão entre os cristãos não é tudo ou nada. Se a distância nos impede de celebrar juntos a Ceia do Senhor, ainda podemos orar uns pelos outros e oferecer sacrifícios pelas necessidades uns dos outros. Da mesma forma, se o desacordo sobre o batismo nos impede de sermos membros da mesma igreja, ainda

---

39. Considere, por exemplo, a maneira como Thomas Goodwin distingue entre a "comunhão fixa, instituída e política" que é a membresia da igreja, e a comunhão "simplesmente mística, moral e ocasional" entre os cristãos (*Of the constitution, right order, and government of the churches of Christ*, in *The works of Thomas Goodwin*, vol. 11 [repr.; Eureka, CA: Tanski, 1996], 6–7).

40. Ver mais em Jonathan Leeman, "Independence and Interdependence," in *Church foundations: baptist polity for an anti-polity age*, ed. Mark Dever and Jonathan Leeman (Nashville: B&H, forthcoming).

podemos desfrutar de comunhão e unidade em Cristo de todas as formas.

Pregar nas igrejas uns dos outros é um caminho. Mas é incoerente convidar um ministro para partir o pão da vida para nós e não permitir que ele parta o pão na mesa do Senhor conosco? [41] Eu acredito que não. Primeiro, vemos em 2Coríntios 8.18 e 3 João 5-6a que os primeiros cristãos ocasionalmente ouviam pregadores confiáveis de outras igrejas. Isso significa que o Novo Testamento não exige que alguém seja membro de uma determinada igreja para pregar para aquela igreja. E se alguém não é obrigado a ser um membro, não vejo por que ele precisaria cumprir todos os requisitos de uma igreja para ser membro. Obviamente, uma igreja deve apenas ouvir um pregador visitante que seja sadio na doutrina e na vida (Gl 1.8-9; 1Jo 4.1; 2Jo 7-8a). No entanto, é inteiramente apropriado que as igrejas ouçam os pregadores convidados que concordam extensivamente com sua doutrina, mas que diferem em distinções eclesiais e, portanto, não podem se unir à igreja. [42] A união entre igrejas é feita de coisas diferentes da unidade dentro das igrejas.

---

41. Esta frase segue a apresentação de Abraham Booth desta objeção, que ele responde bem (*Apology for the baptists*, 117-19).

42. Booth escreve: "Quando pedimos a um ministro pedobatista para pregar em qualquer uma de nossas igrejas, agimos com base no mesmo princípio geral, como quando pedimos a ele que ore com qualquer um de nós em uma família particular. E como ninguém considera isso como um ato de comunhão eclesial, mas como um testemunho de nossa afeição por ele, consideramos isso; e é visto pelo público, como um ramo desse intercurso geral que não é apenas lícito, mas louvável e proveitoso ter, com todos os que pregam o evangelho" (Apology for the Baptists, 118-19, enfatiza o original).

7. É errado excluir as pessoas de nossas igrejas que não nos excluam das suas igrejas

Um argumento final a considerar é que é errado excluir pessoas de nossas igrejas que não nos excluam das suas igrejas. Esta é uma variação do ponto de "homem estranho excluído" que abordei brevemente no capítulo 2. A primeira coisa a salientar é que nem todas as igrejas pedobatistas aceitam os batistas. Algumas denominações reformadas exigem a assinatura de uma confissão que contém o pedobatismo, a fim de se unir à igreja ou mesmo participar da comunhão de visita.

Em segundo lugar, considere os comentários de J. L. Reynolds sobre o assunto. Ele primeiro ressalta que, além dos batistas da membresia aberta, todos os cristãos consideravam o batismo como "um pré-requisito indispensável para a Ceia do Senhor". Assim, "Se houvesse um só batismo, bem como um só Senhor e uma só fé, teria havido apenas uma comunhão". Ainda assim, os batistas sustentam que o batismo, por definição, é aplicado apenas aos crentes. Assim sendo:

> Receber pessoas não imersas para a sua própria comunhão resultaria não apenas numa virtual renúncia às suas próprias visões de batismo, mas também no abandono da lei fundamental de comunhão, nas igrejas de Cristo em geral. E ainda, uma vez que eles se recusam a fazer isso, o grito de

fanatismo é levantado contra eles. Seria bom para aqueles que estão dispostos a unir-se a este grito, considerar que respeito eles poderiam ter por pessoas que iriam trair, ao mesmo tempo, seus próprios princípios e os princípios comuns do mundo cristão.[43]

A questão aqui é um princípio comum que produz resultados divergentes. Nós, batistas, não devemos ser acusados de malícia por tratar a relação entre o batismo e a Ceia do Senhor, exatamente como nossos irmãos pedobatistas fazem. Como diz Abraham Booth, se estivermos errados, o erro está em nosso julgamento, não em nosso temperamento.[44] O fato persistente continua sendo que, se os credobatistas estiverem certos, os pedobatistas não são batizados. O tráfego resultante entre igrejas é assimétrico porque nossas práticas de batismo são assimétricas.

UMA ÚLTIMA CARTA PARA JOGAR

Espero que seja evidente neste capítulo e em todo o livro que tenho grande respeito e carinho não apenas pelos meus irmãos e irmãs pedobatistas, mas também pelos batistas da membresia aberta. E não acho que alguém em qualquer

---

43. J. L. Reynolds, *Church polity or the kingdom of christ, in its internal and external development* (Richmond, VA: Harold & Murray, 1849), in *Polity: biblical arguments on how to conduct church life*, ed. Mark Dever (Washington, DC: Center for Church Reform, 2001), 391–92.
44. Booth, *Apology for the baptists*, 16.

debate batismal pretenda desobedecer ou minimizar qualquer das ordenanças do Senhor. Em vez disso, os defensores da membresia aberta apresentam argumentos sérios e conscientes que merecem respostas sérias, e tentei respondê-los de maneira completa e justa. Se você ainda não está convencido de que exigir o batismo para a membresia é uma norma bíblica, tenho uma última carta para jogar. No decorrer do livro até agora, eu construí um caso e o defendi. No próximo capítulo, voltarei à ofensiva e apresentarei minhas objeções à posição da membresia aberta.

IDEIAS PRINCIPAIS

O batismo traça a linha entre a igreja e o mundo. Não temos a liberdade de desenhá-la em outro lugar.

A membresia da igreja é definida pelo privilégio de participar do ritual da Ceia do Senhor, e Jesus nomeou o batismo como pré-requisito desse ritual. Os pedobatistas são negados na membresia não porque não têm a substância de uma profissão confiável, mas porque não têm a sua forma.

Você não pode formar cristãos em uma igreja sem o batismo e a Ceia do Senhor. Portanto, para ter uma igreja unida, você precisa concordar não apenas com a doutrina essencial do evangelho, mas também com a prática adequada das ordenanças.

CAPÍTULO 10

VIRANDO A MESA

No improvável caso de você ter acabado de chegar, aqui está uma recapitulação. Até agora, eu construí um caso para justificar a necessidade do batismo para a membresia da igreja, e defendi esse caso contra as objeções mais fortes que consegui encontrar. Nossa tarefa teológica final é, por assim dizer, interrogar a acusação: avaliar criticamente a posição da membresia aberta.

Neste capítulo, vou montar sete objeções à posição da membresia aberta. Algumas de nossas discussões se sobreporão ao capítulo anterior, mas isso está longe de ser um exercício irrelevante. No capítulo anterior, defendi uma estrutura eclesial que considero bíblica para responder aos argumentos dos críticos. Agora é hora de pegarmos uma prancheta, colocarmos um capacete e inspecionarmos o canteiro de obras eclesiais da membresia aberta.

SETE ARGUMENTOS CONTRA A MEMBRESIA ABERTA

Vou listar meus sete argumentos aqui para mostrar para onde estamos indo, e colocar todas as minhas cartas na mesa desde o início. Então vamos mergulhar no tema.

1. A membresia aberta baseia-se no erro.
2. A membresia aberta requer que as igrejas acomodem não apenas o erro, mas a inconsistência intencional.
3. A membresia aberta privilegia a consciência individual sobre a autoridade da igreja local.
4. A membresia aberta cria distinções não-bíblicas entre os membros de uma igreja ou requer que a igreja diminua suas convicções.
5. A membresia aberta passa dos limites. Ela tenta resolver uma tensão que está além do nosso poder.
6. A membresia aberta privilegia arbitrariamente a Ceia do Senhor sobre o batismo.
7. A membresia aberta torna o batismo opcional.

1. A membresia aberta baseia-se no erro.

Meu primeiro argumento é que a membresia aberta baseia-se no erro. Ela insere um valor defeituoso na equação eclesiológica. Ela pega o pedobatismo, que os batistas consideram um erro e, portanto, como não batismo, e faz dele um fundamento teológico de peso.

Por que isso é um problema? Porque nosso julgamento prático sobre o batismo e a membresia é indissociavelmente teológico. Isto não é meramente uma questão de sabedoria. Ou Jesus fez do batismo uma exigência para a membresia da igreja ou não. E ambas as posições fazem uma declaração teológica sobre o que são batismo e a membresia.

Aqui precisamos retornar a uma ambiguidade crucial no raciocínio da membresia aberta. Muitos expoentes da posição simplesmente não removem o batismo dos requisitos da membresia e permitem que qualquer cristão não batizado seja acrescentado à igreja. Em vez disso, eles apenas ampliam suas fronteiras da membresia para incluir aqueles que foram "batizados" na infância. E na visão de John Piper, a fronteira só é alargada àqueles que defendem uma compreensão reformada do pedobatismo. Mas, como já falamos brevemente, isso atribui ao pedobatismo um status teológico do qual ele não é digno. Em certas circunstâncias, permite ao pedobatismo fazer a diferença decisiva entre ser incluído ou excluído da igreja. Isso faz do batismo parte da constituição da igreja, na medida em que o pedobatismo tornou-se uma potencial qualificação para a membresia.

Em outras palavras, essa forma da membresia aberta dá ao pedobatismo um papel de base na eclesiologia. Efetivamente coloca o pedobatismo na categoria do que distingue os cristãos do mundo. Isso é como colocar uma laje de concreto deformada na fundação de uma casa: o erro na fundação distorcerá a forma de toda a construção.

Eu diria que, mesmo os defensores da membresia aberta que pretendem apagar o batismo dos requisitos da membresia, de forma semelhante se baseiam no erro. Como? Na medida em que eles não estendem a membresia a alguém que simplesmente rejeita o mandamento de Jesus de ser batizado. Esse ainda é o raciocínio teológico que eles oferecem, por mais defeituoso que seja, para garantir o ingresso à membresia. Deve haver alguma *razão* para um cristão não ser batizado, ou então estamos lidando com rebelião e falsa profissão. Como vimos no capítulo anterior, todo o argumento de Robert Hall em favor da membresia aberta, depende do surgimento de um entendimento diferente, ou seja, errôneo, do batismo entre os cristãos genuínos.[1] Hall diz que as igrejas devem praticar a membresia aberta, *porque* alguns cristãos estão errados a respeito do batismo. Se esses cristãos não estivessem em erro teológico, a membresia das igrejas ficaria de fato restrita aos batizados. Assim, mesmo essa postura de membresia aberta mais consistente se baseia no erro da mesma forma comprometedora.

---

1. Robert Hall, *On Terms of communion; with a particular view to the case of the baptists and paedobaptists* (1st American ed., from the 3rd English ed., Philadelphia, 1816; repr., London: Forgotten Books, 2012), 68–70. É possível que Hall abrisse a membresia para alguém que defendia a visão Quaker de que o batismo do Espírito na conversão é o único batismo exigido dos cristãos.

Certamente, a nossa eclesiologia deve explicar o pecado e o erro entre os membros da igreja: não há argumentos nesse ponto. O requisito moral para a membresia da igreja não é a perfeição, mas o arrependimento. E você deve ser capaz de ter todos os tipos de ideias erradas sobre todos os tipos de coisas e ainda ser um membro de uma igreja em boas condições. As igrejas têm o direito de tolerar ativamente a diversidade entre seus membros em relação às posições do milênio, dons espirituais, os pontos mais sutis da sociologia, práticas de educação, como aplicamos nossa fé à política e muito mais. Algumas dessas questões têm um certo e errado teológicos, e algumas são questões de sabedoria. É claro que existem muitas maneiras de estar errado sobre uma "questão da sabedoria", como considerar a sua posição como a única opção cristã. Meu ponto é simplesmente que uma igreja pode facilmente acomodar erros entre seus membros em uma ampla gama de assuntos.[2] Ao dizer que não devemos construir teologicamente sobre o erro, não estou defendendo algum tipo de eclesiologia perfeccionista.

No entanto, você não pode colocar o erro em relação ao batismo na estrutura da igreja. Por quê? Porque o batismo, juntamente com a Ceia do Senhor, *é* o que estrutura a igreja.

---

2. A distinção de John Webster a este respeito é relevante, emprestada de Tomás de Aquino, entre "divergência de opinião" e "divergência de vontade" no contexto da controvérsia teológica. ("Theology and the Peace of the Church," in *The Domain of the Word: Scripture and Theological Reason* [London: T&T Clark, 2012], 169).

Lembre-se, o batismo une a igreja ao traçar uma linha entre a igreja e o mundo. Se você jogar uma chave batismal na máquina eclesial, as engrenagens vão moer. A membresia aberta não apenas tolera erros, mas se baseia neles. E nenhuma eclesiologia pode se basear no erro dessa maneira e permanecer fiel ao plano das Escrituras.

2. A membresia aberta requer que as igrejas acomodem não apenas o erro, mas a inconsistência intencional.
Segundo, a membresia aberta requer que as igrejas acomodem não apenas o erro, mas a inconsistência intencional. Ao procurar unir-se a uma igreja batista, um pedobatista convicto compromete necessariamente sua consciência até certo ponto. Toda vez que o filho de um membro da igreja nasce e não é batizado, a consciência do pedobatista deve espetá-lo. Por que esses membros da aliança estão sendo negados o sinal da aliança? Por que as promessas de Deus ao seu povo são negligenciadas, até mesmo distorcidas, pela retenção do batismo daqueles a quem é devido?

E se o membro pedobatista se casar e começar uma família? Sua escolha de se unir a uma igreja batista, então, impedirá que ele obedeça a Deus de acordo com seu entendimento das Escrituras. Se o pedobatismo é bíblico, então ele é ordenado por Deus para ter seus filhos batizados. No entanto, mesmo que ele tenha coragem de perguntar, a igreja recusará.

Então, por que um pedobatista procuraria se unir a uma igreja batista? Muito provavelmente porque há algo sobre a igreja batista que ele valoriza mais do que seu pedobatismo. Prováveis candidatos incluem pregação e comunidade. Mas se uma convicção é algo que você está disposto a sacrificar por causa de uma pregação melhor, é realmente uma convicção?

É possível ser convencido do pedobatismo e ainda buscar ser membro de uma igreja batista, desde que você não esteja acompanhado de sua família. Se você estiver, a sua "convicção" se esvai. Mas se você não estiver, você pode potencialmente manter sua convicção e tolerar a desobediência de uma igreja batista. Talvez você possa considerar um mal menor do que, digamos, frequentar uma igreja pedobatista que nega o evangelho e endossa o pecado.[3]

No entanto, para muitos dos batizados na infância que buscam se tornar membros de igrejas batistas, a questão pode não ser tanto convicção, mas sim conveniência. As suas consciências não são incomodadas pelos bebês não batizados em volta deles. Se eles têm filhos, eles não estão procurando batizá-los. Em vez disso, seu apego ao seu

---

3. É claro que, se as suas únicas opções na cidade são uma igreja batista fiel e uma igreja de pedobatistas hereges, nós temos que perguntar, como você chegou a esta cidade em primeiro lugar? Se fosse por escolha, por que você decidiu se mudar para algum lugar sem saber que haveria uma igreja na qual você pudesse participar?

próprio "batismo" infantil deve algo ao embaraço de ser "rebatizado" como adulto após andar com Cristo por muitos anos. Ou eles podem não querer se distanciar das crenças e práticas de seus pais, criticando implicitamente seus pais por tê-los batizados como bebês.

Seja qual for o caso, meu sentimento é que muitos daqueles "batizados" na infância que buscam se tornar membros de igrejas batistas estão apegados ao seu "batismo" infantil por algo mais fraco do que a convicção. A indiferença pode estar mais próxima da marca: estamos nos aproximando do território onde não podemos ter as duas coisas ao mesmo tempo. Se você não está convencido o suficiente para ter seus próprios filhos "batizados", o que isso diz sobre o seu próprio "batismo"? Foi necessário? Se não fosse necessário, era válido?

Ou talvez você ache que seu "batismo" infantil não era o ideal. Mas se não fosse ideal, ainda era um batismo biblicamente válido? Como você sabe? Se fosse válido, todos os bebês de crentes deveriam ser batizados e você deveria procurar uma igreja onde eles seriam. Você não pode tratar o seu próprio "batismo infantil" como certo, mas os outros como errados. E se o seu "batismo" infantil não era biblicamente válido, então você não foi batizado e precisa ser. Muitas vezes temo que o que parece ser humildade – "Quem sou eu para dizer o que é e o que não é batismo?" — está muito mais próximo da indiferença. E a indiferença está bem ao lado da desobediência. Jesus não é indiferente ao batismo. E nós também não devemos ser.[4]

Em princípio, a membresia aberta requer que as igrejas acomodem não apenas o erro, mas a inconsistência intencional. E, na prática, a participação aberta geralmente significa acomodar convicções não comprometidas, mas indiferença a um dos mandamentos de Cristo. Nenhuma igreja pode ser obrigada a acomodar a tentativa de alguém de comprometer as suas próprias convicções. Nem podem ser obrigados a endossar a indiferença a uma ordenança divina.

3. A membresia aberta privilegia a consciência individual sobre a autoridade da igreja local.

Terceiro, a membresia aberta privilegia a consciência individual sobre a autoridade da igreja local. Bunyan, por exemplo, argumenta:

> Se o batismo diz respeito aos crentes, apenas como pessoas particulares, se diz respeito apenas à sua própria consciência,

---

4. Joseph Kinghorn escreve de forma semelhante: "Mas a investigação aumentará *irresistivelmente*: se eles realmente e de coração acreditam que o batismo infantil é uma instituição de Cristo, por que eles desejam se unir com pessoas que são contrárias à sua visão de forma tão clara? Como eles podem, em justiça às suas famílias, unir-se aos batistas? Como eles podem agir como alguns deles, se eles acreditam que o batismo infantil é um mandamento de Cristo e um assunto de alguma importância? É o fato de que, embora eles não gostem da nossa opinião, eles não acham que há evidências suficientes para estabelecer a sua própria opinião? Ou é que, em muitos deles, há um considerável grau de indiferença em relação a isso, para que, apesar de poderem se opor a nós (...), no entanto, eles não acham que isso é uma questão de muita consequência?" (*Baptism, A Term of communion* [Norwich, 1816; repr., Paris, AR: Baptist Standard Bearer, 2006], 104).

se não faz do homem um crente visível para mim, então não tem nada a ver com a membresia da igreja. Porque aquilo que diz respeito somente à minha própria pessoa, somente à minha própria consciência: aquilo que não é uma característica visível da minha santidade para a igreja, não pode ser um argumento para que eles me recebam em sua comunhão. Mas essa é a verdade.[5]

Note-se em especial a afirmação de Bunyan de que o batismo "diz respeito" à "própria consciência de um crente individual". Bunyan escreve anteriormente sobre o batismo: "Ele, portanto, faz isso de acordo com a sua luz. E o que não é feito por falta de luz, não adoece. Porque ele aprova seu coração para ser sincero com Deus". [6]

O argumento de Bunyan é que o batismo é apenas uma questão entre a consciência de um crente individual e Deus. A igreja não se preocupa com isso enquanto um crente age de acordo com seu próprio entendimento. Mas isso não é como uma igreja trata qualquer outro mandamento bíblico. Nós não dizemos: "Aquele que se reúne com a igreja faz bem, e quem abandona a assembleia, porque não tem entendimento, não faz mal." Mesmo quando a desobediência é mitigada pelo mal-entendido, as consequências ainda se

---

5. John Bunyan, *Differences in judgment about water-baptism, no bar to communion*, in *The miscellaneous works of John Bunyan*, vol. 4, ed. T. L. Underwood (Oxford: Clarendon, 1989), 222.
6. Ibid., 220.

seguem. E, como argumentei ao longo do livro, uma das consequências do pedobatismo é que muitas pessoas se consideram batizadas, mas ainda não estão qualificadas para a membresia da igreja.

Na visão da membresia aberta, o batismo, um mandamento de Cristo, é reduzido a um status "indiferente" porque alguns cristãos o entendem mal. Por causa das diversas visões dos cristãos, uma igreja pode não insistir na obediência a este mandamento de Cristo, já que insistir na obediência seria excluir os pedobatistas da membresia. Isso privilegia a consciência individual sobre a autoridade da igreja local.

No entanto, lembre-se de que a igreja tem uma responsabilidade indelegável de praticar as ordenanças. As ordenanças exercem as chaves do reino, que são dadas à igreja como igreja, não aos crentes individuais. Portanto, uma igreja pode não permitir que as convicções individuais anulem a sua obrigação como um corpo de obedecer a Cristo no exercício das ordenanças. John Dagg é relevante neste ponto:

> Quando uma igreja recebe uma pessoa não-batizada, algo mais é feito do que meramente tolerar seu erro. Existem duas partes envolvidas. Os atos de entrar na igreja e participar da sua comunhão são do indivíduo não batizado e, ele é responsável por esses atos. A igreja também age quando o admite como membro, e autoriza a sua participação na comunhão. A igreja,

como um corpo organizado, com poder de receber e excluir membros de acordo com as regras que Cristo estabeleceu, é responsável pelo exercício desse poder.[7]

Por mais caridoso que pareça, uma igreja se submeter à consciência de um indivíduo é, na verdade, abdicar da responsabilidade que Jesus lhe deu. Novamente lembre-se das palavras de Dagg: "Se cada um fosse deixado inteiramente para si, a disciplina da igreja não seria nada, e o poder de exercê-la seria atendido sem nenhuma responsabilidade".[8]

Se uma igreja permite que a consciência individual supere o julgamento corporativo, a consciência se torna um ácido universal que pode queimar todo o caminho da autoridade de uma igreja local. Dizer que uma igreja deve se submeter ao entendimento de um indivíduo sobre o batismo é dizer que a igreja não tem autoridade para declarar e defender a vontade do Senhor nesse ponto. Assim, a membresia aberta destitui o batismo das chaves do reino, desfaz o papel do batismo como emblema de pertencimento e mina a autoridade da igreja como representante de Jesus.

Se a convicção de um indivíduo supera a confissão da igreja, não é a igreja que tem autoridade, mas o indivíduo. Nesse ponto, o indivíduo não se submete mais à igreja, mas

---

7. John L. Dagg, *Manual of church order* (repr.; Harrisonburg, VA: Gano, 1990), 221.
8. Ibid.

a igreja ao indivíduo. Isso inverte a relação que constitui a membresia e constitui uma igreja, em primeiro lugar. Em princípio, ao privilegiar a consciência individual sobre a igreja local, a membresia aberta na verdade começa a desvendar o tecido teológico da existência de uma igreja local como igreja.

4. A membresia aberta cria distinções não bíblicas entre os membros de uma igreja ou requer que a igreja diminua suas convicções.

Um quarto argumento contra a membresia aberta é que ela cria distinções não bíblicas entre os membros de uma igreja ou exige que uma igreja diminua suas convicções. Tenha como ponto de partida uma igreja batista com uma declaração de fé explicitamente credobatista à qual todos os membros devem subscrever.[9] Se tal igreja aceitar os membros pedobatistas, o que eles farão com a divisão na convicção batismal e status que isso introduz em sua membresia?

A meu ver, existem três opções básicas, e as duas primeiras podem coexistir. A primeira opção é permitir que

---

9. Tal como, por exemplo, a confissão revisada de New Hampshire em 1853: "Acreditamos que o Batismo Cristão é a imersão na água de um crente, em nome do Pai, Filho e Espírito Santo; para mostrar em um emblema solene e belo, nossa fé no Salvador crucificado, sepultado e ressuscitado, com seu efeito, em nossa morte para o pecado e ressurreição para uma nova vida. "Em William L. Lumpkin, *Baptist Confessions of Faith*, 2nd rev. ed., ed. Bill J. Leonard (Valley Forge, PA: Judson, 2011), 382.

os candidatos pedobatistas descartem o artigo sobre o batismo na declaração de fé. A segunda opção é admitir pedobatistas ao status de membro "não votante", porque suas crenças sobre o batismo diferem das da igreja. [10] A primeira opção é necessária, a menos que a igreja busque a terceira opção: revisar o artigo sobre o batismo em sua declaração de fé para que tanto credobatistas e pedobatistas possam concordar.

Vamos primeiro considerar as opções um e dois. Quais princípios bíblicos ambas podem defender? De que forma podemos exigir que todos os membros concordem com a posição da igreja sobre o batismo, exceto aqueles que discordam? Como pode uma igreja legitimamente exigir a subscrição de outros artigos de sua declaração de fé quando ela permite a liberdade de discordar de um deles?

Em relação à segunda opção, membros sem direito a voto, com que base uma igreja pode analisar os privilégios e responsabilidades de sua membresia, conferindo a alguns e retendo a outros? Se é concedida a alguém a participação na comunhão da igreja, incorporada em sua participação na Ceia do Senhor, com que fundamento lhe é negada uma parcela da responsabilidade coletiva que a comunhão

---

10. Algumas igrejas tentam dividir a diferença chamando tais pedobatistas de "aderentes", os admitem na Ceia do Senhor, mas não a privilégios de voto. Em minha opinião, se esta é uma tentativa de preservar uma membresia batizada, ela falha, uma vez que autoriza pessoas não batizadas a participarem da Ceia do Senhor, mesmo que o termo *membro* seja recusado.

pressupõe?[11] Por essas e outras razões, também não acho que nenhuma dessas opções é uma solução biblicamente justificável para a divisão da membresia aberta ser introduzida em uma igreja local.

Na opção três, revisando o artigo da declaração de fé sobre o batismo para que tanto os credobatistas quanto os pedobatistas possam concordar, uma igreja retrai formalmente sua convicção credobatista. De agora em diante, deixa os assuntos próprios do batismo indefinidos. Certamente, as crenças individuais de ninguém mudaram. E, em princípio, isso não muda o que os presbíteros ensinam sobre o batismo. No entanto, tendo sido removido de sua confissão, o credobatismo não pode mais ser considerado uma convicção *da igreja*.

Uma consequência histórica disso é que várias igrejas batistas da membresia aberta se transformaram em igrejas pedobatistas. Depois da morte de John Bunyan, sua própria igreja contratou um pastor pedobatista e, nos cem anos seguintes, os ministros da igreja eram todos pedobatistas.[12] Como as igrejas batistas são caracteristicamente congregacionais, tudo o que é preciso para uma igreja perder sua prática credobatista, é uma maioria pedobatista.

---

11. Juntamente com praticamente todos os batistas através dos séculos, eu defendo que a responsabilidade final por questões de membresia, disciplina e doutrina cabem à congregação como um todo. Para uma defesa da política congregacional, veja a seção II.4 do meu artigo "Why New Testament Polity Is Prescriptive," *9Marks Journal* 10, no. 4 (2013), disponível em http://www.9marks.org/journal/why-new-testament-polity-prescriptive.
12. Joseph Kinghorn, *A Defense of Baptism, A Term of Communion* (Norwich, 1816; repr., Paris, AR: Baptist Standard Bearer, 2006), xv.

A admissão de membros pedobatistas e, especialmente, a remoção do credobatismo de uma declaração de fé pressionarão tanto os pregadores quanto os membros a se esquivarem de transmitir suas convicções completas sobre o batismo. O credobatismo e a necessidade de os membros pedo "batizados" obedecerem a Jesus ao serem batizados, torna-se algo embaraçoso para insistir. Agora é muito mais difícil dizer para a pessoa no banco ao seu lado: "Você precisa obedecer a Jesus e ser batizado." Por quê? Porque a igreja tem defraudado o mandamento de Jesus. A igreja deliberadamente se tornou uma zona segura na qual uma certa classe de crentes pode permanecer sem ser batizada. Anunciar e aplicar convicções credobatistas ameaça a segurança sancionada pela igreja.

Portanto, o resultado a longo prazo de remover o credobatismo da declaração de fé de uma igreja é corroer as suas convicções credobatistas. Os pedobatistas não vão considerar isso uma grande perda, mas estou escrevendo como um credobatista convicto. Seja por remoção formal ou por erosão informal, a perda de uma igreja de convicções credobatistas é a perda de uma interpretação correta das Escrituras que leva a uma prática correta. Isso abre caminho para erros em ambos os casos, e implica membros credobatistas em uma prática que eles rejeitam. Isso não é algo que devemos simplesmente abrir mão até o custo da unidade. Exatamente o oposto: é ceder o único fundamento sobre o qual a verdadeira unidade pode estar.

Por trás de todas essas três portas estão vários graus de unidade enfraquecida e convicções corroídas. Ainda que uma igreja escolha aliviar a pressão, a presença do erro entre seus membros inevitavelmente introduzirá divisões e truncará convicções. A aprovação do pedobatismo intrinsecamente prejudica uma confissão convicta de credobatismo. E o desacordo sobre o conceito e a prática batismal necessariamente irá perturbar a unidade de uma igreja em alguma medida. A divisão doutrinária sobre uma ordenança que constitui a igreja não pode ser controversa.

5. A membresia aberta passa dos limites. Ela tenta resolver uma tensão que está além do nosso poder.
Em quinto lugar, a membresia aberta passa dos limites. Ela tenta resolver uma tensão que está além do nosso poder de resolver. Ela tenta tratar um sintoma eclesial do pedobatismo, mas o sintoma não pode ser tratado separadamente da causa.

O erro é a cisma original. Por quê? Porque isso é uma divisão da verdade. Quando os cristãos se afastam de um entendimento bíblico e da prática do batismo, a divisão é inevitável. Mais uma vez, digo tudo isso com nada além de respeito e afeição por meus irmãos e irmãs pedobatistas. Jesus deu ordens para batizar e ser batizado. Ou esses mandamentos se aplicam a crianças filhas de crentes ou não. E se não, mas alguns cristãos acreditam que sim, a divisão foi introduzida na igreja.

Considere uma igreja batista a cem quilômetros de qualquer outra igreja. Dez famílias naquela igreja desenvolvem convicções pedobatistas. Todas essas famílias têm ou estão tendo filhos pequenos. Suas consciências agora lhes dizem que devem ter essas crianças batizadas. Quem vai batizá-los? Não a igreja. Então, quais opções eles têm? Uma é permanecer na igreja à custa de suas convicções. Mas, como vimos, não é realmente uma convicção que você pode simplesmente ignorar. Então, se persistirem nessa convicção, sua única opção é começar sua própria igreja. Onde você já teve uma igreja, agora você tem duas, uma das quais alguns cristãos não podem mais participar.

Mas o que a primeira igreja fez? Nada. Eles não mudaram. Eles não adotaram nenhuma nova crença ou prática. E eles nem mudaram seus requisitos de membresia. Eles certamente não "forçaram" ninguém. Em vez disso, analisando do contexto credobatista, foi o surgimento de convicções pedobatistas que criou a divisão. Portanto, a responsabilidade de sanar a divisão fica com aqueles que a introduziram. [13] E, levando em conta a raiz da divisão, não apenas seus frutos, eles são os únicos que podem curá-la. Como? Voltando à verdade. Se isso soa grosseiro,

---

13. Embora sua retórica esteja um pouco superaquecida, vale a pena consultar a articulação de R. B. C. Howell sobre esse ponto. Ver *The Terms of Communion at the Lord's Table* (Philadelphia: American Baptist Publication Society, 1846; repr., Paris, AR: Baptist Standard Bearer, 2006), 247–49.

lembre-se de que irmãos e irmãs pedobatistas dizem a mesma coisa sobre nós batistas. Se não tivéssemos abandonado o batismo infantil, não teríamos criado essa bagunça em primeiro lugar! É só que nós, batistas, achamos que o sapato está no outro pé.

Acredito que exigir o batismo para a membresia é, na verdade, a resposta mais respeitosa e conscienciosa ao pedobatismo. Se respeitarmos a posição dos pedobatistas, devemos desejar-lhes liberdade para praticar de acordo com sua consciência, o que é algo que eles certamente não podem fazer dentro de nossas igrejas. É por isso que muitos pedobatistas ao longo dos séculos realmente aplaudiram a posição membresia fechada. Eles reconhecem que estamos simplesmente fazendo o que eles fariam em nosso lugar.

A membresia aberta, por outro lado, tenta resolver uma tensão que não está ao nosso alcance resolver. Recusa-se a reconhecer que isso é simplesmente um daqueles problemas que não podemos consertar. Ao fazê-lo, oculta a verdadeira fonte da divisão, a saber: o erro, e a verdadeira solução: a submissão fundamentada no ensino das Escrituras.

A única maneira de desfazer a divisão que o pedobatismo cria é desfazer o pedobatismo. Enquanto houver credobatistas e pedobatistas, a existência de igrejas credobatistas e pedobatistas é uma tensão com a qual simplesmente temos de conviver.[14] Deus não nos deu nem a autoridade nem a capacidade de consertar esse problema. Um dia, ele mesmo vai consertar isso, naquele grande dia em que resolverá todos os nossos problemas. E nós, batistas, sabemos que temos muitos.

6. A membresia aberta privilegia arbitrariamente a Ceia do Senhor sobre o batismo.

Sexta, a membresia aberta privilegia arbitrariamente a Ceia do Senhor sobre o batismo. Lembre-se de que a Ceia do Senhor é um sinal eficaz de participação na igreja, e o principal privilégio de ser membro é a participação na Ceia do Senhor. Então, por que insistir na Ceia do Senhor às custas do batismo? Por que uma ordenança é aparentemente mais importante e mais vinculativa do que a outra?

Os defensores da membresia aberta permitem que a consciência de um indivíduo, em determinadas circunstâncias, resolva se precisa ser batizado. Mas por que não permitir a mesma liberdade para a Ceia do Senhor? Se você

---

14. Alguns leitores podem se perguntar como eu posso reconhecer uma igreja pedobatista como uma igreja verdadeira, já que, a princípio, todos os seus membros poderiam ser pessoas não batizadas e, portanto, "matéria" imprópria para uma igreja. Eu entendo que, como uma igreja pedobatista prega o evangelho e pratica as ordenanças juntas, ela é de fato uma igreja. (Lembre-se, não é que os pedobatistas *não* batizem os crentes; é só que eles "batizam" os bebês também, impedindo-os de serem batizados se chegarem à fé.) Não sendo batizados, esses indivíduos têm a autoridade inicial para formar uma Igreja? Talvez não. Mas uma vez que eles são uma igreja, eles são uma igreja. A situação é análoga a um casal que era divorciado antes de se casar. Eles não tinham autorização para casar, mas uma vez casados, eles são casados.

não insiste no batismo como membro, alguém está livre para se juntar à igreja, mas perpetuamente se abster da Ceia do Senhor?[15] A lógica da membresia aberta parece exigir isso, desde que uma justificativa teológica suficiente seja oferecida. No entanto, a Ceia do Senhor, assim como o batismo, é uma observância ordenada: "Faça isso em memória de mim" (Lucas 22.19).

O ponto é que não estamos livres para dispensar qualquer uma das ordenanças do Senhor. E dispensar uma para estender a outra é arbitrário.[16] Em vez disso, devemos defender ambas em seu devido lugar: o batismo como porta da frente, e a Ceia do Senhor como a refeição da família.

7. A membresia aberta torna o batismo opcional.

Finalmente, a membresia aberta efetivamente torna o batismo opcional. Certamente os defensores da membresia aberta concordam que o batismo é um mandamento de Cristo, obrigatório para todos os crentes. Ainda assim, ao estender a membresia a crentes não batizados, as igrejas da membresia aberta lhes dão permissão para permanecerem

---

15. Abraham Booth, *An Apology for the Baptists* (London, 1778), in *A Defense of the Baptists* (Paris, AR: The Baptist Standard Bearer, 2006), 50.
16. Ibid., 131; também Kinghorn, *Baptism, a term of Communion*, 165. Dagg asks, "Is [the Lord's Supper] more spiritual than baptism? If not, why should baptism be trodden under foot, to open the way of access to the eucharist?" (*Manual of Church Order*, 225).

não batizadas. Quando uma igreja admite uma pessoa não batizada na Ceia do Senhor, "essa pessoa recebe uma autorização da igreja para omitir um dever positivo exigido pela palavra de Deus, o que, em outras palavras, é nada mais que uma autorização para viver em pecado de omissão."[17]

Abraham Booth ilustra esse ponto com uma hipotética importante: e se, depois de ser admitido como membro, um pedobatista se convence de que o pedobatismo é inválido, mas ainda se recusa a ser batizado?[18] A pessoa não é batizada e sabe disso. Agora eles estão deliberadamente desobedecendo a ordem de Cristo. No entanto, eles já são membros da igreja. E agora, serão excluídos da Ceia do Senhor? Se a resposta for sim, crer de maneira errônea em relação ao batismo tornou-se uma qualificação para a membresia, pelo menos para alguns. E agora, deixar de acreditar que esse erro é motivo para a excomunhão! No entanto, se a igreja não exclui essa pessoa não batizada, tolera o total desrespeito pelo batismo entre seus membros. Isto é, está fazendo do batismo opcional.

Embora mais tarde tenha se entusiasmado com a membresia aberta, antes George Beasley-Murray argumentou convincentemente contra isso por esses motivos. "Se não é necessário que os membros provenientes do Metodismo

---

17. William Buttfield, *Free Communion an Innovation: or, an Answer to Mr. John Brown's Pamphlet* (London, 1778; repr. Hampshire, UK: ECCO), 26.
18. Booth, *Apology for the Baptists*, 48–49.

se submetam ao batismo, com base em quê se diz que é necessário que os adolescentes que crescem em uma igreja batista sejam batizados?" E novamente:

> Nestas circunstâncias, o batismo foi feito uma opção puramente privada para o cristão que deseja; ele não precisa ser batizado, pois ele pode muito bem se unir à Igreja sem ele, e pressioná-lo evidentemente seria completamente errado, pois isso é uma questão de julgamento individual! O batismo não é mais a porta da Igreja. É um banco nas primeiras fileiras, que o ministro gostaria que você ocupasse, mas você pode se sentar em outro lugar, se desejar. [19]

Comentando sobre a trajetória dos batistas britânicos, Stephen Holmes ressalta que, a longo prazo, a membresia aberta tende a corroer o status normativo do batismo:

> Os batistas britânicos se encontram em uma posição curiosa como resultado dessa tradição de abertura ecumênica: eles estão, na prática, menos comprometidos com a importância do batismo na eclesiologia do que quase qualquer outra denominação tradicional. Na maioria das igrejas batistas britânicas, uma pessoa pode ser membro ou mesmo liderança,

---

19. G. R. Beasley-Murray, *Baptism today and tomorrow* (New York: St Martin's, 1966), 87–88.

e pode receber ou mesmo celebrar a Eucaristia, sem ser batizada, seja como crente ou como criança.[20]

Se algo é opcional para a membresia da igreja, é opcional para a vida cristã. Uma igreja pode verbalmente insistir que todos os crentes devem ser batizados, mas se eles aceitarem pessoas não batizadas como membros, eles derrubarão com a mão esquerda o que eles construíram com a direita. Aqui as ações falam mais alto que as palavras.

E AGORA?

E aqui termina o argumento. Não apenas para o capítulo, mas para o livro. Eu construí um caso, defendi esse caso e fiz o meu melhor neste capítulo para minar o caso oposto. O ponto de tudo isso não foi marcar pontos ou vencer uma luta. Em vez disso, procurei discernir a vontade do Senhor revelada em sua Palavra, para que nossas igrejas possam obedecê-la.

Se Jesus exige que os crentes sejam batizados, nossas igrejas também devem exigir. No entanto, por motivos sinceros e amorosos, alguns cristãos propuseram que, em certas circunstâncias, nossas igrejas não deveriam exigir que as pessoas fossem batizadas. Estou convencido de que isso não obedece a um dos mandamentos de Jesus. Também enfraquece nossa eclesiologia e desconecta os materiais de

---

20. Stephen R. Holmes, *Baptist theology* (London: T&T Clark, 2012), 93. No presente contexto, Holmes não se compromete com um lado ou outro deste debate.

construção cruciais da igreja que Jesus uniu: o batismo, a Ceia do Senhor e a membresia da igreja.

Os sete pontos abordados neste capítulo descrevem maneiras pelas quais a membresia aberta enfraquece a igreja. Para acomodar a inconsistência errônea e intencional, para privilegiar a consciência individual sobre a autoridade da igreja, para reduzir as convicções batismais, para tentar resolver um problema que está além do nosso poder de resolver, para arbitrariamente privilegiar uma ordenança sobre a outra, e para efetivamente fazer o batismo opcional. E tudo isso prejudica a saúde e o testemunho de uma igreja local. Por mais bem-intencionadas que sejam, todas essas consequências da posição membresia aberta erodem a unidade de uma igreja, a submissão aos mandamentos de Cristo e a autoridade para marcar os crentes do mundo. Todas essas consequências tendem ao desmoronamento da igreja local, e não à sua edificação. Então, busquei não apenas esboçar positivamente a forma eclesial do batismo e a forma batismal da membresia, mas também responder e minar os argumentos contrários.

O objetivo do argumento é persuadir, então espero que você esteja convencido. Para aqueles que não estão, espero que você tenha encontrado pelo menos algumas coisas com as quais concordar, e espero que essas percepções possam enriquecer sua compreensão da igreja de Jesus e de suas ordenanças. E espero que esse entendimento, por sua vez, enriqueça a vida comum de sua igreja. Mas especialmente para aqueles que estão convencidos, a próxima e última pergunta é: e agora? O que tudo isso significa para como uma igreja deve praticar o batismo, a Ceia do Senhor e a membresia da igreja? No último capítulo, finalmente nos voltamos para algumas sugestões práticas.

IDEIAS PRINCIPAIS

A posição "membresia aberta" (1) se baseia no erro; (2) requer que as igrejas acomodem não apenas o erro, mas a inconsistência intencional; (3) privilegia a consciência individual sobre a autoridade da igreja local; (4) cria distinções não-bíblicas entre os membros de uma igreja ou requer que a igreja diminua suas convicções (5) passa dos limites, isto é, tenta resolver uma tensão que está além do nosso poder de resolver; (6) arbitrariamente privilegia a Ceia do Senhor sobre o batismo; e (7) efetivamente torna o batismo opcional.

Você não pode colocar erro em relação ao batismo na estrutura da igreja. Por quê? Porque o batismo, juntamente com a Ceia do Senhor, é o que estrutura a igreja.

Nenhuma igreja pode ser obrigada a acomodar a tentativa de alguém de comprometer suas próprias convicções. E ninguém pode ser obrigado a endossar a indiferença a uma ordenança divina.

Se a convicção de um indivíduo supera a confissão da igreja, não é a igreja que tem autoridade, mas o indivíduo.

A aprovação do pedobatismo intrinsecamente prejudica uma confissão convicta de credobatismo.

Se algo é opcional para a membresia da igreja, é opcional para a vida cristã. Uma igreja pode verbalmente insistir que todos os crentes devem ser batizados, mas se aceitar pessoas não batizadas na membresia, permitirá que elas persistam na desobediência a Jesus.

CAPÍTULO 11

PRATICANDO O BATISMO, A CEIA DO SENHOR E A MEMBRESIA DA IGREJA

Esse livro é um esforço para repensar a relação entre as ordenanças e a igreja local com o propósito de compreender a relação do batismo com a membresia da igreja e a Ceia do Senhor. O caso central sobre o batismo e a membresia tem implicações práticas importantes, e iniciaremos este capítulo lidando com algumas delas. Mas requerer o batismo para a membresia só faz sentido dentro de uma prática eclesial mais ampla. Então, neste capítulo, vou aplicar todo o argumento teológico deste livro sobre como as igrejas devem praticar o batismo, a Ceia do Senhor e a membresia da igreja. Aviso justo: não abordarei muitos problemas práticos relacionados às ordenanças e à membresia. Vou apenas me aprofundar em alguns dos mais urgentes para ajudar os pastores a responder à questão: e agora?

Começarei dizendo como as igrejas que admitiram pedobatistas na membresia podem fazer a transição para uma prática mais consistente. A seguir, examinaremos algumas questões práticas relacionadas à Ceia do Senhor e ao batismo. Por fim, consideraremos como tornar a membresia significativa, já que tudo isso pressupõe que a membresia seja mais do que um nome em uma lista.

UM PLANO DE TRANSIÇÃO

Nosso primeiro esboço prático é um plano de transição para exigir o batismo para a membresia. Tenho em mente igrejas que deliberadamente admitiram membros pedobatistas e aqueles que talvez não tivessem prestado uma atenção consistente ao fato de os candidatos à membresia terem sido batizados. Nesta seção e durante a maior parte do capítulo, estou falando diretamente aos pastores da igreja. Se você é um presbítero de uma igreja, mas não o pregador principal, você com certeza tem uma participação nesta questão. Mas a mudança em toda a igreja provavelmente precisará passar, e até mesmo ser encabeçada, pelo homem que mais frequentemente enche o púlpito. Com isso em mente, aqui está um plano de transição de seis etapas.

Primeiro, busque a unidade entre os presbíteros de sua igreja. Estude a questão como um grupo. Trabalhe para ter a mesma mentalidade e, se possível, até mesmo unanimidade. Seja paciente, aceitação relutante não adiantará. Ajustar os padrões da membresia da sua igreja quase certamente virá com um custo pastoral, e você quer que cada presbítero esteja disposto a pagar um pouco desse custo. No entanto, se você tiver dado à questão muito tempo, e houver um consenso de maioria forte, mas não unanimidade, pode ser melhor seguir em frente ainda. Se seis presbíteros estão convencidos de que o batismo é necessário para a membresia, mas dois não, os seis não recomendarão ninguém para ser membro que não seja batizado, tornando-se uma política de fato mesmo sem mudança formal.

Em segundo lugar, ensine publicamente sobre o assunto. Talvez você possa usar esse assunto como uma oportunidade para ensinar mais amplamente sobre o batismo, a Ceia do Senhor e a membresia da igreja. Aproveite esta oportunidade para equipar seu povo com uma visão bíblica convincente do plano de Cristo para sua igreja. Se você acha que serviria à igreja, realize sessões de perguntas e respostas com seus membros. Mais uma vez, seja paciente. A única verdadeira mudança em uma igreja vem quando o Espírito Santo de Deus aplica a Palavra de Deus aos corações do povo de Deus. Então, ore, trabalhe e espere por uma membresia que compreenda e abrace os laços bíblicos entre o batismo, a Ceia do Senhor e a membresia da igreja.

Terceiro, pelo menos nos EUA, talvez a melhor maneira de formalizar a mudança seja alterando o estatuto da igreja. Onde esses documentos discutirem as qualificações para a membresia, basta adicionar uma frase especificando o batismo crente. Eu acredito que questões de membresia, incluindo a supervisão de suas qualificações, são a responsabilidade indelegável de toda a congregação (Mt 18.17; 1Co 5.4-5; 2Co 2.6). Assim, os presbíteros devem liderar explorando essa questão, ensinando sobre ela, redigindo uma emenda para os documentos que regem a igreja, e recomendá-la à congregação, mas a congregação como um todo deve ser solicitada a decidir formalmente a mudança.

Quarto, se a declaração de fé da sua igreja não especifica que o batismo é uma ordenança para os crentes, pode ser uma boa ideia explicitar isso. Esse processo seria paralelo à mudança do estatuto. (A maioria das declarações de fé das igrejas batistas já falam dessa questão por padrão, nomeando os crentes como os sujeitos do batismo. Isto implicitamente descarta o pedobatismo.)

Quinto, se você atualmente tem membros pedobatistas não batizados, eu sugiro que eles devam ser "adotados", isto é, permaneçam membros. Quando eles se juntaram à igreja, isso não foi um problema, mas agora os termos mudaram. E não acho que a recusa deles em serem batizados necessariamente seja motivo de excomunhão. Isto é um pouco como a previsão da Constituição dos EUA contra as leis *ex post facto*: o governo não pode processar você por fazer algo que não era crime quando o fez. A longo prazo, é claro, há duas soluções preferíveis para o problema dos membros pedobatistas não batizados: (1) eles se tornam credobatistas convictos e são batizados (2) eles encontram uma igreja pedobatista para se juntar. Mas a primeira opção não pode ser forçada, e também não acho que a segunda deva ser.

E se você tem membros não batizados que não são pedobatistas, mas simplesmente não foram e não querem ser batizados? Isso é complicado. Por um lado, a postura espiritual destes membros é claramente diferente. Diferente ao ponto de enfraquecer potencialmente a credibilidade da declaração de seguir a Cristo. Por outro lado, seu status batismal é igual ao de outros que permanecem membros, o que torna difícil excluí-los e manter os outros. Dado esse dilema, a questão pode precisar ser tratada caso a caso.

Em sexto lugar, pergunte a cada candidato à membresia quando, onde e como eles foram batizados. Acho que essa é uma boa ideia para um presbítero da igreja fazer uma entrevista de membresia na qual ele conheça o testemunho de uma pessoa, peça-lhes para articular o evangelho, veja se eles têm alguma pergunta sobre a igreja, e explique as expectativas da igreja sobre os membros. Os presbíteros então consideram essas coisas juntas e, a menos que haja algum impedimento, eles recomendam a pessoa à congregação para se tornar membro. Então, se você conduzir uma entrevista como essa, simplesmente pergunte a uma pessoa quando ele foi batizado, onde e por quem.

Este plano de transição é um esboço, não um decreto. A sua quilometragem pode variar. Mas espero que seja suficiente para ajudar você e seus colegas mais velhos a começarem a pensar em como chegar daqui até lá.

A CEIA DO SENHOR:
CERCAS E A REFEIÇÃO FAMILIAR

O caso que construí nesse livro também tem implicações significativas sobre como praticamos a Ceia do Senhor. Exploramos várias no capítulo 6, algumas das quais voltaremos a ver aqui. A primeira é que a igreja, e somente a igreja, deve celebrar a Ceia do Senhor. Você não deve participar da Ceia do Senhor com a sua família, ou em um ministério do campus, ou em um serviço da capela da escola, ou com seus amigos em volta de uma fogueira. Em vez disso, você deve celebrar a Ceia do Senhor somente com uma igreja local reunida. E uma igreja deve apenas celebrar a Ceia do Senhor no contexto de uma reunião da igreja inteira, não uma reunião menor de apenas alguns de seus membros. Fazer qualquer outra coisa é roubar a Ceia do Senhor de seu papel como um sinal efetivo da membresia da igreja, a refeição da família do corpo de Cristo.

Segundo, como as igrejas devem "cercar a mesa", isto é, declarar quem é bem-vindo a participar? Eu sugiro que eles digam algo como: "Se você é um membro desta igreja, ou um membro de outra igreja evangélica, e você foi batizado como um crente, você está convidado a participar."[1] As qualificações aqui são a de ser batizado e membro de uma igreja de pregação do evangelho, seja da sua ou de outra. O batismo e a membresia da igreja são simplesmente o meio público e institucional que Jesus nos deu para nos identificarmos como cristãos. O batismo é necessário para a participação na Ceia do Senhor, porque o sinal de juramento inicial da nova aliança deve vir antes de seu sinal de juramento renovador. A membresia da igreja é necessária porque promulgamos nossa submissão a Jesus ao nos submetermos à sua igreja. Abraçamos nossa membresia no corpo universal tornando-nos membros de um corpo local. Cristãos professos que não pertencem a nenhuma igreja estão rejeitando a autoridade de Jesus, recusando-se a se submeter à sua procuração. Permitir que indivíduos que não são membros de qualquer igreja participem da Ceia do Senhor lhes dá os benefícios da comunhão sem o compromisso, a intimidade sem a promessa.

---

1. Esta linguagem é contextual. Estou falando em um contexto em que há uma confusão generalizada sobre a participação e discordância sobre o batismo. Eu poderia cercar a mesa de maneira diferente em, digamos, uma igreja doméstica na Ásia Central, ou se eu estivesse confiante de que todos os presentes entendiam o batismo biblicamente.

Outra implicação prática do nosso caso é que a Ceia do Senhor não é um ato devocional privado que ocorre com um grupo de pessoas na sala. Ao contrário, é uma refeição comum. Então, pastor, ensine isso ao seu povo. Deleite-se na união da Ceia do Senhor. Não feche apenas seus olhos e confesse seus pecados. Olhe ao redor e maravilhe-se com quem é redimido. Use a ocorrência regular da Ceia do Senhor como uma chance de avaliar a sua vida no corpo e considerar se você tem algum pecado para confessar aos outros, qualquer brecha para curar. E regozije-se na unidade encontrada na diversidade que a Ceia do Senhor assina e sela. Como um compositor moderno coloca: "Agora os fortes e os fracos / são os mesmos sob o seu sangue. Todos os que possuem as mãos vazias devem vir / para receber seu eterno amor."[2] Porque há um só pão, diz Paulo, nós, que somos muitos em Cristo, somos um só corpo (1Co 10.17). Na Ceia do Senhor, as divisões desaparecem. Portanto, a Ceia do Senhor deve plantar uma busca apaixonada pela unidade no coração de todo cristão.

Se a sua igreja tem um pacto, uma forma de destacar a natureza corporativa e abrangente da Ceia do Senhor é recitar o pacto antes da celebração da ceia. Isso proclama poderosamente que a Ceia do Senhor é uma refeição da igreja, não de um agrupamento coincidente de cristãos. Ela

---

2. Wesley Randolph Eader, "Victory in the lamb," available at http://noisetrade.com/wesleyrandolpheader.

direciona a nossa atenção tanto para o Senhor quanto para o outro, para o que ele fez por nós e o que nós, por sua vez, juramos a ele e aos nossos irmãos e irmãs.

BATISMO: NA IGREJA, PELA IGREJA

O que o quadro teológico deste livro diz sobre como devemos praticar o batismo? Primeiro, lembre-se de que o batismo é um sinal efetivo da membresia da igreja: cria a relação eclesial para a qual ele aponta. O batismo normalmente diz respeito à membresia da igreja. Portanto, você deve consistentemente batizar as pessoas *na membresia da igreja*.

Essa observação divide algumas maneiras diferentes. Primeiro, você não deve batizar ninguém que não pretenda ingressar na sua igreja. Com apenas uma exceção (abordada abaixo), ninguém deve ser batizado que não pretenda ficar sob a autoridade de Jesus, submetendo-se à sua igreja. A afirmação dada por um passaporte anda de mãos dadas com a responsabilidade e a prestação de contas da cidadania.

Segundo, as igrejas não devem inserir um período de espera entre o batismo e a membresia. Alguns podem fazer isso com o desejo de enfatizar o batismo. Eles dissociam o batismo da membresia, na tentativa de atrair mais atenção para ele. Mas a maneira bíblica de chamar a atenção para o batismo é torná-lo a porta de entrada para a igreja e, portanto, a entrada na vida cristã. Por outro lado, alguns podem inserir uma lacuna entre o batismo e a membresia, pois a membresia carrega sérias responsabilidades, e talvez um novo crente não esteja preparado para essas responsabilidades. O problema com isso é que todo cristão é requerido e capacitado por Deus para tomar seu lugar no corpo. Então, se você está disposto a afirmar alguém como cristão, não há razão para mantê-lo fora do corpo. Esse é o único lugar onde eles vão crescer, com as responsabilidades e tudo. E se você estiver hesitante sobre a disposição ou a capacidade de uma pessoa ingressar na vida do corpo, talvez essa hesitação deva fazer com que você reconsidere se está pronto para afirmar a sua profissão de fé.

Em circunstâncias normais, o batismo e a membresia da igreja devem ser inseparáveis. Teologicamente, o batismo confere a membresia da igreja. Então você não deve batizar pessoas sem trazê-las para a igreja, e você deve conferir a membresia a todos aqueles a quem batizou. [3] Normalmente, a membresia de um novo crente deve ser condicional ao batismo e deve ter efeito no batismo.

A única exceção legítima que posso ver é quando um novo crente está imediatamente se mudando para uma área onde, até onde se sabe, não existe igreja. Por exemplo, um cristão novinho em folha que serve na Marinha pode estar saindo para passar um ano morando em um navio.

---

3. Para argumentos semelhantes, ver Brandon C. Jones, *Waters of Promise: Finding Meaning in Believer Baptism* (Eugene, OR: Pickwick, 2012), 146–47; George R. Beasley-Murray, *Baptism Today and Tomorrow* (New York: St Martin's, 1966), 105.

Ou alguém que trabalhe para uma empresa de consultoria internacional pode estar se mudando para o Oriente Médio e não tem ideia se existe uma igreja em sua cidade futura. Tais situações não são ideais, mas muitas vezes são inevitáveis. Esses novos crentes encontram-se no território etíope eunuco. Portanto, nessas circunstâncias verdadeiramente excepcionais, uma igreja deve batizá-los, orar por eles, enviá-los e encorajá-los a encontrar qualquer comunhão cristã que puderem durante sua estada no exterior.

Outra questão a ser abordada é como e quando as igrejas devem batizar. Aqui as Escrituras parecem fornecer poucas prescrições. Os batismos dentro e fora dos "cultos normais" da igreja parecem permissíveis, e os únicos exemplos do Novo Testamento são os últimos. Parece prudente que um presbítero da igreja batize, já que ele representa formalmente a igreja, mas isso não parece ser um requisito absoluto.

As únicas duas condições que parecem teologicamente normativas são: primeiro, o batismo é entendido como um ato da igreja, não um indivíduo agindo por sua própria iniciativa. Em outras palavras, você não pode simplesmente decidir batizar seu primo Tiago na piscina em seu quintal. Segundo, onde existe uma igreja, essa igreja deveria ser a audiência para um batismo. Uma vez que o batismo é a afirmação da igreja sobre a profissão de um indivíduo, o mais importante "público" do batismo é a própria igreja.

Se o batismo é uma profissão de fé pública, a principal audiência para essa profissão é a igreja. E batizar em uma reunião de toda a igreja, seja no prédio da igreja ou no rio, incorpora o simbolismo do novo cristão sendo adicionado e recebido por todo o corpo. Visto que o batismo é um sinal de juramento pelo qual se faz um pacto com o povo de Deus, esse aspecto do significado do batismo é destacado se toda a igreja estiver presente, e obscurecida se não estiver.

No entanto, um "público" além do batizador não é absolutamente necessário ao rito, já que o próprio batizador representa um testemunho público da profissão de fé. No entanto, penso que tais batismos de "audiência de um" são mais adequados em um contexto missionário, onde outras testemunhas não estão disponíveis. Se outros cristãos estão por perto, não há razão para não ter testemunhas e muitas razões para tê-las. Uma questão complicada que toda essa discussão suscita é a idade em que as igrejas devem batizar os jovens. [4] Historicamente, os batistas tendem a começar a batizar os crentes por volta dos dezoito anos. Mas as

---

4. Para os tratamentos da questão com a qual estou em amplo acordo, ver Mark Dever, "Baptism in the context of the local church," in Thomas R. Schreiner and Shawn D. Wright, eds., *Believer's baptism: sign of the new covenant in Christ* (Nashville: B&H, 2007), 344–50; Mike Gilbart-Smith, "'Let the Little Children Come to Me (...)' but Should We Baptise Them? Why Believers' Baptism Should Usually Be Adult Baptism," *Foundations* 63, no. 2 (2012): 90–110, dispon'viel em http://www.affinity.org.uk/foundations-issues/issue-63-article-5---why-believers-baptism-should-usually--be-adult-baptism . Para um argumento perspicaz sobre o batismo e a extensão da membresia a crianças, veja Ted Christman, "Forbid them not: rethinking the baptism and church membership of children and young people".

idades batismais despencaram nas últimas gerações, especialmente nos Estados Unidos, de modo que agora é comum as igrejas batizarem crianças de até seis ou até quatro anos. O problema mais óbvio que isso cria é um grande número de "rebatismos". Se você foi "batizado" aos seis, mas tem certeza de que não foi convertido na época e só veio à fé mais tarde, nunca foi realmente batizado.[5] Batizar crianças pequenas pode acarretar uma falsa garantia da fé. Uma decisão tomada anos atrás para um grande prazer parental pode se tornar a base para se considerar um cristão depois, independentemente dos frutos.

Mas o problema eclesial mais agudo que isso cria é que muitas vezes separa o batismo da membresia. Frequentemente, as igrejas que batizam crianças pequenas esperam pelo menos até a adolescência para torná-las membros (embora algumas estendam a membresia a crianças enquanto, por exemplo, retém a responsabilidades de voto). Frequentemente, uma criança pode ser batizada, crescer, nunca se unir a uma igreja e ainda assim se considerar um crente.

No entanto, temos aqui não apenas uma rocha, mas um terreno difícil. Lembre-se de que todos os exemplos de batismo que temos no Novo Testamento ocorreram assim que alguém creu em Cristo. E certamente há muitas crianças

---

5. Para o aconselhamento de alguém nesta posição, veja meu artigo, "You asked: should i get 're-baptized'? (Credobaptist Answer)," em https://www.thegospelcoalition.org/article/you-asked-should-i-get-re-baptized-credobaptist-answer/

que chegam à fé, às vezes em tenra idade. Então parece que estamos diante de um dilema genuíno, ou melhor, um trilema. Ou temos de separar o batismo da membresia, ou introduzir pessoas na membresia que ainda não estão prontas para suas responsabilidades, ou ainda afastar-nos do padrão de batismo imediato aparente do Novo Testamento.

Como podemos resolver esse dilema? A primeira coisa a considerar é a questão de quem decide o que conta como uma profissão de fé confiável. Funcionalmente, a resposta é que são os pais de uma criança. Mas teologicamente, a resposta deveria ser a igreja. A igreja é investida das chaves do reino. A igreja fala pelo céu na terra e declara quem pertence ao Reino de Cristo. A questão não é simplesmente se uma criança afirma acreditar em Cristo, ou se os pais de uma criança pensam que ela acredita em Cristo. A questão é que as chaves do reino exigem que uma igreja avalie se a alegação da criança de acreditar em Cristo é confiável. E no caso de crianças em geral, eu entendo que as igrejas não estão em uma posição forte para fazê-lo.

É inato às crianças o desejo de imitar e agradar seus pais. Deus as fez assim. É natural e bom que eles queiram fazer o que seus pais fazem, digam o que dizem, acreditem no que acreditam. E os pais cristãos devem ensinar seus filhos a confiar em Cristo e andar nos caminhos de Deus. Junte tudo isso e as crianças que estão sendo criadas em um lar cristão devem geralmente parecer e agir como cristãos. Como então uma igreja pode dizer se elas realmente são cristãs? Eu acredito que não pode, pelo menos não de maneira consistente, baseada em princípios e de maneira geral. Enquanto as crianças viverem em casa sob a criação e autoridade dos pais cristãos, o impulso de olhar e viver como um cristão é forte, mesmo que a criança não seja regenerada. Claro, essa atração enfraquece quando uma criança entra na adolescência e cresce de forma mais independente. Mas permanece em alguma medida, desde que a criança seja dependente de seus pais e viva sob sua autoridade direta.

Veja desta maneira: o poder persuasivo que Deus deu aos pais e a postura maleável que ele deu aos filhos se combinam em uma espécie de interferência estática que impede a igreja de obter uma leitura precisa da vida espiritual de uma criança. Eles efetivamente desativam o radar de "confissão confiável" da igreja. É somente quando uma criança dá passos importantes em direção à idade adulta, como começar a faculdade ou conseguir um emprego, especialmente se envolver sair de casa, que o caráter de sua fé se torna mais evidente. Eles são castos? Vão à igreja quando ninguém os leva? De quem se tornam amigos? Como gastam seu tempo? Quais objetivos perseguem?

Eu estou dizendo que as crianças não podem ser salvas? Claro que não. Estou dizendo que as crianças que crescem em lares cristãos não devem ter garantia de salvação até que sejam adultos? De modo nenhum. Tudo o que estou dizendo é que não acho que uma congregação esteja em posição de afirmar com confiança e consistência as profissões de fé dos jovens até que alcancem algo como "vida adulta funcional". E, portanto, as igrejas só devem batizar os jovens quando eles atingem a idade adulta funcional. Em nossa cultura, isso costuma acontecer em torno dos dezoito anos.

No entanto, se um jovem vem de um contexto não cristão, acho que uma igreja poderia batizá-lo alguns anos mais novo, já que eles estão nadando contra a corrente de sua casa e seus colegas e tomando a iniciativa de participar da vida da igreja. E, em uma cultura que é cada vez mais hostil ao cristianismo, a idade em que as crianças de lares cristãos se tornam mais objetivamente aparentes pode muito bem estar caindo. Pode-se argumentar que uma vez que essas crianças atinjam a idade do ensino médio e os problemas que elas trazem, se elas estão vivendo abertamente como cristãs entre os não cristãos, isso é suficiente para uma igreja prosseguir. Em última análise, o que constitui uma "vida adulta funcional" é uma espécie de julgamento, mas isso não esvazia a categoria de todo significado.

Mas e o padrão do Novo Testamento de batismo imediato? Primeiro, é importante ressaltar que esse "padrão" nunca é explicitamente aplicado a crianças. Tanto quanto eu posso discernir, o Novo Testamento não aborda diretamente essa questão de uma forma ou de outra, então não acho que um simples apelo ao precedente do batismo imediato pode decidir a questão.⁶ Assim, sugiro que as crianças sejam simplesmente um caso especial em virtude de serem crianças. Além de nossa discussão acima sobre a necessidade de a igreja afirmar uma profissão confiável, considere: o que constitui uma profissão em primeiro lugar? Se somos obrigados pelas Escrituras a batizar alguém assim que professa a fé, uma criança de três anos de idade repetindo uma confissão de seus pais pode ser válida? Que tal uma criança de dois anos dizendo sim quando perguntada se acredita em Jesus? E se você não batizaria uma criança de dois ou três anos, por que batizaria uma criança de seis anos? Se você não batizaria uma criança de seis anos, por que batizaria uma criança de dez anos? Meu ponto não é que não haja diferença entre uma profissão de dois anos e uma profissão de dez anos, mas que, quando se trata de batizar jovens, todo credobatista "atrasa" o batismo de alguém e tem alguma razão para fazê-lo. Assim, ninguém, exceto os pedobatistas, pode ser perfeitamente coerente com o princípio do "batismo imediato". Eu sugiro que é porque é um princípio que não deveríamos aplicar a crianças em primeiro lugar.

Então eu acho que igrejas têm razão em "atrasar" o batismo quando se trata de crianças. E toda igreja credobatista fará

---

6. Argumentar que as crianças pequenas foram incluídas nos "batismos domésticos" (por exemplo, Atos 16.15, 32–34) é argumentar a partir do silêncio. E o argumento poderia ser aplicado igualmente a bebês!

isso de qualquer maneira, em diferentes graus. Além disso, com base em toda a estrutura teológica que esbocei neste livro, não acho que podemos separar o batismo da membresia da igreja. Fazer isso é minar seu papel como um sinal efetivo de membresia da igreja. É divorciar o "começo da vida cristã" da "entrada na igreja", o que não temos garantia bíblica para fazer.

Mas e a opção do meio, batizar crianças e estender-lhes a membresia, mas reter alguns de seus privilégios e responsabilidades, como votar em assuntos de disciplina? Considere, por exemplo, um menino de oito anos que é membro de uma igreja. Se for para a congregação excomungar um membro por adultério impenitente, este jovem simplesmente não está pronto para participar dessa conversa, muito menos para exercer com responsabilidade uma parte do julgamento corporativo da igreja. Por isso, pode parecer atraente dar as boas-vindas às crianças, isentando-as de algumas de suas responsabilidades. Mas em que ponto a igreja mudaria a chave e conferiria responsabilidades "adultas"? Dezoito anos? Mas e se uma adolescente de quinze anos fornicar sem arrependimento? Ela deveria ser excomungada? Como uma igreja poderia reter a responsabilidade de um lado, mas exigir responsabilidade do outro?

Eu acredito que, estendendo a membresia, ainda que retendo as suas responsabilidades, e possivelmente a sua prestação de contas, a membresia perde o seu significado bíblico. Confere o rótulo sem a realidade. Você não pode ser um membro do corpo sem compartilhar a responsabilidade pelo corpo e prestar contas ao corpo. Os benefícios e os deveres da membresia são um pacote. Não podemos dividi-los como bem entendermos.

Em suma, acredito que as igrejas deveriam esperar até que os jovens crentes tivessem pelo menos um pé firmemente plantado na idade adulta antes de batizá-los. Se a ligação entre o batismo e a membresia é biblicamente normativa, então não temos autoridade para cortá-la. Então, em primeiro lugar, devemos manter juntos o batismo e a membresia. Se o fizermos, isso exclui necessariamente pelo menos as crianças pequenas do batismo. Além disso, nos falta a autoridade para admitir pessoas na membresia, e, ao mesmo tempo, negarmos algumas de suas responsabilidades. As igrejas só devem aceitar como membros aqueles que estão prontos para viver como membros.

Estou bem ciente de que essa postura aumenta a sua parcela de problemas pastorais, mas não creio que nenhum deles seja insuperável. Além disso, afirmo felizmente que os pastores fiéis e que pensam da mesma maneira diferem quanto a isso e que as igrejas podem oferecer cuidados piedosos e eficazes para os jovens, enquanto assumem uma variedade de posições sobre quando batizá-los. No entanto, tratei desta questão com algum detalhe, porque em nosso contexto o batismo de crianças pode ser a prática que mais dificulta o batismo e a membresia da igreja. E se as igrejas habitualmente separam o batismo da membresia da igreja quando se trata de nossos filhos, pode ser difícil entender por que os dois devem ir juntos em outras circunstâncias ou por que o batismo deve ser exigido para a membresia em primeiro lugar.

MEMBRESIA: TORNANDO-A SIGNIFICATIVA

Seguindo em frente, em relação à membresia da igreja, eu tenho um ponto para afirmar e uma pergunta para responder. O ponto a afirmar é que a membresia tem que significar alguma coisa. Limitar a Ceia do Senhor aos membros das igrejas e insistir que o batismo esteja "na membresia" só faz sentido se a membresia for mais do que um nome em uma lista. Caso contrário, qual é o grande problema?

Vamos considerar dois fundamentos necessários para uma membresia significativa. A primeira é que o rótulo deve se alinhar com a realidade. Que realidade? Bem, o que significa ser um membro de um corpo? Isso significa que você depende do corpo e que o corpo depende de você. Isso significa que você está radicalmente ligado ao corpo de forma inextricável. Significa que você não se define principalmente como indivíduo, mas como parte de um todo. Na prática, os membros da igreja devem frequentar a igreja consistentemente. Eles devem orar com e pela igreja. Devem contribuir. Devem servir. Devem carregar as cargas uns dos outros. Devem unir suas vidas com tanta força que, se você tentar tirar um membro do corpo, outra dúzia o acompanha, puxando-o de volta.

O segundo aspecto de tornar a membresia significativa é que a "membresia" deve traçar uma linha clara entre a igreja e o mundo. Isso significa que você não deve ter membros que vivem como não cristãos. Para isso, a disciplina da igreja é crucial.[7] Quando cristãos param de se arrepender dos pecados, a igreja deve repreendê-los, argumentar com eles, orar por eles e, se eles ainda assim não se arrependerem, remover a sua afirmação, excluindo-os da membresia. Você também não deve ter *não membros* que agem como membros. O que quero dizer é que na vida da igreja deve haver uma clara distinção entre quem é um membro e quem não é. Nenhum não membro deve liderar a adoração, ensinar na escola dominical, servir no berçário ou liderar um pequeno grupo. Por quê? Porque todos esses ministérios representam a igreja. Se você não é um membro, você não é responsável perante a igreja, então você não deve ter nenhum papel em representá-la. É claro que uma igreja pode ter alguns "ministérios" dos quais qualquer um pode participar, como um estudo bíblico evangelístico. Mas nenhum não membro deve liderar este esforço.

---

7. Ver Jonathan Leeman, *Church Discipline: How the Church Protects the Name of Jesus* (Wheaton, IL: Crossway, 2012).

Em outras palavras, a membresia significativa significa que sua igreja deve ser um lugar difícil para ser um cristão falso ou um cristão consumidor. Os falsos cristãos devem ser frequentemente repreendidos e exortados a se arrepender, confiar em Cristo e dar frutos espirituais. E os cristãos consumidores devem descobrir que eles não podem simplesmente aparecer, pegar tudo o que querem e desaparecer.[8]

A próxima pergunta a responder é: se o batismo e a Ceia do Senhor afetam a membresia da igreja, então o que devemos fazer com todos os outros passos num processo típico de membresia da igreja, como uma classe de membros, uma entrevista com um presbítero, assinatura de uma declaração de fé e do pacto da igreja, e uma votação da congregação? Essas outras etapas não são supérfluas, na melhor das hipóteses, e legalistas, na pior das hipóteses?

Minha resposta básica é que cada uma dessas práticas constitui o que deve necessariamente estar presente para que a prática do batismo e da Ceia do Senhor tenham integridade.[9] Essa integridade tem dois componentes. Primeiro, o indivíduo deve ter ouvido, abraçado e confessado o evangelho e ter a intenção de se submeter a Jesus e

---

8. Para uma estratégia prática de recuperação do significado da membresia, ver Mark Dever, "Regaining meaningful church membership," in *Restoring integrity in baptist churches*, ed. Thomas White, Jason G. Duesing, e Malcolm B. Yarnell III (Grand Rapids: Kregel, 2008), 45–61.
9. Lembre-se da discussão do capítulo 7 sobre as condições prévias para a integridade na celebração das ordenanças.

comprometer-se com a igreja. Em segundo lugar, a igreja deve ser capaz de afirmar com confiança que o futuro membro professa com credibilidade a sua fé em Cristo. Em outras palavras, a questão não é tanto sobre procedimento, mas conhecimento. O indivíduo sabe para o que está se inscrevendo? E a igreja sabe o suficiente sobre o indivíduo para afirmar a sua confissão como confiável? Em um contexto no qual a igreja é perseguida e o cristianismo nominal é inexistente, penso que uma igreja precisa saber relativamente pouco sobre um possível membro a fim de afirmar sua profissão. Em um contexto caracterizando o cristianismo nominal e qualquer grau de favor social em relação ao cristianismo, uma igreja precisa saber mais. Todos os passos de um sólido processo de membresia visam o simples objetivo de o cristão saber o que está fazendo, e a igreja conhecer o cristão.

Como vimos no capítulo 7, algo análogo a uma classe de membresia é o princípio de um ensino que deve preceder o batismo. Além de pregar o evangelho, esse ensino deve incluir a natureza do batismo como profissão de fé em Cristo, submissão à autoridade de Cristo e compromisso com o povo de Cristo. Uma classe de membresia é simplesmente uma proposta permanente para a necessidade de um membro em potencial saber para o que está se inscrevendo. Assim, as classes de membresia geralmente projetam as crenças e expectativas da igreja para os membros, juntamente com qualquer outra informação que uma igreja julgue prudente para ajudar o candidato a membro, e a igreja, a decidir se seria uma boa ideia a sua entrada na membresia.

Uma entrevista de membresia é simplesmente um contexto individual no qual um presbítero da igreja pode ouvir a confissão do evangelho de alguém e observar alguns dos frutos dessa confissão. Ele permite que pelo menos um líder na igreja tenha um contato mais íntimo com o membro em perspectiva e fornece um contexto de baixa pressão no qual quaisquer problemas que possam impedir a pessoa de ingressar na igreja podem surgir. É apropriado que os presbíteros conduzam essas entrevistas, já que eles devem liderar a igreja no exercício das chaves do reino (1Ts 5.12-13; Hb 13.17). A autoridade das chaves, em última instância, está em toda a congregação, mas ela deve exercer essa autoridade embasada na liderança de seus presbíteros. Igrejas menores podem decidir ter algum tipo de entrevista com a Igreja toda antes, como muitas igrejas batistas costumavam fazer. Se o fizerem, os presbíteros ainda devem liderar a discussão, uma vez que sua maturidade espiritual e discernimento são necessários para a tarefa crucial de discernir e validar as verdadeiras confissões e confessores do evangelho.

Algumas pessoas se opõem à assinatura de uma declaração de fé e pacto da igreja, porque tais documentos são "extrabíblicos", ou seja, eles contêm palavras e frases não encontradas nas Escrituras. No entanto, se os documentos forem fiéis às Escrituras, eles simplesmente sintetizarão e resumirão os ensinamentos das Escrituras sobre o que os cristãos devem acreditar e fazer. Sintetizar e resumir o ensino das Escrituras é necessário para ensiná-lo e aplicá-lo. Toda vez que falamos sobre as Escrituras, usamos palavras não encontradas nas Escrituras. Além disso, as igrejas são chamadas não apenas para confessar o evangelho, mas para defender o evangelho (1Tm 3.15). As igrejas precisam ser capazes de confessar a verdade de modo a refutar o erro, o qual muitas vezes se serve de palavras das Escrituras para chegar a um significado não bíblico.

Todo cristão é responsável por confessar a verdade e andar na verdade. Uma declaração de fé e um pacto da igreja simplesmente especificam os contornos básicos de como devemos acreditar e viver, a fim de que eles sirvam como padrões públicos e acessíveis aos quais as pessoas podem ser responsabilizadas. Além disso, em um tempo e lugar com uma variedade estonteante de denominações, é praticamente necessário definir o que você acredita como uma igreja. Você não pode dar nada como garantido. E em uma cultura que geralmente trata a igreja como um acessório opcional para a fé, um pacto formal da igreja transmite a mensagem necessária de que ser cristão é ser comprometido tanto com Cristo quanto com um corpo concreto de cristãos.

Lembre-se de que o batismo e a Ceia do Senhor são sinais de juramento. São ações que simbolizam promessas tanto a Cristo quanto à igreja. Um pacto da igreja e uma declaração de fé tornam explícitos os termos dessas promessas. As promessas já estão *lá* no batismo e na Ceia do Senhor; uma declaração de fé e um pacto da igreja simplesmente as nomeiam para os propósitos de clareza e responsabilidade.

Finalmente, e quanto à aprovação congregacional? Congregacionalistas como eu afirmam que as pessoas devem entrar e sair da igreja somente com o consentimento expresso da igreja.[10] Mas isso não significa que você na verdade *se torna* um membro através do voto da congregação, e não da participação nas ordenanças? Em resposta, pense desta forma: o voto congregacional é um pouco como um time de futebol selecionando um jogador, e o batismo (para um novo cristão) e a Ceia do Senhor (para cada cristão) são como o jogador assinando o contrato e aparecendo na hora do jogo. Há uma distinção entre autorização e execução. Como vimos no capítulo 5, uma igreja determina estender a membresia a um novo crente por voto e depois confere esse status de membresia no batismo e pelo batismo. Se um cristão já batizado se junta a uma igreja, seu status de membresia é primeiro autorizado pelo voto congregacional e depois executado ou cumprido em sua participação na Ceia do Senhor.

---

10. Para uma exposição completa e defesa desta posição, ver Jonathan Leeman, *Faith and order* (Nashville: B&H, forthcoming).

Em algumas igrejas, esse processo pode demorar alguns meses. Mas se o batismo deve ser para a membresia, e quanto aos novos convertidos? Não deveriam ser batizados imediatamente? Eu acredito que uma igreja tem razão em pedir a um novo convertido para trabalhar no processo de membresia antes de ser batizado. Este não é um período probatório. Em vez disso, isso simplesmente garante que eles saibam em que estão entrando e que a igreja saiba quem eles são. Além disso, sugiro que cada uma dessas práticas mais elaboradas seja apoiada por uma lógica bíblica e contextual. Se a igreja deve instruir candidatos ao batismo, então uma classe de membresia simplesmente torna essa instrução formal e regular. Uma classe de membresia simplesmente dá forma regular e institucional a uma prática implícita na própria Escritura. E vimos que o mesmo é verdade para essas outras práticas.

Mas a forma específica dessas práticas também é justificada por considerações contextuais e, portanto, assumirá diferentes formas em diferentes contextos. No Pentecostes, ficou bem claro em quê você estava se inscrevendo: a oposição dos líderes judeus e toda uma nova vida entre este bando perseguido de discípulos do Messias. Hoje as coisas nem sempre são tão claras. Assim, para seguir o exemplo da igreja do Novo Testamento, devemos adotar uma prática pastoral cujos detalhes processuais vão além, precisamente porque o nosso contexto é tão estranho a ela. Precisamos tomar uma rota mais longa para chegar ao mesmo destino por causa dos obstáculos que a modernidade e o cristianismo nominal colocam em nosso caminho.[11] E, novamente, o processo mais elaborado apenas cultiva uma semente já presente em uma prática fiel e bíblica das ordenanças.

PARA RETRATAR, PROMOVER E PRESERVAR O EVANGELHO

O principal propósito das ordenanças e da membresia da igreja é retratar, promover e preservar o evangelho. Como? Em parte, constituindo as pessoas do evangelho na política do evangelho.

"A igreja", diz Paulo, é "um pilar e um pilar da verdade" (1Tm 3.15). Sim, você e eu temos a responsabilidade pessoal de imitar a Cristo, fazer discípulos e lutar fervorosamente pela fé (Fp 2.5; Mt 28.18-20; Jd 3). Mas a igreja como um corpo desempenha um papel especial em retratar, promover e preservar o evangelho. Em nosso amor uns pelos outros, uma igreja exibe a glória do amor que se doa para o mundo (Jo 13.34–35). Em nossa unidade, uma igreja imagina a comunhão da Trindade (Jo 17.20-21). Vivendo em harmonia e cantando com uma só voz, nós glorificamos o Deus do evangelho, que nos fez um (Rm 15.6). Em tudo isso, uma igreja adorna e, assim, promove o evangelho. E

---

11. Para uma discussão mais completa dessas questões, veja o capítulo 6 de Jonathan Leeman, *A Igreja e a Surpreendente Ofensa do Amor de Deus*.

quando honramos os presbíteros fiéis, rejeitamos os falsos mestres e instruímos uns aos outros (1Tm 5:17; 2Jo 10-11; Rm 15.14), ajudamos a preservar o evangelho em nossa geração: defendemos sua verdade, expomos falsificações e o impulsionamos mais fundo no coração uns dos outros.

Como vimos, as ordenanças e a membresia da igreja são cruciais para o trabalho da igreja de retratar, promover e preservar o evangelho. O batismo mostra a nossa morte para o pecado e a nossa ressurreição para uma nova vida em Cristo. Ele sela nosso compromisso com Cristo e seu povo. Traça uma linha entre a igreja e o mundo, estendendo o convite: "Veja, mundo: veja como são as pessoas do evangelho!" Na Ceia do Senhor, desfrutamos da comunhão com Cristo e uns com os outros com base em seu sangue. Quando participamos, experimentamos o evangelho novamente. À medida que renovamos o nosso compromisso com Cristo e a sua igreja, os propósitos do evangelho de Deus alcançam cada vez mais profundamente nossos corações.

Finalmente, a membresia da igreja nomeia as novas pessoas que estão unidas por esta nova relação de comunhão em Cristo. Assegura que aqueles que devem estar dentro estão dentro, e aqueles que deveriam estar fora estão fora. Isso mostra à igreja e ao mundo que aqueles que reivindicam o nome de Cristo, mas não se submetem ao seu governo, não têm parte em seu reino e, portanto, não fazem parte de seu povo. E atesta que aqueles que são marcados pela obediência da fé são o povo de Deus, a posse de Deus, herdeiros do mundo por vir.

O evangelho de Deus é poderoso e magnífico. Livra da culpa, salva da ira, eleva os mortos, quebra barreiras, reconcilia inimigos, nos conforma a Cristo. A palavra do evangelho cria um povo do evangelho, que proclama e promove o evangelho, especialmente na nova vida que agora vivem em unidade. O batismo, a Ceia do Senhor e a membresia da igreja existem para o evangelho. Eles são a estrutura que segura a joia no anel, a moldura para a pintura. Então, quando você celebra as ordenanças, lembre-se de que está celebrando o evangelho. Quando você vive como um membro da igreja, entregando-se ao corpo, lembre-se de que você está polindo um espelho para refletir a glória do Deus que salva. Ao constituir uma organização política do evangelho, o batismo, a Ceia do Senhor e a membresia da igreja tornam visíveis as pessoas do evangelho. Eles juntam todas as nossas velas bruxuleantes em uma chama estrondosa de testemunho de Cristo. Traçar uma teologia bíblica e prática das ordenanças não é uma distração, mas um serviço ao evangelho. Certamente o quadro é feito para a foto, não a imagem para o quadro. Mas para que o quadro caiba, ele precisa ter a forma correta.

APÊNDICE

EXPLICANDO POR QUE O BATISMO É NECESSÁRIO PARA A MEMBRESIA EM TRÊS MINUTOS

Por que alguém deve ser batizado como crente para se unir a uma igreja local? Porque a membresia da igreja é uma afirmação pública da profissão pública de fé em Cristo de alguém, e Jesus nomeou o batismo como o meio pelo qual seus seguidores professam publicamente a sua fé nele. Uma igreja não pode afirmar a profissão de alguém que ainda não fez essa profissão.

O batismo é como você se identifica publicamente com Jesus e com o seu povo (At 2.38-41). É como você visivelmente simboliza que está unido a Cristo em sua morte, sepultamento e ressurreição (Rm 6.1–4). É como você se identifica diante da igreja e do mundo como alguém que pertence ao Deus Trino (Mt 28.19). É como você abraça publicamente a Jesus como seu salvador e se submete a ele como o Senhor (1Pe 3.21).

O batismo é onde a fé se torna pública. É como você hasteia a bandeira como discípulo de Jesus. Portanto, o batismo é como um novo cristão aparece no radar da igreja toda como cristão. O batismo é como uma camisa que mostra que você está jogando para a equipe de Jesus. Por causa deste propósito que Jesus designou para o batismo, uma igreja pode se identificar publicamente apenas com aqueles que se identificaram publicamente com Jesus no batismo.

Mas e quanto ao batismo infantil? Se o batismo é onde a fé se torna pública, o batismo infantil simplesmente não é batismo, e aqueles que foram "batizados" quando bebês precisam ser batizados, pela primeira vez, como crentes. Não é o caso em que o primeiro batismo tenha sido um pouco deficiente, então é preciso fazer um "melhor". Em vez disso, o primeiro "batismo" não foi batismo, e um crente que ainda não foi batizado precisa obedecer ao primeiro mandamento de Cristo para entrar em sua igreja. Nós, que estamos convencidos do batismo dos crentes, devemos amar nossos irmãos e irmãs pedobatistas em Cristo. Neste caso, a melhor maneira de amá-los é ajudá-los a ver que eles ainda não obedeceram ao primeiro mandamento de Jesus, e precisam fazê-lo.

FIEL MINISTÉRIO

O Ministério Fiel tem como propósito servir a Deus através do serviço ao povo de Deus, a Igreja.

Em nosso site, na internet, disponibilizamos centenas de recursos gratuitos, como vídeos de pregações e conferências, artigos, e-books, livros em áudio, blog e muito mais.

Oferecemos ao nosso leitor materiais que, cremos, serão de grande proveito para sua edificação, instrução e crescimento espiritual.

Assine também nosso informativo e faça parte da comunidade Fiel. Através do informativo, você terá acesso a vários materiais gratuitos e promoções especiais exclusivos para quem faz parte de nossa comunidade.

Visite nosso website

www.ministeriofiel.com.br

e faça parte da comunidade Fiel

Esta obra foi composta em Chaparral Pro Regular 11.6, e impressa
na Promove Artes Gráficas sobre o papel Pólen Soft 70g/m²,
para Editora Fiel, em Março de 2022.